凯里学院“光辉照耀苗乡侗寨：中国共产党民族政策在黔东南的实践·麻江县篇”专项课题（项目号：GHZYMXDZ0003）结题成果

黔东南山乡巨变

麻江县篇

莫新华　编著

民族出版社

图书在版编目（CIP）数据

黔东南山乡巨变 . 麻江县篇 / 李斌主编 ; 莫新华编著 .
-- 北京 : 民族出版社 , 2023.7
ISBN 978-7-105-17075-3

Ⅰ . ①黔… Ⅱ . ①李… ②莫… Ⅲ . ①社会主义建设成就—麻江县 Ⅳ . ① D619.732

中国国家版本馆 CIP 数据核字 (2023) 第 177686 号

黔东南山乡巨变 · 麻江县篇
QIANDONGNAN SHANXIANG JUBIAN MAJIANGXIANPIAN

编　　著：莫新华
策划编辑：张义军
责任编辑：冯　敏
出版发行：民族出版社
网　　址：http://www.mzpub.com
地　　址：北京市和平里北街 14 号
邮　　编：100013
印　　刷：北京盛通印刷股份有限公司
版　　次：2023 年 11 月第 1 版
印　　次：2023 年 11 月第 1 次印刷
开　　本：787 毫米 ×1092 毫米　1/16
印　　张：14.75
字　　数：260 千字
书　　号：ISBN 978-7-105-17075-3 / D · 3426 (汉 551)
定　　价：54.00 元

（投稿热线：010-58130111　1092781806@qq.com；发行部：010-64211734）

麻江县城建设新貌（张旭东/摄）

仙坝村畲族群众收看党的十九大盛会（麻江县委组织部 / 提供）

推动民族团结进步工作巩固提升（王晓霞 / 提供）

乌卡坪蓝莓生态循环产业示范园（张旭东 / 摄）

高铁修进麻江境（张旭东 / 摄）

卡乌村苗族农历二月二祭鼓节（王晓霞 / 提供）

复兴村仫佬族迎宾仪式（张旭东 / 摄）

隆昌“四月八”民族文化艺术节上的小学生民族团结舞（王晓霞 / 提供）

瑶族群众盛装过瑶年（王晓霞 / 提供）

高枧夏同龢状元文化产业园（张旭东 / 摄）

麻江后坝移民新区（张旭东 / 摄）

乌羊麻苗寨建设新貌（张旭东 / 摄）

药谷江村菊花园旅游区（张旭东 / 摄）

南京农大扶持的麻江锌硒米种植基地（朱闫／摄）

高铁进麻江 助力奔小康（张旭东／摄）

隆昌小学校园新貌（王晓霞 / 提供）

新建的生态体育公园（张旭东 / 摄）

卡乌苗寨菊花园（张旭东／摄）

谷硐坝区秋色（张旭东／摄）

《黔东南山乡巨变》丛书编委会

总 序

中国是一个统一的多民族国家，在漫长的历史长河中，各民族密切交往、相互依存、交流融合、休戚与共，形成了中华民族多元一体格局，“辽阔的疆域是各民族共同开拓的”“悠久的历史是各民族共同书写的”“灿烂的文化是各民族共同创造的”“伟大的精神是各民族共同培育的”“一部中国史，就是一部各民族交融汇聚成多元一体中华民族的历史，就是各民族共同缔造、发展、巩固统一的伟大祖国的历史”。[①] 各民族共同推动了国家的繁荣发展和社会进步。

中国共产党历来十分重视民族和民族地区工作，在不同的历史时期，把马克思列宁主义的民族理论与中国的实际相结合，制定了一系列符合中国实际的民族工作路线、方针、政策，对发展各民族经济，繁荣各民族文化，起了十分重要的作用，是我们战胜各种困难和风险，推动建设有中国特色社会主义事业不断前进的重要保证。

党的十八大以来，以习近平同志为核心的党中央紧紧围绕坚持和发展中国特色社会主义，着眼于民族团结和繁荣发展两大主题，始终坚持人民利益至上的原则，高举民族团结伟大旗帜，把人民的根本利益作为党和国家一切工作的根本出发点和归宿。坚持和完善民族区域自治制度，做到统一和自治相结合、民族因素和区域因素相结合；坚持促进各民族交往交流交融，不断铸牢中华民族共同体意识；坚持加快少数民族和民族地区发展，不断满足各族群众对美好生活的向往。

黔东南苗族侗族自治州成立于 1956 年 7 月 23 日，现下辖凯里市和麻江、丹寨、黄平、施秉、镇远、岑巩、三穗、天柱、锦屏、黎平、从江、榕江、雷山、台江、剑河 15 个县，是一个苗、侗、汉等多民族聚居区，2020 年末常住人口

① 习近平：《在全国民族团结进步表彰大会上的讲话》，见国家民族事务委员会编：《铸牢中华民族共同体意识——全国民族团结进步表彰大会精神辅导读本》，4–6 页，北京，民族出版社，2021。

376.03 万人，户籍人口 488.65 万人，少数民族人口占总户籍人口的 81.7%，其中苗族人口占 43.4%，侗族人口占 30.5%。[①] 人口在万人以上的有水族、布依族、土家族、畲族、壮族、仡佬族、瑶族等世居少数民族。中华人民共和国成立 70 多年以来，黔东南苗族侗族自治州各族人民在中国共产党领导下，认真贯彻执行党的各项民族政策，各民族交往交流交融日益加深，像石榴籽一样紧紧抱在一起，和衷共济，和睦相处，和谐发展。2019 年 12 月，黔东南州成功创建“全国民族团结进步示范州”，经济、教育、文化、交通等各项事业取得了长足的进步和令人瞩目的成就，经济实力大幅跃升，生活水平极大改善，民族文化繁荣发展，黔东南州实现了历史性跨越。据《黔东南年鉴》统计数据，1949 年，黔东南州地区生产总值仅有 6288 万元；1955 年突破亿元，达到 10436 万元；1978 年达到 56026 万元；1984 年突破 10 亿元，达到 10.49 亿元；2003 年突破 100 亿元，达到 1130771 万元；2012 年达到 4957500 万元；2018 年突破千亿元，达到 1036.62 亿元。城镇居民、农村居民可支配收入从 1950 年的 115 元、33 元，到 1978 年分别增加到 220 元、106 元，到 2008 年分别增加到 11616 元、2452 元，到 2018 年分别增加到 30130 元、9227 元。地方财政收入 1952 年时仅有 1275 万元，到 1978 年达到 4284 万元，2000 年达到 48192 万元，2008 年达到 137382 万元，2018 年达到 663781 万元。[②]2020 年，黔东南苗族侗族自治州各族人民在中国共产党的坚强领导下，打赢脱贫攻坚战，彻底撕掉千百年来的绝对贫困标签，与全国人民一道迈入全面小康。

凯里学院源于 1958 年创办的黔东南大学，校名几经更迭变迁，2006 年 2 月经教育部批准升格为普通本科院校。作为黔东南州的最高学府，凯里学院始终坚持“三性一型”（地方性、民族性、师范性，应用型）的办学定位，充分发挥高校“社会服务”“文化传承创新”等基本职能，理应在黔东南地方经济社会发展和文化建设中贡献智慧和力量，有责任、有义务把中国共产党领导全州各族人民取得的历史性成就呈现出来。作为地方本科高校，凯里学院不仅在人才培养、科学研究上与地方接轨，而且在社会服务、文化传承创新上也与地方积极配合，发

① 黔东南州统计局、国家统计局黔东南调查队：《黔东南统计年鉴（2020）》（内部资料），7 页。

② 黔东南州统计局、国家统计局黔东南调查队：《黔东南统计年鉴 2018》（内部资料），403–405 页、414–416 页、402 页。

挥人才高地的作用。黔东南州民族文化浓郁，是国家级民族文化生态保护区，享有“生态之州”“歌舞之州”“人文之州”“百节之乡”“民间手工艺之乡”“苗族侗族文化遗产保存核心地”“迷人的民族文化生态博物馆”等诸多美誉。基于此，学校在专业、学科设置上，主动融入地方经济社会。2013 年人类学（二级学科）被遴选为贵州省重点支持学科，2017 年民族学（一级学科）被批准为贵州省重点学科，2018 年民族学（一级学科）被遴选为贵州省区域内一流建设培育学科。2014 年民族学本科专业开始招生，2022 年非物质文化遗产本科专业获批。根据贵州省级重点学科和贵州省区域内一流学科建设需要，结合黔东南州实际，学校决定出版《黔东南山乡巨变》丛书。丛书之所以用“山乡”命名，是因为它符合黔东南州地形地貌特点，全州地处云贵高原向湘桂丘陵盆地过渡地带，州境总体地势北、西、南三面高而东部低，中部雷公山区和南部月亮山为中山地带，西部和西北部为丘陵状低中山区，东部和东南部为低中山、低山、丘陵、盆地，境内大部分地区海拔 500—1000 米，是典型的山乡。丛书作者由凯里学院、黔东南州委党史研究室、黔东南州民族研究所等单位的专家学者构成。丛书共计 17 部，对全州及 16 个县市逐一进行介绍。丛书内容除历史底蕴和文化渊源部分外，其余部分的数据资料选取时间起于中华人民共和国成立，止于 2018—2020 年。丛书全面展示中华人民共和国成立后 70 多年黔东南州各族人民在中国共产党领导下，政治、经济、文化、教育、交通以及在脱贫攻坚等各个领域所取得的历史性成就，发生的历史性变革。丛书的出版，不仅总结了在中国共产党领导下黔东南州各民族取得的伟大成就，而且有利于增强文化认同、坚定文化自信，为铸牢中华民族共同体意识提供黔东南经验。

当然，我们也意识到，丛书主要是记录黔东南州经济社会发展的各个方面，内容的广度和深度以及理论上的研究还有待提高，学术性有待进一步加强，加之编著者的水平有差异，不足和疏漏在所难免。敬请各位读者海涵指正。

李 斌

2021 年 3 月

前 言

自新中国成立暨麻江县解放70多年来，各级党委、政府坚持把马克思主义理论同麻江地区实际相结合，在党的领导下，高举中国特色社会主义伟大旗帜，全面贯彻新时代中国特色社会主义思想，麻江发生了翻天覆地的变化，逐步建立了平等、团结、和谐、互助的社会主义民族关系，县域国民经济和社会发展更是取得了辉煌成就。同时，麻江县山乡巨变之路并不是一帆风顺的，在取得成就、积累经验的同时，经历了曲折发展的历史过程。

土地革命时期，麻江县境就有中国共产党的革命活动。1932年11月，中共地下党员开始在麻江县境开展活动，向苗、汉、布依、瑶、畲、仫佬等各族人民宣传进步主张，传播革命真理，组织开展反封建、反压迫、反剥削等系列革命活动，开展民族工作的初步实践，使各族人民受到深刻影响。1949年11月，中国共产党领导各族人民推翻了民族压迫的政治制度。解放伊始，百废俱兴。麻江县各级党委、政府团结带领各族人民进行了接管建政、巩固新生政权的斗争，顺利实现了由新民主主义向社会主义过渡，并开展了大规模的社会主义建设，取得了社会主义革命和建设的胜利。1956年7月，黔东南苗族侗族自治州建立，麻江县成为自治州16个重要成员之一，各族人民走上共同发展繁荣的康庄大道。1978年12月，党的十一届三中全会吹响新的前进号角，翻开了改革开放发展新篇章。麻江县迈出了改革开放的步伐，踏上了消除农村绝对贫困、稳定解决温饱、脱贫致富奔小康的新征程。特别是进入新世纪新时代，党的十八大后，按照中央、省委、州委、县委的部署和要求，高举习近平新时代中国特色社会主义思想的伟大旗帜，大力弘扬“团结奋进、拼搏创新、苦干实干、后发赶超”的新时代贵州精神和“敢闯新路、敢于突破、敢于胜利”的黔东南精神，紧紧围绕“共同团结奋斗、共同繁荣发展”的民族工作主题，实施一系列重大改革举措，贯彻新发展理念，进一步解放思想，坚持以脱贫攻坚统揽经济社会发展全局，牢牢守好发展和生态两条底线，实施“大扶贫、大数据、大生态”三大战略行动，统筹推进各项工作，深化改革，加速发展，攻坚克难，奋力赶超，全县政治建设、经济建设、文化建设、社会建设和生态文明建设，都取得了前所未有的新成就，呈现出政治稳定、经济发展、民族团结、社会和谐、人民安居乐业的良好局面。

书稿以马克思列宁主义、毛泽东思想、邓小平理论、“三个代表”重要思想、科学发展观、习近平新时代中国特色社会主义思想为指针，坚持历史唯物主义和辩证唯物主义的立场、观点、方法，旨在全面梳理总结党在麻江实践民族政策、开展民族工作的成功经验，宣传展示在党的民族政策光辉照耀下麻江县经济社会各项事业取得的卓著成就，以进一步铸牢中华民族共同体意识，促进民族团结进步事业繁荣发展。

书稿分历史沿革、政治、民族工作、经济、文化、教育、交通、生态等8章及大事年表等。在内容上，第一章主要概述麻江县的历史底蕴和文化渊源，包括多民族聚居的共同家园、多元交融的民族文化；第二章叙述党在麻江县的早期活动，麻江的解放、接管、建政，侧重叙述、分析各级党委政府在新中国成立后各个历史时期开展社会改革活动，拨乱反正、深化改革，新时代实施重大战略行动，推进经济社会各项事业全面发展的情况；第三章阐述新中国成立后各历史时期党在麻江开展民族工作、维护民族团结的全面历程；第四章以工业、农业为重点述析县域经济发展的概况；第五章以文化、文旅融合发展为重点述析县域文化发展概况；第六章述析教育事业的发展进程及取得成就；第七章以高速公路、乡村公路、铁路为重点述析县域交通发展概况；第八章以环境保护、森林管护、植树造林、森林资源利用为重点述析县域生态发展概况，体现实施大生态战略、加大生态保护力度的有序推进。全书选取具有代表性典型性的图片19幅，以直观反映各行各业工作及成就，展现麻江县的山乡巨变。

涉及区域民族识别、属地行政区划等问题，坚持尊重历史、反映进程，民族认定前仍用原称“绕家人”“木佬人”“东家人”等，认定后分别统一称“瑶族”“仫佬族”“畲族”等；属地按行政区划调整前、调整后归类分述。在时限上，新中国成立前把1932—1949年党在麻江的革命活动列为民族政策的早期实践内容；新中国成立后大致分三个时期，即解放初至“文化大革命”期间的探索与曲折发展时期（1949—1978）、改革开放发展新时期（1978—2012）、新时代跨越发展时期（2012—2021）。因篇幅内容有限，各章仅选取重点，综述概析。社会经济发展各项数据以统计部门年度数据为主，辅以重要会议报告、史志文献载述等。事实上，就少数民族聚居区而言，无论是政治建设、经济发展历程，还是文化、教育、交通、生态环保发展成就，各项内容均互汇融合、紧密关联，从不同层面、多维视角展现了特定区域党的中国特色社会主义思想从宏观到具体的贯彻实践，都是各个历史时期各级党委、人民政府全面贯彻党的民族政策，引领各族人民不断铸牢中华民族共同体意识，促进各民族共同团结奋斗、共同繁荣发展、共建美好家园、共创美好未来的重要组成部分。

目 录

第一章　多元历史文化　共同和谐家园

第一节　多民族聚居的共同家园

麻江县地处贵州省中部、清水江上游、黔东南苗族侗族自治州西部，历为苗族、汉族、布依族、畲族、仫佬族、瑶族等多民族聚居区。东邻州内凯里市、丹寨县，南与黔南州都匀市毗邻，西与贵定县交界，北与福泉市接壤，东西长40.7公里，南北宽36.7公里。总面积956.7平方公里（2020）。县境处于云贵高原向湘桂丘陵过渡的斜坡地带。地势西南高、东北低，低山、低中山、丘陵及河谷盆地占全县总面积的78.4%。县城海拔930米，县内最低海拔578米，最高海拔1862米。

一、历史沿革

麻江县辖属地在各历史时期曾有过多次调整。秦汉时期属且兰县辖地。隋属宾化县。南宋置乐坪平夷宣抚司和麻哈平蛮安抚司。元代置麻峡县，隶定远府属八番顺元等处宣慰司。明、清置麻哈州，隶都匀府，实行“土流兼治”。民国三年（1914）元月十二日，废麻哈州建麻哈县，厘定为三等县，隶黔中道。民国九年（1920）直隶贵州省长公署。民国十五年（1926），改隶贵州省政府。民国十九年（1930）3月，麻哈县改称麻江县（以县境北部麻哈江、东部清水江更名），县政府驻杏山，直隶贵州省政府。1949年11月14日麻江解放，23日成立麻江县人民政府，隶属独山专区（1952年改为都匀专区）。1956年7月，划入黔东南苗族侗族自治州。1958年12月，撤销麻江、丹寨、炉山、雷山4县建制，合建凯里县。1961年8月，恢复麻江县，全县设杏山、谷硐、宣威、龙泉、兴仁5区21公社182个生产大队1649个生产队。1962年10月，将原丹寨县的兴仁、龙泉两个区区域划回丹寨县，原属麻江县的城中大队从兴仁区划出归宣威区；将原麻江县下司区的下司、白午、铜鼓、回龙、隆堡公社从凯里县划归麻江县。1988 年 7 月，经省人民政府批准，新场乡改建为新场布依族乡。至 1990 年，全县辖 4 个区，1 个区级镇，3 个乡级镇，2 个民族乡，17 个乡，5 个居民委员会，32 个居民小组，129 个村民委员会，1293 个村民小组。1992 年 1 月，省人民政府批准景阳乡改建为景阳布依族乡。同年 3 月实行“建镇并乡撤区”，撤销杏山、下司、宣威、谷硐 4 个行政区，将 16 个乡、3 个民族乡、3 个镇、1 个区级镇合并组建为杏山镇、下司镇、宣威镇、谷硐镇和碧波乡、龙山乡及贤昌布依族乡、景阳布依族乡、坝芒布依族乡 9 个科级乡镇。全县乡镇总数比原来减少 14 个，乡镇平均面积由原来的 52.2 平方公里扩大到 133.49 平方公里，乡镇平均人口由原来的 0.82 万人增加到 2.1 万人。最大的为杏山镇，总面积 211.5 平方公里，总人口 36674 人；最小的为景阳乡，总面积 72 平方公里，总人口 8009 人。2001 年，黔东南州组建凯里经济开发区，将下司镇的白午村划入开发区代管。2003 年 12 月，续将同兴、和平、摆仰、铜鼓 4 个村划入开发区代管。

2004 年 6 月，行政村实行改革。根据“就近方便，地域相邻，风俗相近，资源互补”的原则，将全县 129 个行政村中的 84 个合并为 39 个，保留 45 个。调整后，全县行政村总数为 84 个，其中，4000 人以上的行政村 4 个，3000 ~ 4000 人的 17 个，2000 ~ 3000 人的 27 个，2000 人以下的 36 个。2005 年底，全县有行政村 84 个（其中白午、同兴、和平、摆仰、铜鼓 5 个村委托凯里经济开发区代管），村民小组 448 个，居民委员会 7 个，居民小组 49 个。2013 年 5 月，贵州省人民政府批复：撤销麻江县碧波乡、龙山乡、贤昌布依族乡，分别设置碧波镇、龙山镇和贤昌镇，所辖行政区域不变；撤销麻江县景阳布依族乡，与谷硐镇合并设立新的谷硐镇，以原景阳布依族乡、谷硐镇地域为新设置谷硐镇行政区域。此次改革，麻江县由原来的 4 镇 5 乡调整为 7 镇 1 乡。2014 年 9 月，贵州省人民政府批复：将麻江县下司镇和碧波镇整建制划归凯里市管辖，原下司镇、碧波镇行政区域和政府驻地不变，凯里市、麻江县行政区域界线作相应变更。麻江县由原来的 7 镇 1 乡减为杏山、谷硐、宣威、龙山、贤昌 5 个镇和坝芒布依族乡，63 个行政村 328 个村民组、6 个居民委员会 27 个居民小组。2016 年 1 月，贵州省政府批复：同意撤销麻江县杏山镇建制，分别设置杏山街道和金竹街道。

2017年，全县辖杏山、金竹2个街道办事处，谷硐、宣威、龙山、贤昌4个建制镇和坝芒布依族乡，共63个行政村328个村民组、6个社区居民委员会27个居民小组。

2019年，全县辖杏山、金竹2个街道办事处，谷硐、宣威、龙山、贤昌4个建制镇和坝芒布依族乡，共63个行政村328个村民组、7个社区居民委员会54个居民小组。全县耕地面积32万亩。

2020年，全县辖杏山、金竹2个街道办事处，谷硐、宣威、龙山、贤昌4个建制镇和坝芒布依族乡，共63个行政村328个村民组、7个社区居民委员会54个居民小组。全县地区生产总值完成43.99亿元，比上年同期增长5.6%。其中第一产业增加值10.66亿元，增长6.5%；第二产业增加值8.07亿元，增长13.4%；第三产业增加值25.27亿元，增长2.6%。一、二、三产业增加值占生产总值的比重分别为24.2%、18.3%和57.4%。

二、民族构成

1954年全县有苗族人口40878人，布依族人口21028人，畲族人口15002人，仫佬族人口6677人。1956年，由独山专区改隶黔东南苗族侗族自治州，1990年，县辖5个区（镇）、22个乡（镇）。1991年，全县少数民族人口为12.74万人，1995年达14.74万人，2000年为16.22万人，2005年为16.22万人，2011年为16.93万人，2015年为13.28万人。2019年有苗族、布依族、畲族、仫佬族、瑶族等31个少数民族人口13.70万人，少数民族约占全县总人口的80.6%。

1990年，全县总人口18.69万人。其中，少数民族人口为14.24万人，占总人口的76.19%；汉族4.45万人，占23.81%。民族成分有汉族、苗族、布依族、侗族、水族、彝族、土族、回族、仡佬族、傣族、蒙古族、维吾尔族、白族、高山族、京族、满族、壮族、土家族、黎族、纳西族共20个。有东家人、木佬人和绕家人3个待识别民族。其中苗族、布依族是全县少数民族中人口最多的民族，苗族人口为最多。1992年，“绕家人”被认定为瑶族。1993年，“木佬人”被认定为仫佬族。1995年，全县总人口19.56万人，其中，汉族4.81万人，占总人口的 24.59%；少数民族 14.75 万人，占总人口的 75.41%。与 1990 年相比，汉族增加 3654 人，少数民族增加 5107 人。1996 年，“东家人”被认定为畲族。

2000 年，全县总人口 203481 人（人口普查数）。其中，汉族 40235 人，占总人口的 19.77%，比 1990 年减少 4251 人，下降 4.04%；少数民族 163246 人，占总人口的 80.23%，比 1990 年增加 20854 人，增长 4.04%。民族成分由 1990 年的 20 个增加到 32 个，有汉族、苗族、布依族、畲族、仫佬族、瑶族、彝族、侗族、水族、回族、壮族、土家族、土族、仡佬族、蒙古族、满族、维吾尔族、黎族、撒拉族、白族、傣族、藏族、朝鲜族、布朗族、高山族、东乡族、哈尼族、傈僳族、纳西族、佤族、拉祜族、羌族。

2011 年，全县总户数 58660 户，总人口 214572 人，其中，男 112631 人、女 101941 人；农业人口 197040 人，非农业人口 17532 人；常住人口 16.52 万人，其中城镇人口 3.61 万人。全县人口密度 176 人 / 平方公里。有苗族、布依族、畲族、仫佬族等 31 个少数民族，少数民族人口 169313 人。

2017 年，全县 51644 户，总人口 167937 人，其中，男 89494 人，女 78443 人；乡村人口 127042 人，城镇人口 40895 人；常住人口 12.36 万人；全县人口密度 175 人 / 平方公里。有 31 个少数民族，少数民族人口 13.22 万人。

2019 年，全县户籍人口 51369 户 169929 人。其中，男性 90645 人，女性 79284 人；0 ~ 17 周岁的 36749 人，18 ~ 34 周岁的 44787 人，35 ~ 59 周岁的 61674 人，60 岁以上的 26719 人。按地域划分，城镇人口 62915 人，乡村人口 107014 人，户籍人口城镇化率为 37.02%。年末常住人口 12.47 万人，平均常住人口 12.45 万人。

2020 年，全县户籍人口 51224 户，171115 人。其中，男性 91251 人，女性 79864 人；0 ~ 17 周岁的 37231 人，18 ~ 34 周岁的 44389 人，35 ~ 59 周岁的 63045 人，60 岁以上的 26450 人。按地域划分，城镇人口 70519 人，乡村人口 100596 人。有 31 个少数民族，人口 13.89 万人，少数民族约占全县总人口的 81.17%。

三、民族分布

麻江县是多民族聚居县。全县有苗族、汉族、布依族、畲族、仫佬族、瑶族及水、侗、土家、彝、土、壮、回、仡佬、蒙古、傣、维吾尔、满、白、高山、黎、京、纳西等民族人口居住。县内各民族分布具有相对集中、聚族而居、同姓为家的特点。苗族聚居多在下司镇、宣威镇及散居在其他乡（镇）的部分村寨。汉族多分布在县城、镇所在地集市及部分边沿村寨。布依族多居住在坝芒、贤昌、景阳等乡的大多数村寨及散居于县境其他乡镇的一些村寨。畲族主要聚居在杏山镇隆昌、仙鹅、坝寨、中山、六堡、仰古、毛坪等村及其他乡（镇）的一些村寨。仫佬族主要分布在宣威基东地区、下司大坡、新民等村寨及其他乡镇的一些村寨。瑶族主要居住在龙山乡的河坝、干桥等一些村寨。侗、土家、水、壮、仡佬、蒙古等民族多分布在县、区、乡（镇）机关及企事业单位和厂矿、学校等，少数散居在农村。

苗族　县境苗族自称“嘎闹”。迁入的历史悠久（约为元代），迁徙方向主要是由北而南、由东而西。长江中游的洞庭湖、阳湖水乡原为苗族先民由北而南迁徙的辟居之地。后一部分苗族先民由辟居地继续西迁，长途跋涉，溯沅江、都柳江而上，来到黔东南地区，最后定居于江岸、雷公山一带。苗族祖先的迁徙路线，在苗族古歌《开天辟地歌》中有叙述。距今有 750 ~ 800 年，定居麻江县境清水江马尾河段及其支流羊昌河、扬远河、龙山河、下坝河、老山河一带。分布于下司、白午、回龙、铜鼓、卡乌、共河、宣威以及龙山大塘、里三寨，杏山长兴、河山，大粮田的羊昌坡。聚居大小村寨共 300 多个。散居其他乡（镇）村寨的 20 余个。

汉族　南宋绍兴年间，汉族宋氏受朝廷授职到麻哈从政，元、明、清代来麻峡、麻哈从政的汉族逐渐增多。相继有人经商、从戎、流放、避难、逃荒、迁徙，并定居麻哈境内。清道光二十七年（1847），麻哈州有客民 971 户。民国时期，下司镇为黔东通商口岸，汉族迁入定居人数日益增多，当时镇内汉族曾设有两湖（湖南、湖北）、江西、福建、四川等会馆。1949 年后，为建设麻江，来县定居的汉族不少。县内汉族居民多从湖南、湖北、江西、安徽、福建、河南、河北、山东、广西、云南、四川、陕西等省（区）迁入。历史上定居县内汉族人口无确切记载。新中国成立后，根据 1953 年第一次人口普查，汉族人口数为 26874 人，占全县总人口数的 24.07%。1953 年至 1990 年的四次人口普查，县内汉族人口不断发展。1964 年全县汉族人口由 1953 年的 26874 人增加到 27831

人，12年净增957人，增长3.56%，年均增长0.30%。1982年，汉族人口由1964年的27831人增加到47640人，18年净增19809人，增长71.18%。1990年汉族人口44490人，比1982年少3150人，减少6.61%，有部分人口过去错报族别，1990年普查时族别作了更正。汉族总人口仅次于苗族。县内汉族人口分布，以县城及谷硐、下司、宣威、龙山、景阳、乐坪等集市为集中，聚居于坪山、大粮田、小堡、先锋、大堡、兰山、大坪、乐埠、蒋岗、猫头、谭家、干塘、翁牛、五寨、卡乌等村寨。

布依族 境内布依族自称"补依"或"补亚"，"布"在布依语里是"人"、"族"或"民族"的意思。明初由江西、江苏等地迁入县内。主要聚居在贤昌、坝芒、景阳三个乡及碧波、宣威等乡镇。世居于坝芒、鸡乍、落户、翁牛、慈菇、卤水、茶山、抵麻、底珍、旧司、箭杆、翁西、岩下、笔架等村寨。

畲族 畲族自称"山哈"。"哈"畲语意为"客"。"山哈"，即居住在山里的客户，或自称"嘎梦"。县境内的畲族，原称为"东家"。1996年被认定为畲族。主要分布在杏山、碧波、下司、宣威等乡镇。聚居在隆昌、偿班、六堡、石板塘等250多个自然村寨，散居自然寨有10余个。一般一寨一姓或数姓合寨。大寨近百户，小寨10来户，单家独户甚少。

仫佬族 境内仫佬族原称为"木佬人"，自称"类窝"或"木佬"，1993年2月21日认定为仫佬族。主要分布在龙山、碧波、宣威、下司、杏山等乡（镇）的120多个村寨，其中聚居较为集中的有宣威镇的基东、瓮偿、瓮袍、安鹅，下司镇的德兴、大坡，龙山乡的复兴等村寨，余与其他民族杂居于110多个自然村寨。

瑶族 境内瑶族原是自称为"育"的"绕家人"，约于明代迁入。1992年10月30日认定为瑶族。主要聚居在龙山乡河坝片区的甘桥、清平、河沙、白兴4个村的23个自然寨，散居在杏山镇和宣威镇的个别村寨。瑶族有自己的语言，无本民族文字，一般通用汉文。

第二节　多元交融的民族文化

麻江县由32个民族成分组成，其中苗族、汉族、畲族、布依族、仫佬族、瑶族6个民族占全县总人口的98.04%。在漫长的历史长河中各民族创造了灿烂的民族文化，构成了县内民族文化的多元化。

一、语言文字

语言　境内苗族、汉族、畲族、布依族、仫佬族、瑶族等都有自己的语言。麻江苗语属黔东方言北部土语。县境东部的铜鼓、摆仰和东南部的共和、卡乌、城中等地区的苗语相通，词汇和句式结构基本相同，只有声、韵、调稍异，与黔东方言养蒿标准语点的声、韵、调也大同小异。历史上苗族人民都用自己的语言进行交往，随着各民族之间生产、生活交往日益密切，苗族人民习汉语日趋增多，新中国成立后更为普遍。境内畲语属汉藏语系苗瑶语族苗语支；布依语属汉藏语系壮侗语族壮傣语支第二土语区；仫佬语属汉藏语系壮侗语族侗水语支；瑶语属汉藏语系苗瑶语族瑶语支。由于居住、搬迁、婚姻、交往、办学、无文字等原因，县内布依族、仫佬族人习汉语、学汉文日益普遍，说本民族语言的逐渐减少。新中国成立后，布依族、仫佬族青壮年都讲汉语、用汉文，不会说布依话和仫佬话。只有苗族、畲族、瑶族仍操本民族语言，对外交往普遍使用汉语。

文字　县内苗族、畲族、布依族、仫佬族和瑶族均无本民族文字。历史上记叙事物靠口传心记，用绳索来打结记数。新中国成立后，在中国共产党和人民政府领导下，于1956年为苗族创制了苗文。苗文有32个声母，26个韵母，8个声调。同年，县选送3名苗族教师到黔东南州民族文字师资培训班培训，后在白午、摆仰、铜鼓、卡乌、共和、城中等30多个苗寨开办苗文夜校，推行苗文。1958年，全县苗文夜校发展到56个班，学员1784人，有1093人达到脱盲标准。1959—1976年停办。1982年恢复。1984年，县民委举办苗文师资培训班，先后共培训教师180人次。1985年，成立县民族语言推行领导小组，决定在苗族地区公、民办小学试办汉语文、苗语文双语教学。1990年，双语教学扩大到苗岭、龙江、卡乌等15所公民办小学的22个班级700多名学生。

二、生活习俗

居住 县内少数民族居住多为依山傍水，聚族而居，一寨一姓或数姓一寨，单家独户极少。房式，苗族有吊脚式、齐脚式、亮柱式楼房，人住楼上，楼下饲养家畜家禽；畲族、布依族、仫佬族和瑶族住房一般为一楼一底三开间木房，长五间极少。木瓦结构。村寨周围种植树木、修竹，绿树成荫，翠竹环绕，环境优美。改革开放后，县内少数民族经济条件有了很大的改善，相当部分人家新建了砖木结构或钢筋混凝土结构新式楼房，外装饰配以瓷砖、罗马柱，非常美观。

饮食 境内少数民族主食大米，辅以玉米、小麦及薯类。喜食酸、辣食品。各户必备辣椒、糟辣、酸汤、盐菜、霉豆腐、水豆豉等食物。炒菜加酸、辣味，汤菜必备“蘸水”（用辣椒粉、盐和葱蒜，加少许汤汁和就，用来蘸菜）。冬至以后，尤其是时近年关，家家户户腌制腊肉、香肠、血豆腐。有“腊月腊八，腌鸡腌鸭”的俚语。过年打糍粑。苗族、瑶族、畲族喜做爱吃糯米饭，且是婚期、行亲、待客的主要食品和礼品。县内少数民族成年男子喜爱饮酒，多为自酿自食，以大米、玉米或红薯为原料酿制，“小天锅”蒸烤，有“客至必饮”的独特礼节。席间猜拳行令，妇女敬酒，以歌助兴，表达敬意。各民族饮食习惯基本相近，大同小异。

服饰 县内民族服饰各不相同，自有特色，分述如下：

苗族服饰 有两种，分为铜鼓服饰和城中服饰。铜鼓服饰男装为对襟大褂长衫。青壮年男子多着对襟大褂，老年男装多为右襟长衫，头包青蓝布帕，下装为宽裆长裤。女服饰分童装、青少年装和老年装。女童装为右襟长衫，帽缘缀有银饰，穿布鞋和夹鼻草鞋。青年装为交叉口搭领、大袖、布扣短衣，短褶裙，褶裙前后各拴盖裙帕。头结髻盘发，戴绣花露髻帽，也叫“箍箍帽”。腿至踝缠布裹脚，穿大口布鞋。盛装头髻插银角、髻根挽银链、戴银花、别银梳、戴项圈，身着缀满银饰的紫色绸缎衣，衣脚绣花卉，挂银铃，背竖披缀满银泡绦带，左右手臂套戴等同数量的手圈。下着褶裙，裙前拴绣花帕，帕脚用彩须缀边，后裙盖紫色缎帕。腿缠裹脚，穿翘鼻绣花鞋。中老年妇女平时着交叉口便装，头搭青布帕，冬天束腰带、穿细褶裙、包裹脚，夏穿夹鼻鞋，冬穿布鞋。城中服饰男子对襟大褂较短、长齐腰部。女青年便、盛装多为右襟短衫，布结纽扣、坐式中领、中号长袖、左右分衩、脱肩缀花。普遍穿长裤，前后拴过膝围帕，线条分明。穿有跟草鞋，盛会穿花布鞋。壮年、老年妇女平时着过膝长衫，头搭花帕或青布帕。女青少年倒梳挽髻于头顶。已婚头围白底黑纹方格布巾，未婚不围头巾。平时髻上插银宝，髻后插银瓢，髻座缠银链，髻两侧各插银锁。戴耳环或耳套。盛装髻顶添插银角，颈戴项圈，手饰手镯。

布依族服饰　新中国成立后，老年男子着对襟布短衣，穿大腰裤、伞笼裤。青壮年男子着对襟大掛、中山装、军便服与各式衬衫。女装为绲边反托肩式样。老年妇女多着青、蓝布左襟短衣、普通便裤。女青年服装多为现代装。

畲族服饰　男装简朴，用青、蓝土布缝制，有长、短区分。着长衫束腰带，缠大围巾或戴帽，穿长裤和鞋袜为盛装。穿对襟短衫为便装，裤与盛装同。女装分便装和盛装。便装为左往右幅长过臀部的大襟衣，大襟缀一道宽边至左肩，再从右肩沿托肩缀至左肩，袖口缀一道白边红绿底花边，胸前拴围腰，围腰牌上绣制式样美观的图案，下着裤脚有红、绿、白 3 条边的大脚裤。盛装为无领藏青色上衣，以 3 件、4 件或 6 件为 1 套，内长外短，花边层层露出。衣袖由 3 节组成，袖口节为白底蜡染花卉，中间节为红底刺绣花卉，肩轴节为本色布。拴长 4 米、宽 0.1 米，两端各缀长 0.2 米缀须的丝织靛蓝色腰带，着藏青色裤脚宽约 0.4 米贴有彩色花边的大裆裤，缠白蜡花裹脚，穿船状翘鼻古式绣花鞋。

仫佬族服饰　男人着大襟衣，下着大裆裤。女装衣袖裤脚处绣花，腰拴花围腰，上有三尖角绣各式花卉围腰牌，缀两条绣花飘带。

瑶族服饰　衣料多为自纺、自织、自染的青蓝色土布。男着单领长衫、大裆裤，缠裹脚。女服饰分盛装和便装。盛装为左衽、无领、长过膝花衣，全套 6 件，均为青色土布缝制。前后缀两道花边，上道青色，下道蓝色，各绣不同花卉。全套衣服内长外短，衣服底边成梯状。双层袖口，内层红，外层蓝底绣花，边缘绲花边。裤外着细褶裙，裙外拴花裙片，腰拴锦带，膝至踝缠缀有白海贝的整块方形布，穿绣花翘鼻鞋。

新中国成立后，县内各民族服装均有不同程度的变化，除年纪较大者外，青年人基本上与时俱进，在商场购买衣裤，本民族服装只是在喜事或重大节日中穿戴，其余时间，特别是外出时服饰与当地汉族同。

民间信仰 境内少数民族信仰大同小异，都有供奉祖先的习俗，每户都在堂屋安“香火”设“神龛”，写上老人灵位，进行供奉，逢年过节摆上酒、菜、饭祭祀，以示对祖宗的怀念。除普遍的供奉祖宗外，苗族还崇拜自然物、人造物、人造神等，将孩子拜寄“神岩”“神树”，以求“长命富贵”。布依族为病孩立“指路牌”“挡箭牌”“找保爷”“栽花树”，等等。

三、礼仪风情

苗族注重礼仪，殷勤好客。每有客至，必请进屋坐，装烟、泡茶。进餐时邀客人上座，为客斟酒、敬菜、添饭。饭毕泡茶、递烟。宴请内亲时，主家房族兄弟各带酒菜，前往相陪，席后各家族轮流设宴款待。席间主客以酒同乐，行令猜拳，唱歌敬酒，至客人醉意浓浓方休。离席时姑娘们赠客花带、花帕留念，妇女们唱歌敬酒相送。每有贵宾至，还沿路摆酒相敬，以歌舞欢迎。苗族人行亲走戚，一般都携带糯米饭或糖食果点作见面礼。到长辈家做客，增带鸡或酒、肉敬奉老人。苗族婚恋独特，男女青年通过“游方”恋爱，建立感情，确定关系后，双方约定日期和地点，各由亲友陪同前去相会。相会时，男子接过女子带去的自用衣物，女子将男子带去的糯米饭分给双方陪去的亲友吃，在迎亲歌、送亲歌和说笑祝福中，把姑娘“引”到男子家，俗称“引姑娘”。经过说合的婚姻，接亲当天，男家抬酒、肉、糖等礼物到女家，由女家设宴款待接亲客人和家族内亲。入夜，寨上女青年到女家吃姊妹分离饭、唱姊妹歌、分离歌至深夜。黎明前，新娘穿盛装出阁，男女亲友数十人，抬1挑糯米饭、1只公鸡，陪同新娘步行去男家。快进男家屋时，新娘的舅父走前饮新郎父母或胞兄弟敬的迎亲酒后，迎亲女青年扶新娘进大门，入洞房。男家欢庆三天后，新娘随送亲亲友一道回娘家。

河坝瑶族原称“绕家”，村寨依山傍水，古木参天，风景秀丽，古木屋独具特色。瑶族有独具特色的节日集会，有广场集体芦笙和木楼中狂热的板凳舞，有吹奏木叶，有酒歌、情歌和山歌。从正月起往后推11个月，逢第一个“虎”日为瑶家“隔冬”日，也叫过“瑶年”。这天，全寨杀牛敬“土地”，分肉回家待客。各户先敬祖先，后吃年饭，整个瑶寨喜气洋洋。正月十七至二十，在河沙坝举行“瑶族跳月节”，瑶族青年男女跳芦笙、对情歌，还有斗牛、赛马、抱腰（摔跤）等体育活动，热闹非常。瑶族婚恋极具特色。逢夜深人静，在河畔或寨脚，对对情人，衣服蒙头，谈情说爱。河坝瑶族规定每年农历正月初二为统一结婚佳期，其余时间不得迎亲嫁女。初一凌晨，男家聘两男一女作引亲人，提马灯，带火把，带一把红纸伞和抬礼物到女家接亲。女家不办酒，只请女儿姨娘陪送。撑红伞的新娘与引亲人和姨娘一道步行到男家。新娘进男家大门时，接过“当家”钱和米，然后由两名姑娘领新娘和姨娘入洞房。男家欢庆三天，新娘卧床不起，回避前来贺婚的男女青年。三天后，新娘起床佯装挑水，将水桶丢在井边，转回娘家。待农历二月初二的统一佳期，才接新媳妇回男家。

麻江畲族自称“嘎梦”，苗族称其“嘎斗”，瑶族称其为“嘎朵”，汉族称其为“东家”。畲族人多建房于台地、山湾、溪边、河岸。房式为木结构瓦顶三开间楼房，村寨周围多有古枫，门前喜栽翠竹，环境幽静。农历四月初八是畲族人的隆重节日。当天，畲族聚居区王姓，聚集在光头寨祖坟茔地上，杀猪宰牛及蒸制花糯米饭祭祀祖先，向“米王菩萨”“牛王菩萨”拜寿，并举行斗牛、赛马活动，男女青年对唱山歌。正月初四至元宵为“跳月”节，数以千计的畲族男女青年，身着盛装，互相邀约，对唱山歌。“坐花园”也叫“等郎会”，是畲族青年男女约会的一种形式。每年农历二月，各寨女青年相邀在本寨附近小山头上，生火烤糯米粑，互教情歌，等待意中人到来。邻寨男青年相约前往，开口先唱《联妹歌》，女子中意便唱《迎郎歌》，男子进入“花园”，互相对唱，至黑方归。

畲族人好客，成年男子多数有饮酒习惯。酒为自酿，亲朋好友到家都有酒款待。

“跳屯”是仫佬族未婚男女青年的社交娱乐活动，每年从农历正月初一起到春社结束。凡仫佬族集中居住的村寨，都有一块特殊的地坪，称“屯上”，是男女青年歌舞交际的场所。相邻的村寨轮流“当东”，每个村寨举办三天，吃饭由所在村寨集资招待。正餐须向客人劝酒劝肉，歌舞助兴。非正餐主人须不停地将饭盛到客人碗里，客人设法逃避，互相嬉闹，俗称“闵饭”。饭后即到屯上吹笙跳舞，对歌娱乐。因活动时间长、耗资大，以后逐渐淡化。但一些村寨仍保留着“闵饭”的习俗，逢鸿禧仍沿用。

四、工艺美术

刺绣织锦 刺绣是县内少数民族妇女的传统工艺。苗、布依、畲、仫佬、瑶族女孩，从小就习学挑花刺绣。刺绣以各色布或绸缎作底，绘上或贴上各种图案，按样配丝线插织。刺绣分插花、挑花两种（平绣和凸绣）。插花工艺细致，挑花工艺精湛。图案有龙、凤、花、鸟、鱼、虫、桃、石榴等。民族服饰上的挑花刺绣工艺，均系各族妇女自己制作。织锦，主要是苗族、瑶族妇女的传统工艺。苗、瑶族姑娘十二三岁就学会编织彩色花带，18 岁就学会织锦。织锦以纯丝为原料，用木制织机手工织成。图案有锯齿纹、虎爪纹、蝌蚪纹、龙胡须、古老斑等。

蜡染靛染 苗族、瑶族妇女有传统蜡染技术。将白布铺于案上，用蜡刀蘸蜡汁在白布上绘制花、鸟、鱼、虫等图案，再放入染缸浸染，取出用清水煮沸去蜡，现出白色图案即成。蜡染成品可作被面、床单、衣服、头巾、枕巾、桌布、挂包等。靛染原用蓝靛（一种植物）作染料，后改用颜料制成染水，把白布置入染水中浸泡 5 ~ 6 天，将白布染青，再用猪血、槟榔果树根、牛胶等混合组成染剂，再将青布加染，数天后捞出曝晒，几经染晒，便成发亮的紫色布料，做衣服、裤子、裙、裹脚布等用。

银饰工艺 苗族、畲族、瑶族有民间银匠，加工银质首饰。有风箱、熔银炉、抽丝板等数十种工具，有各式花、鸟、蜂、蝶、鱼、龙、凤、罗汉、观音等凹凸模型。有头饰、项饰、衣饰、手饰 4 类，工艺细致，形象逼真，受到苗族、畲族、瑶族妇女的青睐，其中又以苗族银饰最为复杂、精湛。

编织工艺 编织工艺主要是篾编工艺。县内各民族均有此等能工巧匠。较有名气的有布依族龙山大塘榜坡的簸箕编织，已有 150 多年的历史。以金竹、白夹竹、水竹、楠竹、阳山竹、青藤为原料，编制出的簸箕平顺、光滑，结实耐用。碧波羊盖陈姓编织米箩、包箩已有五六代人，编制的米箩底部方形，腰部斜圆，匀插经篾，交织纬篾，接头不现，逐环拍紧，锁成瓣状箩口，产品讲究质量，信誉好，受到用户的欢迎。宣威的篾编斗笠也很有名气。

民族绘画 下司镇铜鼓村苗族妇女心灵手巧，善挑花刺绣和绘画。她们以生活为题材，创作出一幅幅具有民族色彩的画作，受到国内外专家的重视，多幅画作获省、国家级奖项并被国外友人购买和广为收藏。

五、节日集会

斗牛节　下司及周边地区历来有斗牛、斗鸟、划龙舟、跳芦笙等习俗，每年“七月半”（农历七月十三日），下司群众自发组织。为弘扬民族传统体育文化，2000 年 2 月，麻江县十三届人民代表大会第三次会议通过决议，从 2000 年起将每年的农历七月十三日定为“麻江斗牛节”。斗牛节开展斗牛、划龙舟、斗鸟、斗鸡、跳芦笙、民族风情表演、书画作品和民族服饰展、商贸洽谈等活动。活动期间，人山人海，热闹非常，规模最大达 8 万多人。邻县斗牛爱好者踊跃参加，省、州新闻媒体临场报道。

苗族芦笙节　芦笙节是苗族最隆重的节日。下司、宣威两镇苗族历来有跳芦笙的习俗。每逢农历正月初三至正月二十五日，宣威镇罗伊、龙江、富江、枫香、姚家寨，下司镇马场、清江、桃花、摆仰、铜鼓、新华、东山等村举行芦笙会。会期一般 2 ~ 3 天，规模小的三五千人，大的逾万人。节日期间，芦笙堂上数十上百支小芦笙和数米高的大芦笙齐鸣，响彻数里。身着盛装的姑娘们，伴随芦笙曲调翩翩起舞，尽情欢乐。20 世纪 90 年代后，铜鼓、摆仰等地的女青年学会吹芦笙，在节日芦笙堂上自吹自舞。入夜，节日苗寨沉浸在芦笙曲、猜拳声、酒歌声、情歌声的欢乐之中。

苗族游方节　“游方”又称“友方”，是下司、宣威苗族青年男女进行社交、文娱活动的一种形式。男女青年通过“游方”寻觅对象。一些男青年到几十里甚至上百里的村寨去游方。游方一般在农闲季节（通常从秋收结束到翌年插秧前），有专门的节日，也有在芦笙节、爬坡节时进行的。苗寨通常都有固定的“游方场”“游方坡”或“游方坪”，或在寨子前后的桥边树下，或在平缓的草坡上，当夜幕降临，外寨的后生们用木叶、口哨等为信号，把寨内的姑娘邀约到游方场来。在游方场上，未婚青年男女成对地对唱情歌或倾心交谈。若男女双方在多次游方中加深了解，就交换信物（如衣服、围腰、帽子、首饰等）。此后，随着感情的发展而订立婚约，结为夫妻。20 世纪 80 年代后，苗族游方逐步减少。

瑶族吃新节　以农历七月“午”（马）日或八月第一个“寅”（虎）日为吃新节（若七月糯谷成熟，则为“午”日，未成熟则延至八月第一个“寅”日）。节日当天，各家用当年新出的“田埂米”“早熟香”糯米蒸成糯米饭，用当年新黄豆磨成豆腐，杀鸡宰鹅鸭，邀请亲戚朋友共度佳节，喝自家酿制的糯米酒，主客尽情享用。酒后要唱歌、划拳，尽兴方休。

春社　仫佬族和瑶族都过春社节，但日期不同，过法有异。仫佬族的春社定于农历立春节后的第五个戊（狗）日，与汉族相同。当天，仫佬人用棉花菜（也称清明菜）和糯米做成“棉花粑”，名为“社饭”。青年男女带着棉花粑去爬“撵花坡”（地点各地以积习而定）。大家唱歌、跳舞、斗鸟，尽兴玩乐一天。瑶族的社日又称青年节，是在春分前后的二月间，相邻村寨的青年相互约定。届时青年男女盛装出游，在山坡上垒灶架锅，将带来的猪肉大米煮成稀饭，共同围坐野餐。饭后，对歌游乐，直到月亮当空方归。

冬至节　是县内布依族的祭祖节。当天，祭祀事宜由族长主持，费用由各户按人头凑集。仪式由族人中辈分高、高龄、德高望重的人执事，参祭者列后进行祭拜，进行族规教育，最后吃节饭。

牛寿节　农历四月初八称为牛寿节，县内布依族、畲族、汉族均过这一节日。农民在这天要让牛休息，并特意照顾好它的生活。各家各户将糯米用枫叶、杨梅皮、虎杖根（农村叫酸汤根）、紫饭叶、黄饭花等多种植物的水泡染成各种颜色，蒸出五颜六色的花米饭。先将“花米饭”喂牛然后人们才食用。

仫佬年　仫佬年是仫佬族的隆重节日。每年农历十月的第一个“卯”日（即兔场天）为“仫佬年”。仫佬人过年，要打糯米糍粑、酿酒、杀鸡、宰鸭、蒸鱼，有的几户合杀一头猪，有的上街买肉。过年的头天，仫佬人村寨要淘洗水井，晚上要灭尽炉火。过年当天清晨，各户要挑水、包火种，同时要祭祖先、祭山神、祭田神，祈求老幼平安，五谷丰登。男女老少都穿上新衣服。一般休息一至两天，亲友之间，走访问候，互相拜年。男女青年到村寨附近的山上聚会，唱歌游玩，谈情说爱。近年，宣威基东、下司棉索等地的仫佬人还举办各种文体活动，欢庆仫佬年。相传仫佬人选择在“卯”日（兔场天）过年有两个方面的含意，一是仫佬人的祖先曾以兔子作为定亲礼物，成亲之日恰是农历十月的第一个兔场天，后人因此定这天过年，具有凭吊祖先、继承传统之意；二是九月秋收结束，十月过年，有庆贺丰收，感谢祖先庇佑之意。仫佬人把“仫佬年”视为良辰吉日，不少仫佬人结婚都在这天举行，不需另择日期。

过苗年　苗年是苗族同胞最隆重的节日，为每年农历十月第一个“子”（鼠）日，也有的定在第一个“丑”（牛）日。过年这天，各户打糯米粑、蒸糯米饭、杀鸡办酒敬祖先，还接姑、舅内亲及好友到家过年，共同欢度三天。

县内各民族都有本民族的节日集会。有的相通，有的不同。

苗族集会　有过苗年、跳鼓节、芦笙节、闹春、爬坡节、吃新节等。

跳鼓节　历史上铜鼓、摆仰、城中、铁倘等苗寨均有跳铜鼓或跳木鼓活动。清咸丰、同治年间战乱，铜、木鼓失传，跳鼓随之消失。新中国成立后，县内仅有卡乌村每年农历第一个“亥”（猪）日举行跳鼓活动。

芦笙节　每年农历正月初三至二十日，依次在宣威镇、下司镇的11个苗寨的芦笙堂举行芦笙盛会。每地会期二至三天。

闹春　农历二三月，逢“子”（鼠）、“午”（马）日，为苗族闹春佳期。男女青年相约集会，对唱山歌。

爬坡节　每年农历七月逢“子”（鼠）、“午”（马）日，在麻江县、凯里市交界的长岭岗举行爬坡集会，青年男女对唱情歌，交换信物。

吃新节　为农历七月十三日，当天各户割下黄熟“田坎米”一束，挂在神龛前，煮新米饭、鱼供祖宗。

布依族集会　有四月八和五月二十八、六月二十四山歌集会。四月八是布依族人的牛王节，这天各户染制花糯米饭，办酒肴为“牛王菩萨”祝寿，喂耕牛甜酒、玉米、稻谷等精饲料，让牛休息一天。农历五月二十八、六月二十四日为布依族地区又诗、高枧等地男女青年的山歌集会。

畲族集会　有中秋、跳月、坐花园等。新中国成立前，中秋节和四月八为隆昌王姓畲族人祭祖和给“牛王”拜寿的节日。新中国成立后，祭祖和给“牛王”拜寿的习俗逐渐消失，成为青年男女广开社交、对唱情歌和开展文体活动的集会。

亻革佬族集会　有跳月、春社等。跳月在农历正月初一至月末。春社在每年立春后的第五个戊（狗）日举行，均为年轻人对唱情歌的社交活动。

瑶族集会　瑶族芦笙节为每年农历正月十八至二十日，在河沙坝举行芦笙集会，方圆数十里的青年男女云集，共同联欢。

县内民族文化底蕴丰厚，节日集会多姿多彩。苗族农民画蜚声中外，瑶族蜡染独具特色，布依刺绣令人称绝，畲族挑花别致精美，苗族芦笙舞豪放潇洒，畲族粑槽舞古朴粗犷，苗、布依、畲、瑶族风情各具特色。

第二章　加强政治建设　推动深化改革

加强政治建设，提高政治能力，推动深化改革，不断提升基层社会治理体系和治理能力现代化水平，是促进麻江县各项事业繁荣发展的重要保障。

第一节　中国共产党在麻江县的早期革命活动

鸦片战争、辛亥革命、抗日战争时期，在进步思想的影响下，各族人民积极探索救国救民真理，投身反帝反封建、抗击侵略者的顽强斗争，涌现了一批志士仁人、革命英烈，他们的爱国热情永远值得后人钦敬。中国近代法政的开拓者、教育家、戊戌状元夏同龢（贤昌镇高枧人），咸同年间领导苗族、布依族农民起义坚持斗争13年之久的农民领袖潘名杰（苗族，谷硐镇谷朦人），率部抗击法军入侵的福建提督黄超群（杏山镇凤凰山人），舍身刺杀袁世凯的同盟会会员张先培（下司镇芭茅冲人），英勇讨伐袁世凯的护国军支队长、同盟会员吴传声（下司镇保秧洲人），投身北伐的护国黔军少将师长兼重庆卫戍司令吴厚安（下司镇保秧洲人），捐躯北伐的国民革命军中将师长罗剑雄（布依族，坝芒乡慈菇冲人），抗击日本侵略者的中国远征军预备师少将参谋长熊启厚（谷硐镇景阳人）等，是其中的杰出代表。1932年，中共地下党员开始进入县境活动，宣传党的主张，传播革命真理，组织开展系列革命活动直至迎接解放。解放战争时期，为了麻江人民的解放事业，为保卫新生的人民政权，人民解放军指战员用生命和热血谱写了解放麻江、剿匪除患的英雄篇章。全县现存各类革命遗址22处，麻江县历史文化陈列馆为省级爱国主义教育基地，县革命烈士陵园为州级红色文化教育基地。革命历史印迹、先辈英烈事迹深深根植在各族人民心间，红色历史文化在麻江大地影响深远。

20世纪20年代末到30年代初，随着马列主义在贵州的传播，中国共产党的活动随之进入交通闭塞、经济文化落后的少数民族地区。1932年11月，县境开始有中共地下党员的革命活动，这是党的民族政策在麻江实践的初始。1930年4月至1936年1月，中国工农红军各部长征转战黔东南期间，向苗侗各族人民宣传中共主张，传播革命真理，尊重少数民族风俗习惯，主张民族平等，严格执行民族政策，维护各族人民利益，对毗邻地区的麻江各族人民产生了深远影响。中共地下党组织及党员深入麻江各地村寨广交朋友，向苗、汉、畲、布依、仫佬、瑶等各族群众做宣传动员工作，先后建立了城关、瓮里、甘塘、小火壤以及大良田等据点，团结各族各界人士，组织青年学生和爱国人士开展反封建、反压迫、反剥削和抗日救亡等革命活动，开展反抗国民党当局暴政统治等活动，进行组建人民武装、开辟根据地、开展武装斗争和统战工作等积极实践。李光庭、黄玉如等中共党员是最早在县境开展革命活动、宣传党的民族政策的代表人物。

一、最早在麻江开展革命活动的中共党员——李光庭

李光庭系贵州松桃县人，1925年在铜仁参加贺龙部队，曾随贺龙参加北伐和南昌起义。起义军南下途中失败后，李光庭只身由粤入湘，为生活所迫加入黔军。1929年，李光庭所在的部队被编为85师，翌年该师被调往湖北崇阳、通山地区围剿湘鄂红军。李光庭在该师内部做兵运工作。1931年，经该师地下党员舒保初介绍加入共产党组织。次年秋，参加舒保初领导兵变，因叛徒告密失败，舒遭杀害。李光庭与乡友唐寿南（凯里人）、王毅（毕节人）、喻雷（习水人）、黄玉如（麻江瓮里人）等脱险后，返黔继续进行革命活动。1934年经秦天真介绍再次入党，在省工委领导下从事地下革命工作。1932年11月18日，李光庭率王毅、喻雷、黄玉如等来到麻江县黄耀邦家。继又到小火壤陈光远家寻选活动地址，李光庭一路上察看地形，熟悉道路，寻找可作长期活动的根据地。从这时起至1948年，李光庭在麻江领导凯里、麻江的地下党员及进步人士开展革命斗争活动达17年之久。

1935 年，贵州发生“七·一九”事件，中共贵州省工委机关遭受国民党特务破坏，李光庭奉省工委负责人秦天真指示，将共产党员董亮清、熊蕴竹、余稚翔三人由贵阳转移至麻江的大中（今属凯里市）、瓮里、瓮袍、小火壤等处隐蔽，得到当地罗云开、黄玉如、顾怀忠、陈光远等人悉心保护。尽管敌特跟踪至大中、瓮袍等地，但李光庭作了周密安排，与敌特斗智斗勇，使董、熊、余三人安然避开敌特追踪，顺利地转移到外地从事革命工作。1935—1936 年，李光庭和王毅建立了一支活动于麻江、炉山、丹寨、雷山四县的武装，武装成员以农民为主，这是贵州地下党抓革命武装的早期探索。麻江各族人民支持和参加了这支武装，称之为游击队。1936 年底，李光庭奉秦天真指示，组织凯里、麻江、台江、雷山等地武装力量两上雷公山，集结雷公坪，尝试建立由共产党人领导的人民武装和根据地。

1940 年，国民党掀起第二次反共高潮，白色恐怖笼罩下，中共南方局指示贵州地下党执行“隐蔽精干，长期埋伏，积蓄力量，以等时机”的白区工作方针。1941 年初，国民党制造“皖南事变”后，贵州的军统、中统特务组织也大肆迫害和屠杀共产党人。曾打入镇远师管区任连长、营长的李光庭，受到刘伯龙特务组织的迫害，离开镇远转移到凯里活动。但在凯里同样受到刘伯龙特务组织的监控，李光庭、李长青、喻雷又被迫离开凯里。同年 3 月，李光庭举家迁往麻江大良田，租赁周露阶家土地搭起三间茅屋居住，并开设小饭馆和“李记”客栈。为筹集活动经费，他通过结识的一些人互相邀约，集资开办荣通酒精厂，专派喻雷到贵阳开设荣通酒精厂办事处，掩护他们进行革命活动。从当年起至 1948 年，李光庭等在麻江度过了七年革命生涯。这段时期，李光庭置生死于度外，艰难地进行革命活动。其间，李长青、喻雷、陈松录等亦到麻江活动，党组织曾分别在麻江县城观音阁和周振华住宅召开秘密会议。李光庭还通过社会关系，将一些在贵阳受迫害的进步教师安置在麻江中学任教。

新中国成立初期，为肃清潜伏在贵州的国民党特务及残余匪徒，巩固新生的人民政权，党组织再次派李光庭搞地下工作，打入敌人内部活动，李光庭愉快地服从党组织的安排。1950 年 5 月，李光庭在执行任务中不幸遇敌伏击，在贵阳北郊英勇就义。

二、早期从事革命活动的麻江籍中共党员——黄玉如

黄玉如系麻江县龙山乡复兴村瓮里人，1904 年出生于贫苦农民家庭，自幼入塾馆和小学就读，稍长务农。1929 年到黔军 85 师当兵，随部队开往湖北崇阳。1932 年，在师部教导大队学习期间，结识军中的地下党员舒保初、李光庭等人，受到他们的教育启发，思想倾向革命。1932 年春，红十六军某部共产党员舒保初受党的派遣，利用黔籍家乡人的关系，打入了国民党的黔军 85 师。后 85 师被派往湖北崇阳和红军作战，通过师长谢彬（铜仁人）与进步军官唐寿南（少校）等人在该师开展工作。当时，在该师的李光庭、王毅、喻雷、陈中凯、黄玉如、朱玉成等，经过舒、唐二人的工作成立了青年组织。1932 年秋，舒保初、李光庭、王毅、喻雷、唐寿南等人研究决定：击毙师长谢彬，策动黔军 85 师武装起义后参加红军。由于执行具体任务的张某被捕，在严刑面前供出活动计划，舒宝初等十多人被捕杀害。李光庭、黄玉如、唐寿南、王毅、喻雷等人也随之暴露。他们在敌兵两路追击下匆忙约定在湖南洪江会合。唐寿南亦受牵连，带领陈中林、黄玉如、朱玉成等人来到洪江，李光庭表示回贵州继续革命，得到唐寿南的支持，并建议到敌人力量较弱的凯里地区搞革命工作。

1933 年，李光庭、唐寿南、王毅等研究决定从四方招兵，建立武装。由唐打入黔东南边区张元勋部（属王家烈部），并任边区司令部参谋长兼二团团长，陈玉清、陈学海任营长，黄玉如任军需，喻雷、王毅、陈中林均在该团工作。1935 年春，经中共凯里地下党领导人李光庭介绍，中共贵州省工委负责人秦天真同意，批准黄玉如加入中国共产党，在李光庭的领导下从事革命活动。1935 年，中共贵州省工委遭敌人破坏，在贵阳进行革命活动的地下党员刘茂隆被捕入狱，得到看守董亮清的帮助脱险。刘、董二人转移到黄玉如家隐蔽，由黄资助刘茂隆转移到外地。同年，贵阳女师地下党员熊蕴竹、余稚翔被追捕，李光庭护送熊、余二人到凯里大中，后转移到黄玉如家隐蔽。次年初，黄以教书积蓄的微薄收入资助并和李光庭一道护送熊、余两人转赴外地参加革命斗争。1935—1943 年间，黄玉如在凯里龙头河、麻江观音阁和大良田参加李光庭召开的秘密会议，聆听省工委指示，研究斗争策略。为了发展党领导的武装力量，唐寿南通过关系到王家烈领导的张元勋部队当团长，黄玉如随唐去任上士文书，

不久即回家教书。

1937 年 1 月，凯里党小组组织成立黔东南武装部队，麻江县宣威保卫大队书记兼队长黄玉如等率百余人（枪）“义勇队”两上雷公坪集结，进行了创建革命根据地的积极尝试。次年，县成立国民兵义勇壮丁队，黄玉如奉李光庭派遣就任第三区队队长。1942 年冬至 1943 年夏发生了贵州现代史上规模最大的农民暴动——“黔东事变”。中共地下党决定借机开展地方武装建设工作，既可培训武装骨干、积聚人枪支援前线，又可退居僻壤，创建根据地。组织派遣黄玉如任宣威保警大队长，为麻江进行武装革命打下了基础。1943 年，他参加李光庭等人创办的大良田荣通酒精厂，为革命活动筹集资金。酒精厂停办后，黄玉如回乡教书、务农。麻江解放时，黄玉如通过接管干部王桂芳、王芸生引见，找到县委领导，要求接转党的组织关系，由于未能得到及时办理，便回家教书。1950 年 2 月，麻江县境发生土匪暴乱，土匪挟持黄玉如委以支队参谋长职务，黄拒绝参加。1951 年 2 月，黄在剿匪斗争结束后遭受错误处理，被判处极刑。1987 年得以复查平反。

三、中共凯里小组成员及其他进步人士在麻江开展的革命活动

1935 年后，中共贵州省工委军事小组组长、凯里小组负责人李光庭通过其所结交的麻江县邮电局封发员周振华以及麻江中学学生余章权、黄璧等秘密传递进步书刊，将共产党的《八一宣言》等内容向社会宣传，揭露国民党执行蒋介石“攘外必先安内”的错误，实行全民总动员，号召停止内战，一致对外。

1935 年 7 月 19 日，发生了震惊贵阳乃至全省的“七・一九”事件，中共贵州省工委机关遭到敌特严重破坏，白色恐怖笼罩贵阳山城，贵州地下党处在最艰难的时期。省工委负责人秦天真派工委秘书熊蕴竹和贵阳女师地下党员余稚翔到凯里传达省工委上述指示并开展工作，后因形势紧张，熊、余二人身份暴露。这时候，党组织通过省工委军事领导小组组长李光庭安排转移到麻江的大中、瓮里、干塘、瓮袍、大塘、小火壤、麻江城关、大良田等地隐蔽达数月之久，得到麻江各族人民的悉心保护。熊、余二人在凯里舟溪、麻江大中以应聘小学教师身份作掩护，躲过敌特追捕，秘密进行革命宣传活动。

1935 年 8 月 20 日，经党组织安排，“七・一九”事变中被捕的省工委委员

刘茂隆（又名刘雪苇）在地下党员董亮清（监狱看守）掩护下越狱成功。李光庭奉命将刘茂隆、董亮清二人转移到麻江瓮里黄玉如处隐蔽和工作，后经李光庭同意，黄玉如将自己教书所得收入捐作路费，护送刘、董二人安全转往贵阳、上海等地从事革命工作。

1939 年底至 1940 年春，正当全国性抗日战争进行得如火如荼的时候，国民党确定了“溶共、防共、限共、反共”的方针，通过了“整理党务案”，设立了专门的“防共委员会”，大搞清查“异党”活动，指使特务编造黑名单，盯梢监视，非法拘押了爱国人士和青年学生，掀起了第一次反共高潮，白色恐怖日益严重，贵州地下党处于最困难、最艰险的时期。凯里党小组及其他进步人士利用社会职业掩护，在麻江开展了系列秘密革命活动。

1940 年，贵州省工委负责人秦天真被迫撤至延安。凯里党小组与上级组织失联后，受秦天真直接领导的李光庭、李长青没有被困难屈服，仍坚持继续开展隐蔽活动。先后在麻江县的观音庙、大良田、翁里等地召开骨干分子会议，李光庭、李长青、黄玉如、孙鸿涛、陈松录、陈光远等出席会议，讨论落实党中央白区工作方针和中共南方局指示，会议确定李光庭、陈光远、黄玉如筹办荣通酒精厂，抓地方武装；李长青种烤烟、打铁，抓政治与联系；孙鸿涛进入旧州训练所，通过乡镇保甲长训练储备力量，并对国民党乡长白焕文做争取工作；陈松录转入小商贩，做盐巴生意。

1941 年 1 月，国民党制造“皖南事变”，敌特更是大肆屠杀共产党人和爱国志士，革命工作转入隐蔽活动。李长青变卖祖田作资金，在凯里近郊种烤烟，并创办开斯米香烟厂。其间曾打入镇远师管区任连长、营长的李光庭，因受贵州刘伯龙特务组织迫害，离开镇远转移到凯里、麻江等地活动，长期隐蔽。同年 3 月，李光庭从雷山举家搬往麻江大良田，开办李记客栈，接待过往客商，招揽生意，维持生活，借此广交社会各界朋友，从事秘密革命活动。期间，他通过原来在麻江结交过的老朋友了解情况，熟悉当地风土人情，联系群众，广结至交。由于他平易近人，善做群众工作，深得群众的信任，连乡里吵架斗殴之事也请他调解。李光庭和各族群众打成一片，人们敬重他保护他，使其得以长期隐蔽活动。

在极端困难的情况下，李光庭为筹集经费开展地下活动，跑遍了宣威、龙山、下司、甘巴哨等地，选择最佳据点创办酒精厂。他通过原来结交的一些老朋友，邀约了周露阶、陈光远、黄玉如等人，以集股分红办法筹资近百万元（旧币）创办荣通酒精厂，雇请工人生产酒精代替供应汽车燃料。因地处黔桂公路中段要塞，过往汽车多，最初每天可生产酒精半吨左右仍供不应求，年获利几十万元（旧币）。李光庭等从自己分红的份额中凑集了一部分活动经费，为开展地下斗争提供了方便。从此，共产党人和进步人士频繁到该据点进行秘密联络活动，李光庭、喻雷、王毅、陈光远、周振华等经常在此聚会，互通情况，酒精厂成为地下党人的革命活动据点。

1942 年冬，陈光远出售其祖遗田产，获银元八百多块，他拿出部分作本钱到甲盖坡开办炼铁厂。李光庭率李长青、喻雷等经常到厂与陈光远、黄玉如进行秘密活动。通过炼铁厂销售收入，积蓄了部分资金购买枪支弹药。

当国民党统治区白色恐怖日益严峻时，为防备不测，凯里党小组将在凯里和大良田的联络点转移到下司。1946 年 10 月，在李光庭周密安排下，麻江医院代院长张明立和任维秀离开麻江来到下司，办起了明星诊所。此后，明星诊所成为凯里党小组的新联络点。李光庭经常出入下司，与下司镇长吴帮荣等 8 人结拜兄弟。在李光庭帮助下，吴帮荣对党有了正确认识，新中国成立后，吴留任下司镇长，立场坚定，积极协助人民政府剿匪，为下司的解放和剿匪作出了贡献。

李光庭、李长青、陈光远等通过兴办实业，广交社会朋友，培植革命力量，筹集革命活动经费。并通过各种社会关系获悉了麻江县党部及城关反共势力的情况，掌握主动。1941—1948 年期间，尽管形势险恶，环境不利，然而李光庭等始终艰难而巧妙地利用各种形势和场合，在麻江坚持开展党的地下活动。凯里地下党的李长青、喻雷等与孙礼庸、陈松录，麻江的黄玉如、陈光远、周振华等，以及被敌人追捕逃往外地而后回乡的麻江籍地下党员黄璧，多次在麻江秘密活动。他们在麻江城乡多次召开重要会议，传达中央、省工委的重要指示，学习革命进步书刊，与一些仁人志士“结拜弟兄”，通过其了解情况，传播马列主义真理，研究对敌斗争策略。

1948 年秋，李光庭打入炉山县保警大队任中队长后，仍然肩负麻江的工作。布置周振华和大良田的沈荣芳等开展秘密活动，掌握敌人动向，并监视敌“反共应变”计划和行动，及时传递情报。1949 年 3 月，他利用关系开展麻江县长艾玉章的策反工作，耐心向其宣传中国共产党的政策，使其弃暗投明。1949 年 11

月解放麻江时，艾玉章率部向人民政府投诚，与李光庭的统战工作分不开。

此期间，中共地下党员胡骑（原名胡铁骑，贵阳人，大夏大学政经系毕业）在麻江中学了开展抗日救亡宣传活动。中共地下党员金家修（别名剑锋，下司人）在下司开展了系列革命活动。

在李光庭的指引下，麻江的黄玉如、陈光远、周振华、黄访之、闵孝廉、胥荣亮、沈荣芳、吴锦先、赵维楼、熊承勋、夏鼎彝等各族进步青年或走上革命道路，或对革命作出过贡献，其中陈光远殁于敌人监狱，黄访之殁于革命活动，另外，还有一些不知姓名的麻江进步人士为革命献出了宝贵的生命。

在艰苦的斗争环境下，凯里党小组成员及其他进步人士在麻江较长时间地开展隐蔽斗争，开展系列革命活动，向苗、汉、畲、布依、仫佬、瑶等各族人民宣传党的进步主张，开展党的民族工作实践，为革命保存了实力，为解放战争后期组织游击武装准备了必要的条件，使麻江各族人民受到了深刻影响。

第二节　麻江县的解放、接管、建政

一、解放前夕的社会、经济状况

解放前夕的麻江，在国民党长期经营下，特务系统庞杂，帮会、封建会道门组织猖獗，乡保人员横行乡里。加之主要生产资料掌握在封建剥削阶级手中，各族贫苦人民靠帮工、打雇、当长工为生，过着衣不蔽体、食不果腹的生活。

主要生产资料掌握在封建剥削阶级手中，据土地改革前的统计，占全县总人口 10.97% 的地主阶级，占有总耕地面积的 42.38%；占总人口 52.98% 的贫苦劳动者，仅占有总耕地面积的 18.27%。1949 年，全县无地、少地的农户 1.34 万户，占全县总户数的 55.4%，其中有 2148 户靠常年给地主打长工糊口。

农民遭受天灾人祸时，无法克服就出卖土地或典当土地。典当土地的农民，名义上仍然保持土地的所有权，但典当期一般为 3 ～ 5 年，逾期原业主无钱赎回的，则被迫廉价出售或付给承包人的利息，最终失去土地所有权。

地主阶级占有大量土地，将土地出租剥削农民。地租以稻谷交付为主，租额为“对半分茬”“地六佃四”或定额交租几种，以钱交租的极少。据土地改革时对 938 户地主统计，土改前占有田土 30171 亩，其中出租 24637 亩，占 81.7%，余为雇农耕种，全县 9100 多户少地无地农民当佃户，占全县总户数的 40%。

1949 年，全县有 1500 多户贫雇农靠在财主家帮工维持生活。常年性的苦力长工由雇主供食宿，年终得一套布衣和 12 ~ 24 元（银元）工资。农民因生活困难，或遭天灾人祸，需要借债，财主以钱粮放高利贷给农民。借粮的夏借秋还，利息高达 50%；借钱的年利 30%，逾期还不清的债务，利息作本，利上加利。债台高筑的农民，沦为长工或流落社会当乞丐。

1949 年，县卫生院有医师 1 人，助产士和护士 3 人，卫生员 2 人，行政管理人员 2 人。由于缺医少药，得病多靠求神弄鬼。每当瘟疫流行，死亡率甚高。农村不仅缺医少药，而且文化落后，思想愚昧，认为瘟疫是天降灾祸，唯有祈神灵驱鬼。不少人家请来鬼师跳神，不仅灾难未免，反而疫情流行更盛。再加兵扰匪患、灾难频繁，全县各族人民苦难深重。

1949 年 7—8 月，按照国民党贵州省政府主席谷正伦“反共应变部署”的密令以及独山专区保安联防决议规定，麻江县长艾玉章部署在全县设 4 个联防区，以各乡自卫班为骨干组织防剿大队、保卫中队，并决定了攻守联防联络和统一指挥等办法，召开联合会议，部署反共堵共。国民党麻江县政府先后分三批选派骨干分子到贵阳参加贵州省“自卫干部训练团”急训。8 月 15 日，成立“麻江县反共救国动员委员会”，并制定十四条规程，推动所谓“反共救国，动员一切人力进行戡乱”。10 月至 11 月上旬，接省政府颁发的应变纲要和谷正伦命令后，艾多次主持召开反共会议，制定“十二大杀条律”和“空室清野”实施办法，命令各级自卫队和联防组织集结“待命”，企图阻挠人民解放军进军麻江。

二、解放、接管、建政

1949 年，遵照中央军委命令，中国人民解放军二野五兵团三个军在兵团司令员杨勇和政治委员苏振华的率领下，由湖南挥师西进贵州。11 月初，五兵团十七军从湖南芷江进入贵州境内。14 日凌晨，十七军五十一师一五一团奉令解放麻江。在副师长王根培和团长刘英等率领和指挥下，以一五一团二营为先锋，其五连为尖兵，从北门进入县城。15 日，五十一师教导大队（又称挺进大队）

240余人，在政委张英杰、大队长王文田的带领下进驻县城，配合地方干部开展接管、建政准备工作。麻江解放，全县1200多平方公里的土地和9.5万各族人民获得了新生。

11月18日，中共麻江县委正式办公，李玉环任书记，隶属中共独山地委领导。11月20日，由左清溪为代表接管县政权，命令投诚的国民党县长艾玉章办理移交政权手续，接收旧政权人员，士兵以及粮食、银元、枪支等物资，并将档案封存。此后，由县委书记李玉环、县长左清溪率领南下和西进干部开展接管建政。这批接管建政人员主要是来自冀鲁豫南下江西省彭泽县的工作干部50余人，在江西彭泽县吸收的社会青年和学生30余名。11月23日，麻江县人民政府正式宣告成立，由左清溪任县长。

12月，根据中共独山地委、专署电示，将全县原16个乡、镇调并为3个区。杏山为第一区，乐埠为第二区，下司为第三区，同时建立各区政府。此后县委研究决定，根据历史与地域条件需要，麻江县行政建制设4区16乡（镇），陆续派出乡（镇）代表到各乡（镇）建立人民政权。12月上旬，县人民政府发布训令、通令，对所有旧职人员宣布“约法八章”和采取教育改造的方针，只要愿意为人民服务的，量才录用，并动员其认真办好移交工作，争取立功。

接收工作完成后，为支援人民解放军解放云、川、康、藏地区，麻江县委研究决定，以征粮为中心，布置各区、乡（镇）干部及旧政人员服从政令，深入农村向人民群众宣传、教育、动员积极完成征粮任务。1949年底至1950年12月，全县共征粮500万公斤，陆续运往贤昌、高枧、良田、谷硐、宣威、下司等粮站，以保障人民解放军过境与干部职工支用。

三、巩固新生政权的剿匪斗争

麻江解放后，各级新生政权建立，各族人民欢欣鼓舞，县委和政府立即发动群众开展征粮支前运动。但是，一批潜伏的国民党特务、反共分子勾结各地恶霸势力，组织土匪武装进行暴乱，妄图夺回失去的“天堂”。1949年12月底，麻江各地相继成立秘密匪部，由国民党特务分子串联操纵，以旧军官、兵痞、流氓、惯匪与当权的反共乡保长及地方豪绅、恶霸充任骨干。他们“关羊”、抢劫、杀戮农会干部甚至公开暴乱，进行反革命活动，攻打乡、区、县人民政府，活动越来越猖獗。全县有大小股匪 37 股，其中较大的有 7 股：“贵州东南绥靖区游击总司令部”（军统特务、国民党军团长白焕文任司令，军统特务、国民党军营长欧亚任副司令，有匪众 1000 余人）、“贵州东南绥靖区第九纵队”（军统特务周志云任司令，军统特务、国民党军训副团长马定远任副司令，有匪众 1200 余人）、“贵州东南绥靖区第十八纵队”、“贵州东南绥靖区独立第三团”、“贵州东南绥靖区三六三团”、“贵州人民反共自救军曹绍华总部第十一师”、“贵州东南绥靖区第十九纵队”等。1949 年 12 月至 1950 年 3 月，股匪成立了“麻江县政府”、反共抗俄组织等，目的和任务是加强反共宣传，加强反动统治，筹集活动经费。各路股匪搜刮民脂民膏、抢劫国家公粮、胁迫群众为匪。

土匪暴乱的种种罪行，激起全县干部、驻军和各族人民的极大愤慨。中共麻江县委、县人民政府遵循中共西南局关于“剿匪已成为西南全面的中心任务”的指示，在贵州军区、独山军分区指导下，开展了剿匪除患的伟大斗争。1950 年 1 月，麻江县人民政府发布“剿匪通令”，号召全县人民积极武装起来，积极配合部队开展剿匪斗争。1950 年 2 月底，中共麻江县委接到中共中央西南局关于“剿匪已成为西南全面的中心任务”的指示，立即召开第四次县委扩大会议，组织党员和干部认真学习“全党全军必须坚决贯彻执行党中央关于‘军事打击、政治瓦解、发动群众’三结合”的方针，认真执行“‘宽大和镇压相结合’，‘首恶者必办、胁从者不问、立功者受奖’”的政策。县委决定成立县武工队，深入乡村发动群众，大力协助驻军开展清剿工作。

1950 年 5 月初，人民解放军独山分区一五二团奉命进驻宣威地区，重点清剿白焕文股匪。“贵州东南绥靖区司令”谢世钦部属石开、曾德良、杨跃宗等调集 1000 余匪兵围攻宣威。一五二团通讯连与机枪连打退匪三次猛烈进攻，毙匪 7 名，伤匪 30 余名，俘匪 100 余名。一五二团通讯连连长郭殿瑞、班长晁玉清、战士常建德及独山地委干校干事王玉辉等壮烈牺牲。

1950 年 5 月中下旬，各路股匪不断在县境黔桂公路等路段进行骚扰、抢劫，破坏电话线路与公路设施。为了加强防卫力量，县委研究决定：“死守麻江、下司，保住宣威，支援丹寨，疏通与都匀的交通”。敌我两方形成对峙局面。

8 月中旬，人民解放军一八六师进驻麻江剿匪，并派工作队参加开展五大任务和土地改革。麻江县委向各区、乡（镇）发出“关于做好对土匪的争取工作和执行宽严政策”的指示，大张旗鼓地向土匪及其家属宣传“悔过自新”“坦白从宽、抗拒从严”的政策。戴树琪、刘仕炯和白焕文等匪部部属有支队以上10人向人民政府自首登记，大队长骨干14人、中队长以上骨干80余人也向人民政府自首登记，共交出长短枪67支，子弹600余发，对自首人员进行集训。同时破获了反动武装预谋暴动和匪情报站两案，批准逮捕两案的首犯17名，缴获长短枪11支，子弹300发。25日—28日，一八六师率五五四、五五六、五五七3个团奉西南军区之命，从川西崇庆直出黔东南剿匪，陆续到达麻江集结，作好对雷公山地区谢世钦匪部实行铁壁合围的准备。县委、县政府与驻军警一团均作好会师安排，特别是人力、粮秣与住房等方面均作妥善安排。

9月2日，人民解放军一八六师进驻麻江后，召开了有麻江、丹寨、雷山、炉山等县的苗族、水族、布依族、汉族代表数十人及一八六师部分指战员参加的座谈会，了解当地风土人情，为胜利完成对雷公山地区谢世钦匪部实行铁壁合围剿匪任务创造了条件。会后，参加座谈会的张锡清（女）、张学文（女）等十多位年轻教师都跟随部队进到下司、白午、大中参加剿匪，给部队带路，宣传和发动群众。一八六师在麻江成立“中共黔东南工委会剿匪指挥所”，组织山地战术训练，制订雷公山地区合围作战方案。合围开始后，该师协助麻江县下司、白午、大中、宣威等地清剿土匪，并组织发展农民协会。自此，麻江县大股土匪基本上被消灭，散匪也陆续向人民政府投案自首。

自1950年1月初到10月底，在剿匪斗争和铁壁合围中，县委、县人民政府组织全县各族民兵出动3万余人次配合解放军部队剿匪作战，与匪进行大小战斗200余次。共歼匪首556名、匪众3561人，悔过自新2101人，破获武装暴动案1起，摧毁匪“县政府”2个，缴获各种枪支2070支、子弹6.51万发，其他物件（资）13.3万件。为了建立和保卫新生的人民政权，在解放和剿匪斗争中，有无数解放军指战员和干部民兵献出了宝贵生命。历时近一年的剿匪斗争，终于以各族人民的胜利宣告结束。

第三节 新中国成立初期的社会改革与探索发展

新中国成立初期，麻江开展了土地改革等社会改革运动，废除了封建剥削制度。这一时期，虽遭受整风、反右扩大化与极“左”影响冲击，但在党员干部和群众的共同努力下，全县工农业生产仍取得了一定成绩，民族工作仍有较大发展。

一、实行土地改革，废除封建制度

1950 年 3 月至 1952 年 3 月底，根据中共中央指示精神以及上级党委、政府安排，中共麻江县委、县人民政府组织部署在全县广大农村分期分批开展了土地改革运动。土地改革废除了几千年的封建剥削制度，实现农民的土地所有制，对解放农村生产力产生了重要作用。

1951 年 2 月，县委依据 1950 年 6 月中央人民政府颁布的《中华人民共和国土地改革法》和中共中央提出的“依靠贫农、雇农，团结中农，中立富农，有步骤、有分别地消灭封建剥削制度，发展农业生产”的总路线和总政策，决定在县内分三期进行土地改革。从 1951 年 3 月县委、县人民政府组织工作组在碧波开展土地改革试点开始，在土改工作中广泛宣传《土地改革法》，进行阶级路线教育，整顿农民协会组织，建立健全村级政权，划定阶级成分，查田评产，按政策规定没收地主阶级的土地、耕牛、农具、房屋、浮财等，征收富农、小土地出租者出租的部分土地，征收公田、学田、庙田等，分配给无地少地的农民以及困难户。土改后，县政府发给农民土地证。至次年 3 月，历时一年的全县土地改革胜利完成。

经过土地改革，全县 4 区 16 乡（镇）共没收、征收土地 50045.83 亩，没收、征收山林荒坡共 5000 多亩，没收大牲畜 2303 头（匹）、农具 10768 件、房屋 7807 间、粮食 23.8 万公斤。无地少地农民分到土地，贫雇农困难户还分得耕牛、房屋、农具、粮食等。农村各阶级占有土地状况发生了显著变化，贫雇农土地拥有量由土改前人均 0.4 亩增至 1.2 亩，中农由土改前人均 1.17 亩增至 1.47

亩，地主由土改前人均6.14亩降为1.03亩，富农由土改前人均2.79亩降为1.76亩。农民成为土地的主人，实现了农民土地所有制。土地改革后，农民生产热情高涨。1952年，全县粮食总产量2693.9万公斤，比1950年增长17.34%。

二、工农业“大跃进”，探索高速发展

1957年2月，麻江县委作出决定，“为克服官僚主义，改变领导作风，继续巩固农村社会主义阵地，巩固工农联盟，掀起一个声势浩大的群众性生产运动”，将全县划为17个片区，每个片成立基层党委会。全县抽调县级、区级和一般干部共计271人，分别担任党的基层委员会正、副书记和农业高级社的正、副主任，片区实行党的一元化领导。

1958年9月，为了实现“多种、高产、多收”的要求，县委、县人委在全县掀起了深翻土地的群众运动。10月20日，全县农村工作中心转入秋耕秋种，县委遵照党中央“关于深耕和改良土壤的指示”和“少种多收”的要求，从农村、机关、厂矿抽调强壮劳动19500多人，分配到16个丰产坝搞“大会战”。经两个多月的日夜苦战以及开展“插红旗、拔白旗”的竞赛活动，到12月初，基本完成深耕和秋播任务。16个丰产坝共深耕田土面积17542亩。

1958年是麻江县的大灾之年，先是旱灾，后又受洪水的袭击，农业生产遭遇极度困难。受全国形势影响，造成1959—1961年的3年严重经济困难。

三、建立人民公社，统一经营管理

1958年8月，县委根据中共中央发布《关于在农村建立人民公社的决议》，组成人民公社工作组，先后在4个乡镇搞试点。

人民公社实行生产资料入社，统一经营管理。社设党委会，实行政社合一，在社管会、社党委领导下办社。全县公社化后，把原高级社的土地、耕牛、农具、粮食、物资、资金等全部清理归公社所有，由公社统一调配使用。

四、“文化大革命”时期的曲折发展

1966—1976年“文化大革命”时期，经济社会经历了很多曲折，但各级领导干部、广大工人、农民、解放军指战员、知识分子、爱国民主人士、爱国华

侨以及各民族各阶层群众，绝大多数没有动摇热爱祖国和拥护党、拥护社会主义的立场。各族人民在各自不同的岗位上坚持工作生产，在搞运动“抓革命”的同时，在极端困难的条件下，发扬苦干实干精神，坚持“促生产，促工作，促战备”，为加快地区经济社会发展努力贡献。湘黔铁路麻江段建成通车，谷（硐）三（穗）公路等公路项目、农田水利建设、农业林业等也有一定规模的发展。在党员干部和各族群众的共同努力下，民族工作仍取得了一定成绩。

五、支援“三线建设”

贵州省是“三线”建设的重点省份之一，而黔东南州是全省重点地区之一，麻江县涉及苗族聚居地白午公社（现属凯里开发区）。全省安排的基础建设投资高达46.26亿元，占全国“三线”建设地区同期建设投资计划总额的12.9%。在保障“三线”建设的基础设施建设方面，主要有湘黔铁路建设、国家电网架设和国防公路建设。1965年5月，中共贵州省委决定，成立军工领导小组和国防工业办公室，10月正式成立支援“三线”建设领导小组。贵州的“三线”建设进入正轨，各厂纷纷选址征地，筹备建厂。“文化大革命”开始后，“三线”建设受到一些干扰，建设步伐放慢，到1969年后才开始建厂搬迁。

（一）支援“〇八三”系统建设

1966年11月，经考察选址，“〇八三”系统决定在麻江县与凯里县交界处筹建国营新云器材厂和国营红云器材厂，并向麻江县人民委员会申请征用土地报告。11月9日，经县人委研究后，向州人委提出征用地报告，为支援好国家“三线”建设，划拨白午公社旱地65.85亩、荒地62.67亩作建厂用地。黔东南州人委批复同意征用白午公社的白午、翁义、岩寨等大队旱地39.185亩作建厂用地。1970年元月，两厂在基建中需要民兵进行施工，麻江县革委生产小组及时安排白午公社110人、下司公社20人支援两厂建设。同年3月，国营红云器材厂在麻江县招用农工150名进行建厂，县革委生产小组及时从4个公社抽派150名年轻力壮民工支援。同年8月，州革委和凯里军分区组织第二批民兵两个营计2000名的民兵队伍，参加“〇八三”系统国防工业生产建设，麻江县组织民兵一个连共200人参加。1970年9月，根据州革委生产指挥部的通知，为保障凯里地区“三线”建设厂区的供电，加快贵定到凯里高压输电工程的施工进度，指示麻江县组织民工1000名支援输电工程架设任务。县革委生产指挥部迅速组织沿线的10个公社的1000名农村劳力投入施工，保障了该地区“三线”建设用电。1970—1971年，麻江县共抽调各族民兵、民工共560余人支援“三线”建设“〇八三”系统所属建厂工作。

（二）修筑6711工程战备公路

为保障“大三线”建设的公路运输，国家决定修建6711战备公路（即321国道线）。1967年11月，6711战备公路开始修筑，至1968年4月完成第一期工程。10月，根据省革委、州革委的指示，要组织民工继续修筑6711战备公路第二期工程，即谷（硐）大（山哨）国防公路。该公路横穿麻江县境内长24公里，要求麻江县、凯里县、丹寨县组织3个民工团进行修筑。1968年10月，麻江县革委和县人民武装部成立“6711工程麻江团”，团部下设政治工作领导小组、生产工作领导小组、办公室，团部设在坝芒公社水头大队。为保证工程进度和工程质量，州革委分配给麻江县修筑民工任务3500人，县革委研究后，决定从杏山区抽派1300人、下司区抽派600人、宣威区抽调900人、谷硐区抽调700人参加施工。连、排干部由各区、公社革委配备，营、连的正职负责人由同级革委领导担任，基本上按部队编制管理。麻江境内公路施工工程量为24公里。经全县各区、公社革委的宣传发动，到达工地上工各族民工3250人。1968年11月，正处于“文化大革命”中期，工程施工受到一定干扰。加上时逢冬季，物资生活困难，筑路难度大。干部、技术员、民工克服困难，从节约出发，发扬一不怕苦、二不怕死的精神，自己动手编撮箕，砍锄把、抬杠、扁担，组织民工烧石灰、科学高效使用炸药等进行修筑。施工期间，坝芒公社境内工程沿线20多个村寨的各族农户，给予筑路民工热忱接待，腾房借物，提供食宿方便。民工团经过两年奋战，完成土石方31万立方米，修涵洞36孔，计340米。过境段公路于1970年竣工，随后全线通车。

（三）支援湘黔铁路建设

1970年8月，根据湘黔铁路建设的需要，省革委决定抽调民工参加贵定至玉屏玉龙段的修建。经麻江县革委、县人民武装部研究决定，成立麻江县革委支援湘黔铁路领导小组，抽调3500人组成麻江县民兵团。10月，民兵团到达修建地点参加修筑，承担约2公里的修建任务。经过两年奋战，完成修建段施工任务。州革委生产指挥部指示，麻江县负责供应县境内铁二局二处、七处和民兵团的施工用材和生产保障任务。境内施工的民兵团及专业队用材缺口达3000立方米。为完成保障铁路建设用材，县革委号召全县人民紧急动员，打一场支援湘黔铁路用材的人民战争，大战40天，千方百计地完成铁路会战用材。县革委生产领导小组把任务分到4个区和谷硐林场，动员各族群众和机关企事业单位把暂时不用的木材捐献出来，支援铁路建设。1970年9月，县革委生产指挥部根据县境内铁路建设工程物资需要，给4个区部署下达了完成土撮箕1.5万对、山草105万公斤的任务。同时还负责承担县境内修筑铁路民兵、民工的部分粮食、医药、副食品、燃煤的供应保障，负责完成蔬菜、生猪等生产收购上调任务。在两年多的时间里，县革委生产指挥部带领全县各族人民克服重重困难，基本完成了木材、燃煤、副食品、生产物资的生产收购任务，保障了湘黔铁路建设的需要。

第四节　拨乱反正与改革开放

1978年党的十一届三中全会后，随着拨乱反正工作的开展、党和国家工作重点的转移，民族工作从思想理论上正本清源，逐步摆脱“左”的束缚，在长期实践中确立的一系列正确的民族政策得到恢复、落实和完善，全县民族工作重新走上正确轨道，进入了一个崭新的发展时期。改革开放时期，麻江各项建设事业发生了翻天覆地的变化，民族工作显现出勃勃生机。全县各级党委、政府及民族工作部门坚持党的基本路线，立足县情，始终把民族工作放在重要的位置，突出各民族平等、团结、互助和共同繁荣的重要性，全面落实党的民族政策，调动一切积极力量，认真贯彻执行党的民族政策，拓展民族工作新领域，致力于民族团结进步和各民族共同繁荣的宏伟事业，做了大量卓有成效的工作，取得了前所未有的成绩，全县各项建设事业实现了历史新发展。

一、调整社会关系，平反冤假错案

粉碎“四人帮”后，麻江县委、县革委认真贯彻落实党的各项方针、政策，进行拨乱反正，平反了一大批冤、假、错案，解决了历史上遗留的一些重要问题，党内外民主生活作风得到了恢复和发扬，广大干部和各族群众的工作和生活积极性普遍激发起来，全县范围内出现了安定团结的大好局面。

1978年12月党的十一届三中全会召开后，根据省委、州委通知精神，县委立即组织开展“实践是检验真理的唯一标准”大讨论活动，确立“解放思想，开动机器，实事求是，团结一致向前看”的工作思路，增强了贯彻执行三中全会精神的自觉性。县委积极开展正本清源、拨乱反正工作，平反冤、假、错案，努力调整社会关系，发展社会主义经济，推动了麻江县各项事业的发展。

（一）平反冤假错案，落实干部政策

1973年，全县开展落实党的干部和知识分子政策工作，对全县历次运动造成的冤、假、错案进行分期分批纠正。1978年9月，县委贯彻中共中央《关于全部摘掉右派分子帽子的实施方案》，决定对全县历年遗留的“右派”案件进行复查、核定、改正工作。

1979年初，根据省委、州委部署和相关会议精神，麻江县成立了落实政策领导小组及办公室，各单位亦成立了相应的工作机构，并抽专人办案，办案队伍多达120人。工作组认真落实党的有关政策，对在过去被错误审查、处理、批判的干部群众的遗留案件进行复查、改正。2月，县委召开县、区、公社、大队、生产队五级干部大会，学习党的十一届三中全会文件及中央《关于对被定为右倾机会主义分子的平反、改正问题的通知》，总结20多年来的经验，批判“左”的错误，认真落实干部政策。对“文化大革命”中推行极“左”路线造成的冤、假、错案进行了平反昭雪。

1978—1988年，全县列入复查案件1145人（件）。同时，对在“四清”“文化大革命”中的三个所谓反党集团案件及受到株连的150多人给予平反，恢复名誉。

由于认真落实党的干部政策，全县干部队伍不断发展壮大。至1988年，全县共有干部2385人，是1949年的197人的12.1倍，其中妇女干部比解放初增加了13.9倍，少数民族干部比解放初增加了28.7倍。干部的文化素质不断提高，1951年，大专文化13人，中专、高中为517人。1988年，全县大专文化291人，中专、高中文化2286人，比1949年分别增加了21.3倍和3.4倍。

（二）落实知识分子政策

党的十一届三中全会后，县委贯彻中央“知识分子是工人阶级的一部分”“尊重知识，尊重人才”的精神，逐步落实知识分子政策，平反和纠正一大批冤、假、错案，采取积极措施解决知识分子入党、子女就业、家属农转非、提高工资待遇等问题。对 1957 年全县错划为“右派分子”的 75 人给予平反纠正。

1983 年 8 月，县委出台了《关于农村农林牧水科技人员享受浮动一级工资的通知》，给予全县 31 名基层科技干部浮动一级工资。次年 5 月，对县中教六级、小教四级大专以上毕业生、工作满十年和取得工程师及相当职称人员的配偶及其子女办理农转非手续。1985 年，县委继续放宽知识分子亲属农转非政策，凡 1980 年底以前参加工作的大专以上知识分子的配偶及未成年子女均可办理农转非。当年全县办理了 12 户 34 人的农转非手续。同年，县委组织部从外省、外县引进知识分子 30 人。1984—1985 年，县委发展 195 名知识分子加入中国共产党，占两年发展总数的 53%。

1985 年起，全县开始实行知识分子生活补贴，对 144 名知识分子给予生活补贴，同时对其生活、住房等困难也给予适当的解决。次年 4 月，成立麻江县知识分子联系领导小组。1987 年 1 月，县成立职称改革领导小组，按照德、勤、能、绩对知识分子进行工作考核并评定职称。1987 年后，县知识分子管理工作走向专业化，为知识分子政策落实奠定了良好的专业基础。

1990 年，拨 13.5 万元专款给教育部门修缮房屋和改善办学条件，拨给卫生部门 4.5 万元基建费改善知识分子生活条件，提高外省籍知识分子退休金，全部兑现取得职称的知识分子的职称工资。同年，省委、省政府作出了“科技兴黔”的重大决策，把加强和改进知识分子工作列为“科技兴黔”的重要措施，麻江为符合规定的 490 余名知识分子办理了知识分子补贴，组织卫生部门对全县 18 名获得高级专业技术职称的知识分子进行全面的体格健康检查。在知识分子子女就业问题上，制定优惠政策，确保其子女就业，不断改善知识分子的工作、生活条件。年底，全县 1634 人获各类技术职称，其中高级 19 人，中级 291 人，初级 1324 人。

县委采取“政治上一视同仁、工作上支持信任、生活上关心照顾”的方针，切实抓好知识分子的政策落实工作。根据“学用一致”“专业对口”，实行用人所需，双向选择，统筹分配，知识分子队伍不断扩大。1980—1987年，每年平均分配到麻江的大中专毕业生有90余人。

（三）摘帽和落实中共地下党员政策

在落实干部政策和知识分子政策的同时，县委开展了对四类分子摘帽和给地主、富农子女定成分的工作。土地改革时期，全县原划地主、富农分子3208人，1979年尚有2200人。

1979年2月，县委先后两次召开四、五级干部会议，传达中央《关于地主、富农分子摘帽问题和地主、富农子女成分问题的决定》，部署对2514名地主、富农、反革命分子、坏分子"摘帽"和给地主、富农子女改定成分工作。共摘掉"四类"分子"帽子"2139人，占97.3%，平反改正150人，对4060名地主、富农子女定新成分为"社员"。是年10月底，全县对"四类"分子的摘帽和给地主、富农子女定成分的工作结束。

1985年11月底，县落实政策办公室召开地下党政策座谈会，部署开展麻江地区地下党活动的政策落实工作。经过调查核实，对各级人民法院对被错杀的麻江籍中共地下党员黄玉如一案进行多次复查，1988年确认黄为中共地下党员，给予平反纠正，随后恢复其子女工作，一次性给予经济补助。

麻江籍中共地下党员金家修于1950年4月在下司剿匪战斗中壮烈牺牲，县政府报请省政府批准为革命烈士。1989年8月，县委批准追认其为中共党员。

1978—1984年期间，县委贯彻党中央有关精神，还部署开展了落实老干部、港澳台人员政策，落实党的统战政策，落实对国民党起义、投诚人员的政策等工作。

贯彻中央《关于加强老干部工作的意见》《认真妥善地做好老干部安置工作意见》等，县委在妥善安置老干部离休、退休的同时，认真落实老干部政策，逐步做好老干部离休、退休的服务管理工作。根据对退居二线、三线的老干部"政治上充分尊重，生活上从优照顾"的政策，逐个进行专访和检查，帮助他们解决组织、住房、子女就业、看报读书、参阅文件、生活待遇、医疗保健等方面的问题。

县委成立对台工作领导小组，负责办理对台湾、香港、澳门及海外华侨业务工作，对麻江县解放前和解放初去往台湾、香港、澳门等地的有关人员进行调查和登记。设立了台胞探亲、访友接待站，加强思想教育，宣传大陆的对台政策和家乡的巨大变化。全部录用侨属 9 人（户）为国家干部和职工，其中 2 人为副县级干部，1 人为高级技术职称。1988 年后，全县台胞回乡探亲的人数相继增多。每年通过召开“迎春茶话会”“中秋茶话会”等形式，召集台属、侨属及县内黄埔军校学员参加学习座谈，开展走访慰问。随着党在新时期统一战线方针、政策的落实，台属、归侨、侨属人员都感慨党的政策英明。

县委贯彻中央《落实对国民党起义、投诚人员的政策》精神，全县 12 名国民党起义、投诚人员得到了政策落实和兑现。对被错误处理的起义投诚人员进行复查纠正，安排工作 4 人，发给补助费 1 人，恢复工资级别 1 人。

在平反冤、假、错案，认真落实、兑现各项方针、政策的同时，县委纠正了过去因“左”的影响而采取的不切实际的做法，根据新时期总任务的要求调整和兑现各项政策，有力地调动了广大干部群众的积极性。县委大胆提拔和启用了一些德才兼备、有事业心的骨干知识分子，并对各级领导干部和知识分子进行分期分批培训。由于党的各项方针、政策得到了落实和兑现，全县各条战线都取得了可喜的成绩，特别是农业战线和工业战线实现了历史上的突破。1984 年，全县粮食总产达 60234 吨，比 1979 年的 40816 吨增长 47.57%，农业总产值达 4657.86 万元，比 1979 年的 2499.97 万元增长 86.32%，工业总产值达 493 万元。

二、恢复党的组织建设和政权建设

党的十一届三中全会以后，党和国家的工作重点转移到了社会主义现代化建设上来，县委、县人民政府认真贯彻执行党的改革开放的方针，恢复党的组织建设、政权建设和公检法秩序，各项事业得以正常、健康地发展，有效地调动了社会各阶层人员的积极性和创造性，推动全县政治经济蓬勃发展，促进民族工作发展进入新的转折时期。

认真贯彻党的十一届三中全会精神，逐步恢复和建立健全党的各级组织机构。1971 年 9 月，恢复中共麻江县委员会，下设办公室等工作机构和 8 个基层组织，部分组织机构也逐渐恢复和充实。1981 年，县委遵照上级党委的指示，重点发展工农业生产第一线的先进生产者和科技、教育界的优秀分子入党。1987 年，全县基层党委发展到 30 个，党组 5 个，总支 10 个，党支部 268 个，党员

4669人。1990年，全县有基层党委30个，党组5个，总支4个，党支部293个，党员4788人。党员政治素质、文化素质不断提高：大学学历党员155人，比1977年增加133人，占3.2%；中专学历党员271人，比1977年增加271人，占5.7%。1979年8月，撤销区革命委员会，恢复区公所。1981年，县设4个区公所，1个镇公所，21个公社革命委员会。同年7月，麻江县第八届人民代表大会第一次会议召开，县革命委员会改称县人民政府，撤销公社革命委员会，各工作部门亦相应作了调整。1983年底，县人民政府下设44个办、委、局；全县设4个区，21个公社，129个生产大队管理委员会。1983年12月，县政府实施机构改革，对县直机关进行撤、并、精简或转岗。1990年，县人民政府下设办、委、局49个，全县设4个区公所和1个区级镇人民政府，22个乡（镇）人民政府；村民委员会设正、副村长和文书；居民委员会设正、副主任，均由群众选举产生。

恢复人大，建立政协。党的十一届三中全会后，随着民主和法制秩序进一步加强，人民代表大会得到了恢复和发展。1981年，麻江县第八次人民代表大会召开，建立了人民代表大会常务委员会。1984年，根据省、州指示，县委决定建立县政协，成立由县长为组长的政协筹备工作领导小组。1984年9月，政协麻江第一届委员会第一次全体会议召开。第一届县政协有委员81人，其中有少数民族委员27名。

恢复公检法机关。随着公安机关的恢复，1987年新的《治安管理处罚条例》颁布实施，1991年成立麻江县社会治安综合治理委员会，各区、乡（镇）也于同年6月底前成立相应的社会治安综合治理机构。1978年7月，县委决定恢复麻江县人民检察院，任命公安局长代理检察长，负责组建麻江县人民检察院。同年8月，麻江县人民检察院正式挂牌成立。为适应时代需要，县人民法院组织机构和管理机制逐步得到完善和发展。1989年，县法院共建立12个庭室，机构建制趋于完善，人民法院自身的改革和建设得到进一步发展。1980年9月，司法局从人民法院建制中分立出来，原由县人民法院管理的法制宣传、律师、公证、调解等项业务交由司法机关办理。1981年1月，县司法局建立公证处和法律顾问处，人民调解工作由人民法院转为司法局主管。

三、撤销人民公社，建立基层政权

1982 年第四部《中华人民共和国宪法》颁布，明确要改革农村人民公社的政社合一体制，建立乡政权。

1983 年 8 月，县委、县政府决定在杏山区碧波公社进行农村综合改革试点工作（即社改乡，实行政社分设）。同年 10 月，中共中央、国务院发出《关于实行政社分开建立乡政府》的通知。12 月，县委、县政府抽调干部，在杏山区碧波公社进行试点工作，选举建立了碧波乡人民政府，实行党政企分工制，建立了乡党委、乡人民政府、乡农工商经济管理委员会，将 8 个生产大队改建为 8 个村民委员会，108 个生产小队改建为 108 个村民小组。

1984 年 2 月，县委成立麻江县农村综合改革领导小组，领导小组下设社改乡选举办公室。11 日，召开全县社改乡工作会议，总结交流碧波公社社改乡试点工作经验，安排部署全县开展社改乡工作。会后，从县直机关抽调干部组成农村综合改革工作队，深入基层全面开展改革、选举、组建工作。经报请省人民政府批准，撤销杏山公社，并入杏山镇（区级镇）；撤销谷硐公社、下司公社、宣威公社，分别建立谷硐镇、下司镇、宣威镇；撤销贤昌公社，分别建立贤昌乡和新场乡；撤销龙山公社，建立龙山乡和共和乡；撤销坝芒公社，建立坝芒布依族乡。领导小组对原有公社干部分别进行考察，按照党章和宪法的规定，经广大群众推荐，选举产生了乡（镇）党政领导班子。

1984 年 4 月，全县农村综合改革政社分设工作全面完成，麻江县的农村人民公社制度不复存在。至此，全县共设 4 个区，1 个区级镇，19 个乡（含 1 个民族乡），3 个乡级镇，129 个村民委员会，1319 个村民小组，并组建了 22 个乡（镇）农工商经济管理委员会，在乡一级实行党政企分工制。

四、深化农村改革，撤区并乡建镇

1987 年 10 月，州委、州政府决定在碧波乡进行深化农村综合改革试点。县委抽调干部配合开展工作，建立农村合作经济组织——村经济管理委员会，对全乡 8 个行政村的耕地等进行全面摸底调查，制定深化改革方案，进一步稳定和完善农业生产承包责任制，健全和完善山林水利等的管理机制，为试点工作的完成奠定组织基础。

1988年7月，县委派出4个调查组深入碧波等乡（镇）进行调查，发现改革中还遗留一些问题。11月作出《关于深化农村改革》的决定，进一步完善土地、山林、水利承包管理制度，恢复劳动积累制度，解决耕地、山林纠纷。1989年3月，各乡（镇）进行整顿并健全农村基层组织，建立健全农业技术服务体系，制定有关规章制度。

1989年2月，县组织28个县直机关单位与23个乡、镇建立挂靠关系。次年2月，县委、县政府又组织35个单位与23个乡、镇继续建立挂靠工作关系，协助乡、镇工作，抽到乡、镇的干部达70多人，同时组织80多名农牧技术人员到农村蹲点，推广农牧科学技术知识。

遵照省委、省人民政府《关于开展建镇撤区工作》的指示精神以及州委、州政府关于建镇并乡撤区的部署，县委、县政府于1991年冬至1992年春开展建镇并乡撤区工作。

1991年12月中旬，县成立了“建并撤”领导小组，拟定《麻江县建镇并乡撤区后机构设置、人员配置方法、步骤的实施方案》。次年2月，县委、县政府召开全县三级干部会议，传达贯彻省州有关文件精神，安排部署全县建镇并乡撤区工作。由县级领导干部带队，115人组成的工作组深入乡镇帮助指导，负责抓好“建并撤”工作。经调查研究，广泛听取干部群众意见，认真分析和反复论证，报省人民政府批准，将麻江县4区1镇、22个乡撤并建为4镇5乡，即杏山镇、谷硐镇、宣威镇、下司镇、坝芒布依族乡、景阳布依族乡、贤昌布依族乡、龙山乡、碧波乡。

1992年3月，各新建乡镇选举产生新的党政领导班子后，立即考察配备了各乡镇党政内设服务机构负责人，对乡镇服务、业务部门机构的延伸和人员调配进行了运作。

五、干部人事制度改革

县委按照中央确立的“建设社会主义市场经济体制”的要求，加快各项改革特别是人事制度改革的步伐，采取各种措施提高干部的政治思想素质和业务能力，加强干部管理，努力建立高素质干部队伍，扎实推进麻江经济社会发展。

（一）干部的选拔和培养

20世纪90年代中期，县委出台了《关于切实加强培养年轻干部的暂行规定》，先后组织县四大班子和有关部门负责人到本省普定、福建等地考察学习。1995年，抽调71名干部到71个村挂任村主任助理，输送10名年轻干部到浙江省宁波市发达乡镇挂职学习，对乡镇新增干部实行聘用制。在乡镇换届中，将3名优秀村干部提名为党政领导班子候选人，49名年轻干部走上领导岗位。1996年以前，每年的大中专毕业生均实行“包分配”制度，工作满一年后，自然转为国家干部。1996年，实行干部交流轮岗66人，其中35岁以下年轻干部35人，妇女干部11人，少数民族干部39人，党外干部5人。提拔使用副科级干部31人，其中35岁以下年轻干部22人，少数民族干部21人，党外干部6人。

1999年6月，全县组织公开选拔部分副科级领导干部。9月，县委出台《关于在党政群机关事业单位中推行竞争上岗的实施意见（试行）》，推动干部能上能下、能进能出、勤政廉政。配合竞争上岗，公开招考村干部和派选干部下村帮助工作。其中，从县机关选派19人、从乡镇选派39人，安排55名中专毕业生到村工作。同年12月，制定出台了《关于加强培养选拔优秀年轻干部工作的意见》，针对县职能部门在女干部、非党干部、年轻干部的配备上存在的差距，通过“交流选配制”“先进后出”的办法加以解决。要求县直机关建立优秀年轻干部档案，对培养对象压担子，成熟一个，推荐一个，及时纳入科级后备干部队伍。要求各乡镇党委加强股级干部培养，通过2～3年时间，力争有村主任助理能够进入乡镇班子。对较成熟的年轻干部采取学习培养与实际工作锻炼相结合的办法，到上一级职位进行挂职锻炼，已成熟的年轻优秀干部，不受单位领导职数限制，直接充实领导班子。同时，党委干部主管部门建立健全县内各类优秀年轻干部人才库和科技人才档案。面向社会公开招考了60名基层干部，调整充实科级领导班子成员40人，其中提拔24人，平级交流18人，降级任用2人。

21世纪初期，干部的选拔工作结合机构改革，推行股级以下干部全员竞争上岗，按照“公开、平等、竞争、择优”的原则，确定干部人选。2000年9月，县委出台《关于推行党政领导干部任前公示制的实施办法（试行）》，对新提拔的11名科级干部实行任前公示制。2001年，在领导干部任免过程中，推行党委表决制，对股级以下干部实行全员竞争上岗，调整领导班子成员58人，其中提拔29人，平级交流45人，改任非领导职务40人，裁员222人。从大中专毕业生中选招23名任村助理，村干力量进一步充实。2002年，从县直机关选拔18名德才兼备的年轻干部分别挂任乡镇党委副书记和科技副乡长，招考38名大中专毕业生任村支部书记和村主任助理。2003年后，严格按照中央《党政领导干部选拔任用工作条例》的规定，任免副科级以上干部148名，其中正科级干部17名，副科级干部53名。制定了《麻江县2001年干部教育培训计划》，举办股级中青干部培训班2期158人，科级干部培训班4期381人，乡镇领导干部培训6期208人，村支书、主任轮训128人。2003年，乡镇领导干部中大中专以上学历人数比例达78%，村委成员中，高中以上（含高中）学历人数比例达19.7%，乡镇、村两级领导班子成员的平均年龄分别为33和43岁。2004年，积极做好副县级后备干部推荐工作和新提拔干部的任职试用期制。2005年出台了《麻江县科级领导干部交流轮岗规定》《麻江县科级领导干部平级竞职办法》等，进一步完善健全干部选拔培养制度。

（二）事业单位人事制度改革

2001年7月，县委成立县事业单位人事制度改革工作领导小组，召开事业单位人事制度改革试点动员大会，部署按照“脱钩、分类、转制、搞活”原则，精简冗员，鼓励竞争，促进流动，增强事业单位活力，减轻财政负担，促进优秀人才成长。改革主要从几方面进行：一是实行聘用制；二是实施岗位管理；三是实行分配（工资等）与业绩挂钩，制定新的工资管理办法；四是对未聘人员提供灵活多样的再就业渠道和坚持单位内部消化为主原则，妥善解决；五是实行政事分开，下放事业单位人事管理权限，同时建立人事争议仲裁制度。各单位组织干部职工认真学习中央、省关于人事制度改革的有关文件，由编制、人事、财政部门摸清试点单位的人才总量、业务工作量、财政对事业单位支持强度和事业单位自身的创收能力，拟定改革方案报县政府批准后组织实施。经过五年努力，基本上达到政事职责分开、单位自主用人、人员自主择业、政府依法监管的目的。

（三）加强干部管理工作

1995年，县委出台《关于下放有关干部管理权限的意见》，将部分干部管理和使用权下放给乡（镇），实行管人与管事相结合。还出台了《关于加强干部管理的几条暂行规定》，推行干部考核评估“黄牌”警告限期整改制度。狠抓反腐倡廉，端正党风，查办卖淫嫖娼和赌博案件，并实行举报制度，取得一定效果。1999 年，制定《关于实施党风廉政建设责任制的具体办法（试行）》，逐步建立起“党委统一领导，党政齐抓共管，纪委组织协调，部门各负其责”的党风廉政建设责任制。2000 年 3 月，出台《关于不准领导干部驾驶公车和打麻将赌博的规定》；同年 5 月，出台了《关于建立乡（镇）科（局）级领导干部打招呼制度》。8 月，出台《干部考察工作责任追究制度》《领导干部个人推荐干部责任追究制度》《关于加强干部工作纪律的几条规定》《关于实施党风廉政建设责任制的具体办法》《县委常委关于实施党风廉政建设责任制的实施办法》等一系列加强干部管理的政策措施，对干部工作纪律进行全面检查，对违纪的进行公开曝光。2002 年，制定了《领导干部外出报告制度》《麻江县贯彻领导干部信访工作责任制实施办法》等，加强对干部的监督管理。2003 年，制定副科级以上干部廉洁自律“九条规定”，对新提拔的副科级以上领导干部进行岗前党风、党纪、廉洁从政教育，以强化从源头上预防和治理腐败。2005 年 7 月，出台《麻江县干部教育管理监督办法》，对干部实行分级分类管理，建立党风廉政建设责任制，推行单位和个人签订责任状，实行层层责任追究制，建立组织函询制度、诫勉谈话制度、干部定期汇报工作制度等，不断纯洁干部队伍，提高干部素质。

通过不间断地改革，建立和完善培养、选拔、使用、管理等系列干部人事制度，基本建立起适应社会主义市场经济条件，正确贯彻执行各项政策规定，保证各项工作顺利完成的高素质的干部队伍。

第五节　实施重大战略，推动跨越发展

进入新时代，各级党委、政府坚持以脱贫攻坚统揽经济社会发展全局，加大重大战略实施力度，推动经济社会全面加速发展。特别是“十三五”期间，全面贯彻落实中央和省州的各项决策部署，团结带领全县各族人民不忘初心、牢记使命，牢记嘱托、感恩奋进，切实增强“四个意识”、坚定“四个自信”、做到“两个维护”，坚持新发展理念，坚持稳中求进工作总基调，开拓创新、砥砺

前行，克服新冠肺炎疫情影响及其他一切困难，奋发有为推进全县经济社会持续健康发展，取得了历史性成就，全面完成脱贫攻坚目标任务，贫困发生率减少为零，为按时打赢脱贫攻坚战、全面建成小康社会，推动民族团结进步事业跨越发展奠定了重要基础。

一、实施大扶贫、大健康、大数据战略行动

脱贫攻坚是“十三五”期间全县经济社会发展的头等大事和第一民生工程，是全面实现小康的最大政治任务和加快发展的最大历史机遇，县委、县人民政府坚持以脱贫攻坚统揽经济社会发展全局，锁定目标任务，按照“四个切实”“五个一批”的总体要求，始终牢固树立抓脱贫就是抓民生、抓民生就是抓发展的理念，举全县之力打赢科学治贫、精准扶贫、有效脱贫这场攻坚战。成立由县委书记、县长担任组长和指挥长的县扶贫开发领导小组和县决战决胜脱贫攻坚指挥部，统筹协调指挥脱贫攻坚各项工作。全县2244名帮扶干部与贫困户无缝对接，精准帮扶实现“全覆盖”。县委常委把16个深度贫困村列为自己的主阵地，重点在基础设施建设、产业发展上出实招解难题。建立“局长驻村、常务看家”“联村包组”工作机制，由帮扶单位775名县乡干部（包括第一书记）和村“六大员”组成的脱贫攻坚小分队下沉到村，一线作战，实行“网格化”管理。组建教育扶贫、健康扶贫、住房保障等18个工作专班，深入一线解决实际困难和问题。2016年，全县贫困发生率为12.89%，减贫人口6403人；2017年，全县贫困发生率为8.61%，减贫人口8945人；2018年，全县贫困发生率为1.55%，减贫人口14770人，实现整县国定标准“减贫摘帽”；2019年3月，麻江县脱贫攻坚成效通过了第三方评估，同年4月宣布退出贫困县系列。2019年共减少贫困人口59566人，贫困发生率由“十二五”期末的17.51%减少到“十三五”期末的零，全县圆满完成脱贫攻坚各项目标任务，彻底撕掉了千百年来的绝对贫困标签。

抓实大健康战略行动，以大健康谋划产业发展布局，围绕医、养、健、管、食、游六个方面，大力培育和发展大健康产业，构建大健康产业格局。大力推进大健康产业发展，加快培育民族医药产业链、健康养生产业链、健康运动产业链、文化旅游产业链、有机绿色食品加工产业链、健康管理产业链，深入实施大

健康产业发展工程，构建大健康全产业链。

围绕建设数据强省战略行动，推进“互联网+”行动计划，发展共享经济，促进互联网和经济社会融合发展。一是加快建设新一代信息基础设施和网络新技术应用；二是加快推进三网融合，推进广电和电信双向进入，大力发展融合型业务，培育壮大三网融合相关产业和市场；三是实现行政村“村村通宽带”并向自然村延伸覆盖，农村家庭宽带接入能力达到70%；四是实施政府大数据工程和网络大数据安全工程，网络和大数据安全支撑体系建设，到2018年，基本建设完善金融、能源、交通、电信、统计、广电、公共安全、公共事业等重要数据资源和信息系统的安全保密防护体系。

二、推进特色高效农业、绿色新型工业发展

一是夯实现代农业发展基础，加强农业配套基础设施建设，提高农业装备水平，强化耕地保护与质量建设，夯实农业发展基础，大力提高农业综合生产能力；二是加快发展山地特色优势产业，大力发展以无公害、绿色、有机为标准的现代山地特色高效农业，加快建设山地特色有机农业大县，建成凯麻中心城市的现代山地高效农业产业集聚区；三是建设粮食稳产工程，建设现代山地高效农业项目和发展特色优势经济作物工程；四是加快转变农业发展方式，充分发挥现代山地特色高效农业园区示范带动作用，促进农村经济一二三产融合发展，推动农业发展从数量增长为主向数量质量效益并重转变，走资源节约、环境友好的现代农业发展道路；五是构建现代农业发展服务支撑体系，围绕农业重点产业，加强农产品市场建设体系建设，完善科技服务体系对农业的支撑，健全农产品流通体系，严格农产品质量安全体系建设管理，为发展现代山地农业提供服务支撑。大力发展蓝莓产业，蓝莓种植面积达6.5万亩，初步建成集蓝莓育苗、基地种植、冷链储运、生产加工、电子商务、市场销售和一二三产业融合发展为一体的全产业链，形成农旅融合、工旅互动的新模式。大力发展菊花产业，菊花种植1750亩，开发了菊花系列产品8个。大力发展锌硒米产业，采取“企业+合作社+农户”合作模式，订单式发展水稻种植1.46万亩，成功申报了2020年“中国好粮油”示范县。大力发展蔬菜产业，建成林药、林蜂、林禽等林下经济示范点40个，带动贫困户3114户，户均增收4500余元。

大力推进绿色新型工业发展战略。一是大力发展特色加工业；二是加快提升现代服务业，着力提高营利性服务业、生产性服务业、现代服务业、限额以上服务业的比重。推进城乡协调发展战略。一是加快“1城2镇30个中心村”建设，推进户籍人口城镇化，促进城镇建设与新农村建设各美其美，美美与共，创建城乡统筹试点县；二是推进户籍人口城镇化，推动县域经济提速发展。

三、筑牢生态安全屏障，发展文化旅游产业

大力发展生态经济建设工程，筑牢生态安全屏障，坚持保护优先、自然恢复为主，推进生态环境保护工程建设，全面提升森林、河流、山塘、水库等自然生态系统的稳定性和生态服务功能，筑牢生态安全屏障。一是实施山水林田生态保护和修复工程，加强生物多样性保护，推进生态友好发展，大力推进“绿色麻江”行动计划，推进天然林保护、石漠化综合治理等重点生态工程建设，加大植树造林和森林抚育力度；二是强化自然保护区建设和监管，加强重要湿地、重点流域等生态系统保护和修复，实施水土流失治理，推进生态清洁小流域建设；三是加强环境治理与保护，重点建设城镇污水处理设施、城乡生活垃圾无害化处理设施和大气污染防治工程；四是实施工业企业清洁能源改造、交通干线沿线及裸露山体和矿山生态修复工程、水污染防治工程、固体废物综合处置工程、山水林田生态恢复治理工程等山水林田生态恢复治理项目工程。

立足于产城景、农工旅一体化发展思路，做好麻江升级版旅游规划，加快产业、文化与旅游的深度融合，大力推动文化旅游业发展，把生态资源优势和文化资源优势变为经济发展优势，将麻江打造成为山地旅游精品县，建成凯麻中心城市的旅游休闲度假产业集聚区。一是构建特色旅游产品体系，依托民族文化和自然生态核心优势，按照特色鲜明、优势突出的原则，科学规划“凯麻阳光郊野之旅”“都麻墨香文化之旅”等旅游线路，加快构建彰显麻江山地特色、民族特征、文化特点的“东部中部西部三片区联动”旅游产品体系；二是发展山地特色文化旅游业，依托山地文化资源优势，做足“山水、乡村、休闲、民族、田园”的大旅游文章，推进生态、文化、休闲与旅游融合发展；三是大力发展乡村旅游，坚持乡村旅游个性化、特色化发展方向，依托传统村落、特色村寨以及“四在农家·美丽乡村”建设，充分挖掘文化内涵，推动麻江乡村旅游精品化发

展；四是注重民族文化传承保护与创新发展，以夏同龢状元文化产业园为引领，加快建设一批文化产业基地建设项目。以创建国家全域旅游示范区为抓手，积极推进旅游＋文化、旅游＋体育、旅游＋农业、旅游＋康养等融合发展，拉动经济高质量发展。2019 年，实现旅游收入 21.7 亿元，同比增长 30.1%，接待游客 326.9 万人次、同比增长 26.5%，两项增速连续三年保持在 20% 以上。

四、构建综合基础设施体系，促进民生持续发展

一是构建现代综合交通运输体系，大力推进高速公路和快速通道工程、高速公路匝道口加密优化工程、农村公路通达通畅工程。二是推进实施水利建设骨干水源工程和农村饮水巩固提升工程、防洪抗旱减灾工程、山塘整治工程。三是加强电网、通信设施等能源基础设施工程建设。四是加快现代教育体系建设，实施中小学生态文明教育行动计划和职业技术学校实训基地改扩建项目，以及智慧教育工程、创业教育课程教学体系建设工程等。五是着力建设健康麻江，推进公共卫生服务体系建设和新时期爱国卫生建设工程，全面开展卫生村寨创建活动，将农村改厕工作作为“四在农家·美丽乡村”、传统村落保护、农村环境卫生整治等工作的主要内容。六是加快完善公共文化服务体系，深入挖掘民族文化资源，打造麻江铜鼓文化等民族文化品牌，提升“状元故里·蓝莓麻江”品牌影响力，加强对河坝、复兴、六堡、卡乌等传统村落的保护，全面保护民族村寨、特色民居、历史建筑、文物古迹等，对少数民族语言文字、民风民俗等实施抢救，建设少数民族文化传承保护可研基地，保持传统村落空间、文化、价值的完整性。七是建立健全就业创业服务体系，实施大众创业、万众创新工程和万名大学生创业计划工程以及“雁归兴黔”就业计划，加强对高校毕业生的就业服务和就业指导，做好高校毕业生就业见习、职业培训和困难高校毕业生就业援助，加强高校毕业生的创业教育和培训，强化创业服务，完善创业扶持政策，促进帮扶高校毕业生自主创业。八是健全社会保障体系，推行城乡“五险合一”。加大创业就业力度，开展建档立卡贫困劳动力技能培训 5311 人次，完成城镇新增就业 2025 人。抓牢教育扶贫，全面落实教育精准扶贫政策，减免、资助学生费用 3812.2 万元。

五、全面深化改革，推进创新发展

加快推进全面深化改革，着力提高对外开放水平，深入实施创新驱动发展战略，深入推进大众创业、万众创新，不断增强经济社会发展内生动力。一是深化关键环节和重点领域改革，激发市场主体活力，加快完善现代市场体系，完善市场和价格机制，建立公平、开放、透明的市场规则，实行统一的市场准入，实施市场准入负面清单制度，各类市场主体可依法平等进入清单之外领域，落实对外商投资实行准入前国民待遇加负面清单的管理模式。进一步深化商事制度改革，全面推行先照后证改革，实施统一的市场监管，建立健全维护市场竞争秩序的风险预控、预警机制。二是深化行政管理体制改革，加快转变政府职能，强化政府公共服务、市场监管、社会管理、环境保护等职责，公布县政府及工作部门权力清单和责任清单，提升政府决策能力、管理能力和服务能力，进一步推进简政放权、放管结合、优化服务。精简县级行政审批事项，对中央、省、州明确规定保留的审批事项，通过网上审批、并联审批等方式规范管理，提高效率。实施“数据铁笼”计划，通过“互联网+”政务服务，管好公共权力、公共资源、公共资金和公职人员。三是深化财税投融资体制改革，完善全县项目孵化平台建设，利用市场配置资源的决定性作用，吸引中介服务机构参与规划、融资、实施，通过流程的无缝连接推动项目建设。四是深化教育体制改革，理顺学校管理体制，完善学校章程建设，推进民主管理，编制学校发展规划，完善中小学校长负责制及监督机制，大力推进中小学家长委员会建设，开展扩大中小学办学自主权试点。五是深化农村综合性改革，推动土地经营权规范有序流转，在农村耕地实行所有权、承包权、经营权“三权分置”的基础上，按照依法自愿有偿原则，引导农民以多种方式流转承包土地的经营权，以及通过土地经营权入股、托管等方式，发展多种形式的适度规模经营。六是构建开放合作格局，提高经济发展水平，构建多层次开放合作格局，提高开放型经济发展水平。七是提高创新发展能力，加强科技创新平台建设和重点领域技术创新，完善科技创新体制机制，深入推进成果转化及产业化发展，加快各类人才队伍建设。

“十三五”期间，全县上下群策群力，创建了有机农业大县、产业融合示范县、城乡统筹发展示范县、乡村旅游精品县和山地公园特色县。2016 年，被国家发改委、国家财政部、国家农业部等 7 部门批准为创建全国农村一二三产业融合发展示范县之一；2019 年，被国家发改委、国家农业农村部、国家工信部等 7 部门批准为农村产业融合示范园。2017 年，麻江县被国家质监总局评为国家有机产品认证示范区；国家住建部将麻江县列为全国农村第一批农村生活垃圾分类和资源化利用示范县，贵州省住建厅将麻江县列为全省整体推进农村生活垃圾污水治理示范单元；被国家商务部和贵州省商务厅分别评为全国电子商务进农村综合示范县、农商联动示范县；被原国家国土资源部批准为农村集体经营性建设用地流转工作试点县。2019 年 8 月，成功申报国家现代农业产业园。2020 年，获批为国家第一批森林康养基地。全县各级党委、政府坚持深化改革，推动各项工作开展，民族团结进步事业稳步推进，县域各项事业实现跨越发展，全县地区生产总值从“十二五”期末 26.53 亿元增加到“十三五”期末 43.99 亿元，年均增长 7.4%。城镇和农村居民人均可支配收入年均增长 8.0%、10.3%。

第三章　重视民族工作　维护民族团结

新中国成立后，在党的领导下，麻江县积极开展推进民族工作，大致经历了三个时期：一是新中国成立初期至"文化大革命"期间的探索与曲折发展（1949—1978）；二是党的十一届三中全会开启改革开放历史后的发展新时期（1978—2012）；三是党的十八大作出新的战略部署后进入新时代的跨越发展时期（2012—2020）。

第一节　新中国成立初期麻江县的民族工作实践

新中国成立初期，作为贵州较早解放的县域，麻江县的历史在20世纪50年代初开始了划时代的转折。1949年11月，全县各区乡相继解放，在面临接管建政、剿匪除患、恢复生产、稳定社会秩序等重大问题的复杂形势下，各级党委、政府把中共中央、省委、地委关于民族工作的各项政策与麻江的实际相结合，根据不同地区的不同情况，制定并实践不同的具体政策，进行了一系列社会改革，开始了贯彻党的民族政策及对民族工作之路的探索。

一、探索开展民族工作，实践党的民族政策

1949年11月，麻江县人民政府成立后，明确民族事务工作由县人民政府秘书室兼管。1954年8月，成立麻江县民族工作委员会，由8名委员组成，县长杨凯任主任委员，成员中苗族3人、布依族1人、木佬1人、绕家1人、汉

族2人。

（一）尊重少数民族风俗习惯

县境主要少数民族有苗族、布依族、畲族、仫佬族、瑶族等。长期历史发展中，在饮食、服饰、居住、婚姻、节庆、娱乐、禁忌等方面，形成了不同的风俗习惯，在不同程度上反映着各个民族的历史传统和心理素质。

尊重少数民族的风俗习惯，是党的民族政策的一项重要内容。尊重少数民族的习惯，就是尊重少数民族人民，尊重民族平等，尊重民族感情。它是关系到坚持民族平等原则、加强民族团结、正确处理民族关系、促进社会安定团结的重大问题。

1951—1952年，全县实行土地改革，对农村各少数民族中的老雇工、贫苦农民单身汉，实行一人分两份或两人分三份土地的照顾。1952年9月，县委、县政府先后组织少数民族工作检查组到少数民族集中地——大中乡（今凯里市属）调查，同时有关区委也派工作组分别到宣威、隆昌等地调查，发现有不认真贯彻执行民族政策的问题，给予了及时纠正和解决。在这些地区，除对少数民族上层人物进行团结和社会主义教育，通过他们协商处理民族纠纷及本民族内部一些事务之外，人民政府还在改良农具和耕作技术等方面给予大力扶持，无偿发放铁制农具1557件，扶持白午、大中、宣威等地986户苗族农民发展生产。

1957年，中共麻江县委、县人民委员会决定，对民族节日、集会娱乐活动以及一些民族习俗生活用品实行照顾。对芦笙节、跳鼓节、“跳月”、“爬坡”、“四月八”、“五月二十八日”、“六月二十四”、吃新节等节日，宰杀生猪、菜牛过节自食，免征屠宰税；对少数民族节日服饰用布和购买棉纱、铝制品等商品，商业门市免收票证。1958年始，黔东南苗族侗族自治州人民政府决定，由中国人民银行州中心支行拨给麻江县少数民族专用白银，加工各式银饰，交县民贸公司专柜供应（至1986年，共6次59250克）。

（二）建立民族乡

布依族自称“布依”。新中国成立前被贬称“仲”“土人”“土边”，甚至在称谓时，加上“犭”等侮辱性偏旁。新中国成立后，根据布依人民意愿，将族名统称为布依族。县境布依族大都聚居在新场、贤昌、坝芒、乐埠、景阳、乐坪、又诗、笔架、大良田等地的村寨。

1956年6月，根据中央人民政府公布的《民族区域自治实施纲要》和1955年12月国务院《关于建立民族乡若干问题的指示》精神，麻江县第一届人民代表大会第三次会议作出决议，建立坝芒布依族乡、和平布依族乡。民族乡的建立，保障了民族杂居地区少数民族的平等权利，标志着麻江的民族工作进入一个全新的历史发展时期，对于进一步增强各民族之间和兄弟民族内部的团结，进一步发展地区政治、经济和文化事业，动员各兄弟民族人民积极参加国家的社会主义建设事业都具有重大的意义。

1956年7月，成立黔东南苗族侗族自治州，麻江县从都匀专区划归黔东南州领导。1958年，实行政社合一的人民公社体制后，坝芒、和平两个布依族乡自然消失。

（三）培养少数民族干部

少数民族干部通晓本民族的历史和现状，熟悉本民族的语言和风俗习惯，了解本民族的思想感情和要求愿望，知道本民族本地区的特点。大力培养少数民族干部，包括党政干部和专业技术干部，是党的民族政策的一个重要方面，是解决民族问题的关键。

中共麻江县委十分重视少数民族干部的教育、培养、选拔任用工作。解放初期，由于当时特定的历史情况，麻江县各民族的人才非常缺乏，最突出的问题是缺乏少数民族干部，满足不了少数民族地区革命形势的发展和新生各级政权的需要。1950年10月，麻江县委向地委请示关于少数民族地区的工作问题，地委答复："1. 县内迅速建立少数民族事务委员会（地委已有指示），少数民族中有威信的进步人士参加，加强教育，开展少数民族工作。2. 吸收少数民族中进步人士及知识分子参加区、乡政府工作，大部分系少数民族地区者，应吸收少数民族组织联合联合政府。3. 在各种工作中培养农协里的少数民族和积极分子。在征收工作中动员社会力量，可有意识地吸收一部分少数民族参加协助征收工作，注意培养、教育，经在工作中考验，分别吸收其参加工作。4. 开办少数民族训练班，吸收少数民族中农民积极分子和知识分子培养干部。"县委、县人民政府认真贯彻执行中央及省地委"积极培养、大胆提拔、放手使用民族干部"的政策，1950—1951年，从参加清匪、反霸、减租、退押和第一、第二批土地改革运动的少数民族青年积极分子中选择，采取重点培养、量才录用的原则，共吸收47名加入干部队伍，占当时全县干部总数的12.9%。1950年10月，县委安排河坝瑶族自然领袖曹炳南参加“五大任务”和土地改革，任工作队队员，1953年当选为河坝乡副乡长。1953年，全县少数民族干部有154人，占干部总数的23.4%，其中县级干部1人、区级干部14人，占县区级干部总数的9.4%；1955年，提拔少数民族干部17人（其中区级4人，一般干部13人），发展少数民族干部为中共党员17人。1953—1957年期间，为加强农业合作化的领导，将全县19个乡（镇）调整为55个乡镇，其中民族地区的41个乡（镇）干部，优先选拔当地农业合作化中的骨干分子担任。1955年4月，麻江县第一届人民代表大会第二次会议召开，选举熊兴科（苗族）为副县长。

1957年，全县少数民族干部发展到225名，占干部总数的35.38%。1965年，在全县411名（占干部总数39.37%）少数民族干部中，有正副县级干部5名，正副区级干部18名，公社正副书记（主任）59名。其中有正副县长熊兴科（苗族）、吴宗才（畲族）、王友莲（女，布依族），县委副书记潘业昌（苗族）等。

县委、县人民政府十分重视对少数民族在职干部的培养和深造工作，从1951年开始，全县分期分批选送多名干部到中央民族学院、中南民族学院、西南民族学院、贵州民族学院以及贵州省委党校民族干部班、州委党校等大专院校深造，使少数民族干部素质大大提高。

大力培养少数民族干部，对民族地区的社会发展和经济建设起到了积极的推动作用，产生了良好的社会影响。有了他们，党的路线、方针、政策才能在少数民族中生根开花结果，少数民族才能实现区域自治，当家做主，管理本民族事务，才能推动各项社会事业，促进少数民族地区繁荣发展。

二、推进民主建设，维护民族团结

新中国成立后，麻江各族人民在中国共产党的领导下翻身做了主人。各级党委、政府认真贯彻执行党的民族政策，各民族之间谁也离不开谁，形成了平等、团结、互助、友爱的兄弟关系。成立初期，为了落实党的统一战线政策，对民族自然领袖及上层人士采取团结、教育、利用的政策，通过少数民族中有代表性的上层人物来处理民族纠纷及本民族之间存在的各种问题。1950年9月，大中乡青冈林苗族自然领袖龙作霖（又名龙降略，秀才）思想进步，积极靠拢人民政府，拥护共产党的政策，在剿匪和土改中比较坚定，多次被选为县、地各族各界人民代表会议代表（1952年5月被贵州省人民政府聘为省文史馆员）。1951年8月，麻江县首届四次各界人民代表会议选举的民族民主联合政府30名委员中，有苗族代表龙光荣、吴中武、杨通道、潘业昌、潘大勋、潘伯高、潘渊洲，布依族代表罗雍英（女），畲族代表赵通国，瑶族代表张廖氏、曹炳南等11名少数民族委员，占委员总数的36.7%。同年9月，县委和人民政府安排苗族自然领袖龙作霖、龙光荣以及布依族老知识分子陈仲三、畲族自然领袖赵通国、瑶族自然领袖曹炳南出席独山专区首届一次各族各界人民代表会议。1954年，龙降略（苗族）、潘业昌（苗族）、王凤鸣（仫佬族）、罗雍英（女，布依族）4人被选为省人大代表。同年，麻江县人民代表大会代表中有少数民族67人，选为政府委员10人。他们是：陈仲三（布依族）、王凤鸣（仫佬族）、罗安平（苗族）、潘业昌（苗族）、龙降略（苗族）、熊兴科（苗族）、顾仲华（苗族）、龙腾华（苗族）、杨通道（苗族）、潘大勋（苗族）。

在各项工作中，注意团结、教育少数民族的自然领袖和上层人物，使其对党的各项事业发展起到积极推动作用。如四区区委团结教育河坝乡曹炳南（瑶族上层人物），使其在镇反工作中立场坚定，积极协助党委、政府开展工作。当时中共都匀地委提出：根据各县的少数民族情况，相应地培养少数民族干部，少数民族人口过半数的县，其政权的主要部门，如法院、财科有条件的应配备正职或副职的少数民族干部，如没有条件的，应积极培养和创造条件，而不是消极等待。

1956年3月，县委贯彻毛泽东主席“十七条”指示，认真开展团结民族上层人士的工作，召开了有22名民族自然领袖和上层人士参加的座谈会，贯彻中共中央“40条纲要”精神。是年8月，确定推荐少数民族代表陈仲三为贵州省政协委员，参加政协贵州省第一届会议。

1957年3月11日，确定推荐麻江县少数民族人士曹炳南（瑶族）、王友莲（女，仫佬族）、龙光玉（苗族）为黔东南州政协委员。1956年8月，遵照毛主席在“十条方针”中所指出的“为调动一切积极力量，加速社会主义建设，化无用为有用，化消极为积极”的精神，根据省、州委的指示，结合麻江的县情，县委邀请县内各方面代表人物54人召开了3天的座谈会。54名与会代表中，有地主、富农、中农、贫农等成分，还有职员、店员、工商界等，从民族来看，汉族17人，苗族19人，畲族6人，布依族10人，仫佬族1人，瑶族1人。通过召开座谈会，提高他们的社会主义觉悟，他们一致表示要靠近党和政府进行工作。为了进一步落实民族政策，团结一切可以团结的力量，发挥各民族在社会主义建设中的积极作用，对少数民族上层分子中的土司、头人在进行社会主义改造时，按照对资产阶级分子的办法，采取赎买政策。即在他们放弃剥削以后，不降低他们的政治地位和生活水平，对需安排工作的，要尽可能考虑安上位置，发给薪金或者发给生活补贴；对不需要安置工作位置的，由国家把他们的生活维持下来，使他们仍然过着和原来大体相同的生活。1957年1月，州拨给麻江县人民币150元用于少数民族上层人士生活补贴，补助20人，每人每次6～10元。

1957年7月，麻江县在各方面民主人士和民族上层人物及民族自然领袖中挑选6名为州政协委员，其中，少数民族有龙光玉、罗安平、潘治成、陈仲三等。1958年4月，有罗安平、潘治成两名少数民族人士出席黔东南州第二届人民代表大会。

1964年，杨通道代表少数民族方面参加贵州省政协四、五届政协委员会为委员，四、五届省政协常委。1987年10月，杨通道（代表苗族）、王熙章（代表“东家”，待识别民族）、龙显清（代表“绕家”，待识别民族）参加省政协六届一次会议，为省政协六届委员会委员。

麻江县委、县人民政府为发挥各族人民当家做主人作用，发展平等、团结、互助、和谐的社会主义民族关系，在召开的历次党代表大会、人民代表大会、政协委员会议中，都安排有相当比重的少数民族代表出席，参政议政，行使民主权利。这一时期召开的全县各次党代表大会、各界人民代表大会，出席会议的少数民族代表占代表总数的65%以上。

三、发展民族文化教育事业

新中国成立初期，为促进和帮助各民族发展文化、教育事业，党和政府采取了一系列的具体政策和有效措施，从人力、物力、财力等方面给予大力支持。

（一）举办专项培训，推行苗族文字

麻江县境内苗族人民自古以来一切生产和生活活动都无文字记载，历史上

记叙事物只靠口传心记，或用绳打结、刻木痕等方法记数。新中国成立后，在中国共产党和人民政府领导下，于1956年为苗族人民创制了苗文。是年，黔东南苗族侗族自治州民委举办首次苗族文字师资培训班，县人民政府从教师队伍中选派3名苗族老师参加培训。毕业回县后，由王廷元等苗文教师开办县推行苗文师资培训班，培训学员96名，学期3个月学员结业回村后，在情郎、漫洞、枫香、大中、石猛、翁义、镰刀湾、岩寨、白午、摆仰、铜鼓、卡乌、共和、城中等30多个苗族村寨开办苗文夜校，推行苗文。1958年，全县苗文夜校发展到56个班，学员1784人，其中1340人参加考试，达到脱盲标准的1093人。

少数民族语言文字的推广使用，促进了民族之间政治、经济、文化的交流，有力地推动了少数民族地区各项事业的发展。

（二）弘扬民族文化，发展民族教育

1953—1958年，县内各族人民相继建立农村俱乐部100余个。1966年后，农村俱乐部大部分改为毛泽东思想宣传队。由苗族男女青年组成的铜鼓公社文艺宣传队、文化站，自1963年创建以来，到县内外19个公社（乡）演出，并多次代表麻江县参加全州文艺汇演、调演，深得各界赞誉。

1951年3月，为照顾少数民族子女入学，在大中乡设完全小学1所。随后工作组入村，各村建立农民协会（简称农会），农会组织较大的自然村寨办小学，用代耕形式解决教师工资。条件好的办完小，条件差的办初小，入学年龄也不要求统一。各乡村有了学校，各少数民族青少年都积极要求读书。为解决超龄生入学问题，学校开办速成班，使一些超龄的少数民族男女青年能进入学校学习。同时在各地区办夜校，开展扫除文盲工作。1957年，在少数民族聚居的河坝、共和、铜鼓等学校采用“双语”（汉语、民族语言）教学。中学招生对少数民族生适当降低分数和适当放宽年龄录取。国家设“人民助学金”，80%的少数民族学生享受补助。

1963—1965年，拨款维修白午、和平、新场3个文化站，开展文娱、读书看报活动，扩建中心小学5所、中学1所，新建中学1所。

新中国成立初期，党和人民政府对民族工作极为关怀和重视，实施推进一系列民族政策措施，使民族地区的社会经济、文化教育和体育卫生事业得到快速发展。

第二节　改革开放新时期民族工作的全面发展

党的十一届三中全会以后，1979 年拨乱反正、正本清源，党的民族政策得到全面恢复和实施。民族区域自治是党解决中国民族问题的基本政策。民族区域自治的实质，就是要在统一的多民族的社会主义大家庭内，遵循宪法原则，建立自治地方，使有着或大或小聚居区的各少数民族人民，享有当家做主、管理本民族内部地方性事务的权利，保障少数民族的平等地位，充分发挥少数民族参加国家政治生活和社会主义事业的积极性，按照本民族地区政治、经济和文化的特点，进行社会主义革命和建设，发展民族地区的经济和文化，增强各民族间的相互信任和友好合作。贯彻实践党的民族区域自治政策，既巩固了祖国的统一和各民族的团结，又保证了各少数民族人民的平等地位和自治权利，对于促进少数民族政治、经济和文化的发展，发挥了巨大作用。2005 年 5 月，麻江县被国务院授予“全国民族团结进步模范集体”荣誉称号。

一、恢复工作机构，改革民族风俗

1979 年，恢复县民族工作委员会。1980 年 9 月，成立县民族事务委员会（简称县民委）。县民委的工作职能是宣传和检查党的民族政策贯彻执行情况，增强各民族之间的团结，管理民族识别和鉴定，组织推行民族文字，协助有关部门促进少数民族地区的经济、文化、教育、科技建设和发展。1990 年，根据贵州省委、省人民政府《关于贵州省县、乡（镇）党政机构改革方案》文件和黔东南州委、州人民政府《关于麻江县党政机构改革方案的通知》，批准麻江县党政机构改革方案，将麻江县民族事务委员会更名为麻江县民族宗教事务局（简称民宗局），有干部 6 人，聘请苗文辅导员 2 人。

风俗习惯对于民族的发展和进步有着重要的影响。进步的、健康的风俗习惯和优良传统，对提高民族自尊自信，促进民族繁荣发展起到积极的推动作用。宪法规定：各民族“都有保持或者改革自己的风俗习惯的自由”。各少数民族通过民主改革、社会主义改造、参加社会主义建设等，社会主义觉悟和社会文明程度不断提高，风俗习惯也有了很大变化。随着社会的不断进步，一些不利于民族团结，不利于生产，不利于人民身心健康和社会进步的风俗习惯，已由各族人民自己逐步进行改革。如婚姻问题上，基本废除过去的包办婚姻，大部分是自由恋爱结婚，仫佬族改变了结婚时，新郎不入洞房和三朝后送亲客陪新娘回娘家住一段时间，再由新郎或弟妹去接新娘到新郎家的“回娘头”习俗。1995年后，瑶族人民改变了过去农历正月初二统一结婚的习俗。各民族基本上废除了与现代社会不相适应的生产及生活禁忌。

1979年以后，民族节日、集会得到恢复，原被统一于每月逢1、11、21赶场或星期日半月赶场的12个农贸市场，已恢复用十二生肖排列赶场。少数民族的节日集会，各级党委和政府还支助经费，有的民族风俗开发为民族风情旅游项目。

认真贯彻落实尊重少数民族风俗习惯的政策，与时俱进改革民风民俗，对于逐步消除历史上遗留下来的民族间不信任、改善民族关系、增强各民族的平等与团结、促进各民族的共同繁荣发挥了重要作用。

二、民族乡的建并撤

1984年7月，麻江县委、县人民政府认真贯彻落实《中华人民共和国民族区域自治法》，按照县内布依族人民的要求，报经贵州省人民政府批复同意，撤销坝芒公社，以原坝芒公社的行政区域为坝芒布依族乡的区域。全乡人民于1984年8月20日隆重庆祝民族乡建立。

1987年，麻江县委贯彻落实《黔东南苗族侗族自治州自治条例》精神，报经省人民政府批准，建立新场布依族乡。同年7月16日，全乡人民隆重庆祝民族乡建立。由于撤区并乡，麻江县委、县人民政府将贤昌、新场两个乡合并为贤昌布依族乡，1992年4月成立。报经贵州省人民政府批准，景阳布依族乡于1992年1月8日成立。

1992年，根据“建并撤”工作需要，建立坝芒布依族乡。中共麻江县委、县人民政府将原坝芒布依族乡、乐坪乡合并为坝芒布依族乡，1992年8月26日正式成立。2013年，按照《关于加快撤乡设镇推进城镇化进程的意见》《黔东南州调整乡级行政区划工作方案》和《关于麻江县行政区划调整工作指导意见》精神，经省人民政府批复同意，景阳布依族乡和谷硐镇合并为谷硐镇，贤昌布依族乡撤乡建镇为贤昌镇。

三、开展民族识别工作

多年来，麻江县境有木佬人、东家人、绕家人为未识别民族。改革开放后，为落实党的民族政策，麻江县委、县人民政府非常重视，认真组织开展了民族成分认定工作。由于历史原因，原错报民族成分的一些公民，提出要更改民族成分，正本清源。1985 年，县人民政府认真贯彻国家民委“关于恢复更正错报民族族别”指示精神，经过本人申请，由县民族事务委员会组织力量，深入基层，配合区、乡（镇）、村干部，对县内申报人的申报进行实地调查核实予以解决。至 1988 年，全县 813 人错报民族族别和随母民族族别问题，得到恢复和更正。

（一）绕家人的族属认定

麻江县内的瑶族在未定族称时称为“绕家”，自称“育”，历史上有“么仲”“夭家”“扰家”“夭苗”“绕”等称谓。新中国成立后，绕家一直没有自己的族称，都称为“绕家”。

在党的十一届三中全会路线、方针、政策指引下，民族政策进一步得到落实，绕家的族称识别工作，在省民委的具体安排下，以麻江县为重点，都匀等县协助调查。自 1981 年 12 月下旬开始，识别调查队深入到绕家人聚居的麻江县河坝和都匀县平寨地区进行调查访问，召开各种类型座谈会，都匀县识别调查组也多次给麻江提供调查资料。麻江识别调查队派人到贵州省民委民研所图书室、贵州省图书馆和黔南州民委等单位查阅了《贵州通志》等三十多种史料资料，在县内查阅了唐、宋、元、明、清等时期文史资料，深入到丹寨的夭坝司，三都县的烂土、陈蒙、普安，都匀县的基长、阳和等地调查访问。省民委识别办语言调查组承担了绕家语言的调查研究工作，并提出了报告和科学依据。

1991 年 6 月，受贵州省民委的委托，由副县长徐锡敏为团长的“贵州省民族参观团”赴云南省的昆明、开远、个旧、河口等地考察，期间进行收集、采访和座谈等，通过实地考察，认为上述地区瑶族的语言、服饰、生活习俗等与麻江绕家相似，为绕家人的族称识别掌握了第一手资料。回县后，县民委组织在河坝召开了绕家人的代表座谈会，与会代表认为，绕家与瑶族都有许多的共同点，特别是语言、纺织、服饰、生活习俗等极为相似，确认绕家应为瑶族。后经逐级呈报，省人民政府于1992年10月30日批复同意，将麻江县6474名绕家人认定为瑶族，并于1992年12月21日在绕家聚居的河坝乡，召开有贵州省民委、县四大班子领导及各界人士参加的庆祝大会。

（二）木佬人的族属认定

县境多年居住着一支自称为“木佬人”的待识别民族。木佬人主要分布在麻江、凯里、黄平、福泉、瓮安、都匀一带，有3万人左右。1980年后，县委对木佬人民族识别进行了大量的工作。1980—1983年，贵州省民委深入麻江等各地调查，进行民族识别论证，认为贵州木佬人有认定为仫佬族的意愿。1982年1月，省民委在向省政府的报告中明确提出：“木佬应是单一民族”。同年6月，省政府常务会议讨论通过省民委《关于木佬人族别问题的调查报告》，责成省民委与国家民委联系，报国务院审批。1989年，木佬人干部和群众迫切要求尽快认定仫佬民族成分。在麻江县委的领导和支持下，县民委组织木佬干部群众学习国家民委和省委有关会议纪要精神及民族认定的政策规定，召开各种座谈会。在提高认识、统一思想的基础上，1991年10月，县委、县政府指派县领导和有关部门负责同志参加了由省民委组织领导的由专家学者以及木佬人代表组成的考察团到省内安顺地区、黔东南州木佬人、仡佬族地区进行考察。同年12月，县委、县政府有关领导和木佬人代表参加省考察团赴广西壮族自治区罗城仫佬族自治县考察，省民委政法处又组织部分木佬人代表到木佬人聚居的麻江、凯里、黄平、福泉、瓮安、都匀等地进行考察。考察结束后，县委、县政府及有关人士、木佬人代表三次参加省民委召开的木佬人民族成分认定座谈会，认真听取木佬群众和邻近其他民族意见。在掌握大量调查材料的基础上，1992年6月，省民委邀请专家学者、民族工作者、木佬人代表及黔东南与黔南州民委和有关县（市）政府领导同志共计52人，在凯里召开木佬人民族成分认定座谈会，会议听取了木佬人考察团赴广西罗城仫佬族自治县和省内安顺地区、黔东南州、黔南州有关县（市）对木佬人考察情况的汇报。会议紧紧围绕调查报告，根据国家民委、省委、省政府的有关文件精神，就木佬人民族成分的认定问题进行讨论。参会全体同志一致认为，从历史记载和区域情况看，贵州的木佬人和仫佬族确属同一民族，族源相同，史载称谓一致，居域相近，心理素质、文化生活、风俗习惯基本相同，将木佬的“木”改成“仫”既有木佬人的共同意愿，又有充分的科学依据。1993年2月11日，省政府正式批复木佬人认定为仫佬族，同意将麻江县14193名木佬人认定为仫佬族。同年4月12日，为进一步宣传党的民族政策，增强民族团结，振奋民族精神，贵州省民委决定于1993年6月15日在凯里市召开木佬人认定为仫佬族庆祝大会，大会之后，再由麻江、凯里、福泉、黄平分点在仫佬居住集中的地区举行适当的庆祝会。

（三）东家人的族属认定

该民族成分在认定之前，称之为“东家”，是当地汉族人对畲族人的称呼，即东边来的人家，抑或“哈萌”，这是畲族人自己的称谓，意为“客人”。东家人主要居住在麻江县的隆昌、仙鹅、仰古、六堡等地及县内的部分地区，凯里市炉山镇的干坝、六个鸡、角冲和福泉、都匀、贵定等县市部分地区。1953年第一次人口普查时有15002人，占全县人口13.4%。到1990年第四次人口普查时有31770人，占全县人口17%。为了识别东家人的族称，省、州、县委非常重视，根据国家民委文件精神及党的民族政策，1993年11月、1994年7月，贵州省民委在麻江召开了两次东家人代表座谈会，进一步学习、领会党和国家的民族识别政策，对民族识别问题取得统一意见。为了更准确地确定东家人的民族族称，经省民委同意，决定以时任麻江县人大常委会主任王泽恩（东家人）为团长、福泉县人大常委会副主任杨荣华（苗族）为副团长，省民委政法处、黔东南州民委和麻江、福泉两县民委的领导和东家人代表共15人组成“贵州省少数民族考察团”，于1994年12月赴广东、福建两省考查畲族的基本情况，即语言、文化、经济、风俗、政治、历史沿革等。考察团根据东家人族谱、碑文记载和民间传说的迁徙路线，对广东潮州市潮安县和福建漳州地区的畲族进行全面考察，认真听取当地领导、专家、学者、群众的情况介绍，进行情况交流，同时，对畲族人民的居住、生活、服饰、祠堂、历史、习俗、语言和心理特征等进行全面了解、比对。考察团认为，根据麻江、福泉、凯里、都匀、贵定等地的东家人的民间传说和墓碑等记载，他们同是从江西迁徙过来的，历史上的语言、服饰、发式、婚姻、丧葬、信仰等很接近和相似，基本结论是：东家人与畲族同属一族源。

1995 年 4 月，贵州省民委又组织东家人组成考察团赴黔南州的荔波县、黔东南州的榕江县考察瑶族的情况，认为东家人与瑶族在各方面情况差异很大，不属同一族源。是年 5 月，贵州省民委在麻江召开有黔东南州、凯里市、都匀市、福泉县等县州市领导、专家、学者以及东家人共 106 人参加的“东家人民族认定会”，听取赴外地的考察情况汇报，认真讨论及论证，认为东家人与畲族的族源相同，其语言、文化、习俗、服饰、婚丧嫁娶等基本相似，属同一民族，与会东家人代表 97% 同意东家人认定为畲族。省人民政府于 1996 年 6 月 13 日批复，同意认定东家人为畲族。至此，东家人长期遗留的族称问题终于得到圆满解决，成为全国 56 个民族中的一员。

四、少数民族干部培养选拔工作

1979 年以后，为开发民族地区资源和加速民族地区经济建设，县委、县人民政府进一步加强对少数民族干部的培养、选拔和使用，使干部队伍中的少数民族干部的比重逐年增加。1980 年，少数民族干部增加到 895 名，占干部总数的 45.2%，比 1951 年增加 18 个百分点。1984 年机构改革，调整各级领导班子后，在县委、县人大、县政府、县政协、县纪委 20 名正副职领导干部中，有少数民族干部 12 名，占 60.0%；年末，少数民族干部发展到 1021 人，占干部总数 2020 人的 50.5%。1987 年，有少数民族干部 1193 人，占在册干部总数 2336 人的 51.1%，比 1951 年增加 24.4 个百分点。在 1990 年换届选举产生麻江县委、县人大、县人民政府、县政协、县纪委的 21 名领导干部中，有少数民族干部 10 名，占 47.6%。部办委局（含区、区级镇）正副职领导干部共 213 名，其中少数民族干部 123 名，占 57.7%。乡（镇）党委、政府的正副职共 68 名，其中少数民族干部 57 名，占 83.8%。1990 年以来，全县在册干部 2477 人中，有少数民族干部 1583 人，占 63.9%，比 1951 年增加 32.7 个百分点。少数民族干部中，有妇女干部 334 名，占妇女干部总数的 54.2%；有党员干部 557 名，占党员干部总数的 64.3%。

1980 年后，全县分期分批选送多名干部到中央民族学院、中南民族学院、西南民族学院、贵州民族学院以及贵州省委党校民族干部班、州委党校、州民族干部管理学校等大中专院校深造，使少数民族干部素质大大提高。1981 年，麻江县委举办有少数民族 33 名、汉族 7 名共 40 名的干部培训班，学习一年，结业后多数承担公社（乡）的领导工作，后来经党组织批准，有 30 名考取大专院校，并带薪离职进校学习，毕业后回县多数被提拔使用。1990 年，全县有少数民族干部 1583 名，其文化结构是：具有大学文化 230 名，占 14.5%，中专文化 737 名，占 46.6%；高中文化 198 人，占 12.5%；初中以下文化 418 名，占 26.4%。

20 世纪 90 年代后，党中央和国务院加大西部开发力度，为适应市场经济及社会发展需要，麻江县委、县人民政府更加重视对少数民族干部的培养和选拔，采取各种措施，培养具有“四化”的少数民族干部队伍。派遣部分在职干部到大专院校脱产学习，抽调干部到省、州党校短期培训，选调一批优秀干部到沿海发达地区挂职锻炼，在县委党校开办大专、本科学历函授教学班，组织各级干部参加各种专业的大学、专科函授班学习，少数民族干部的文化知识水平不断提高，到 20 世纪末 21 世纪初，全县 90% 以上少数民族干部达到大专和大学水平。2004 年，麻江县委、县人大、县人民政府、县政协的领导成员共 26 人，其中少数民族干部 17 人，占四大班子成员的 65.4%，并且都具有大学专科和本科文凭。

新时期中，召开的全县各次党代表大会，每次出席会议的少数民族代表比例均达到 70% 以上。召开的全县各次人民代表大会，少数民族代表比例达到 78%。召开的政协麻江县各届委员会议，少数民族委员都在 55% ~ 60%。

五、弘扬民族文化，推行苗族文字

在文化艺术方面，各少数民族发挥了本民族的艺术才能，多姿多彩的民族文化艺术、非物质文化遗产得到保护和发展，取得丰硕成果，蜚声海内外。

由苗族男女青年组成的铜鼓文化站（前身为铜鼓公社文艺宣传队），自创建以来，到县内外演出，多次代表麻江县参加黔东南州文艺汇演、调演；被评为贵州省“青年新长征突击队”，被誉为“苗岭山上鲜艳的山花”；多次接待到铜鼓参观、考察民族风情、苗族农民画的海内外友人。

1982 年 10 月，麻江县组织业余文艺代表队参加黔东南州第九届文艺汇演，布依族、苗族、瑶族演出的花灯歌舞、木叶合奏、板凳舞等节目，都获得好评。1984年，铜鼓乡新华村、宣威镇城中村的苗族芦笙队以及河坝乡瑶族芦笙队、隆昌乡畲族芦笙队参加黔东南州少数民族芦笙汇演，吹奏芦笙曲目30余个，河坝乡畲族芦笙队、铜鼓乡新华芦笙队分别获得集体奖。

1990年6月1—3日，麻江县民族事务委员会举办“麻江县九乡一校少数民族少儿文艺体育竞赛”，河坝、基东、卡乌、共和、铜鼓、白午、隆昌、新场、坝芒、杏山小学的220余名各族少年儿童登台表演各种文艺节目50个，充分体现了各少数民族的文艺风格和特色。

党的十一届三中全会后，在县文化工作者的辅导下，以铜鼓村为主体的苗族农民画创作队伍逐渐壮大。1978年以来，县内苗族农民画入选参加出国交流展览、国家级展览、县至省级展览1000多幅，外国友人及港、台同胞选购700多幅；国家级博物馆、展览馆、民间美术馆收藏100多幅；获奖200多个，其中国际奖5个、国家级奖11个、州级奖17个。1987年，县内有苗族农民画作者43人。1990年，苗族农民画作者增至57人。

1988年10月，州人民政府确定铜鼓村为以苗族农民画为主要内容的“苗族风情旅游点”。过去这个长期封在大山深处的苗族山寨，近二十多年来接待了来自世界各国的友人数十批，平时的游客也络绎不绝，被称之为“大山深处的明珠”“歌舞的家乡”“艺术的海洋”“苗乡奇葩”，这里的苗族艺人被赞为“艺术大师”。

1980年，国家民委在全国第三次民族语文科学讨论会上重申国务院批准和试行的民族文字方案继续有效。之后，推行苗文工作得到恢复。1982年8月，县民族事务委员会从铜鼓、白午两个公社各选送1名苗族青年参加州民委在凯里举办的苗文学习班学习。结业回县后，先在铜鼓和白午公社的岩寨组织苗文教学，参加学习的生产队干部、民兵等共35人。第一期学习结束时，学员能学会苗文拼音及三四百个单词。1983年，全县共开办30多期苗文夜校，进行正常的教学工作，有1000多名学员参加学习。1984年，县民委举办苗文师资培训班，先后共培训教师180人（次），分配在铜鼓、白午、卡乌、共和等乡的苗族聚居村寨，举办了76所苗文学习班，参加学习的学员2425名，期终进行测验，有的能用苗文搜集记录民间故事、书写信件、撰写简短文章、翻译科普读物等。1985

年，成立麻江县民族语文推行领导小组，决定继续巩固全县苗文扫盲教学成果，并在苗族地区公、民办小学内试办汉语文、苗语文“双语文”学习班。1986年，在共和、铜鼓、白午、摆仰小学试办的“双语文”教学期中考试中，学生“双语文”成绩都获优良。1987—1990年，全县“双语文”教学扩大到新华、小漫、苗岭、龙江、卡乌、罗伊、贤表、长江、岩寨等15所公、民办小学的22个班级，受教育的700多名学生语文、数学考试成绩普遍上升。

少数民族语言文字的推广使用，促进了民族之间政治、经济、文化的交流，有力地推动了少数民族地区各项事业的发展。

六、发展少数民族教育、体育事业

1981年10月，州人民政府拨款8.9万元扶持扩建河坝小学校舍，并命名为河坝民族中心学校。1988—1990年，资助兴建、维修少数民族地区公、民办学校30所，面积1.5万平方米。从1984年起，对县内少数民族子女报考大专院校，降低2个分数段（20分）录取；报考中等专业学校的，降低1个分数段（10分）录取。

1989年，县民委拨款3000元，群众出力，改建少数民族聚居地下司镇新华小学部分校舍。1994年，县妇联争取全国妇联扶持资金12万元，修建下司镇新华村、龙山乡干桥村春蕾小学各1所。1991年以后，先后在贤昌、坝芒、景阳3个布依族乡建立了初级中学，使布依族的子女能就近入中学。在开展“普九”和“两基”教育期间，在各级党委、政府及各部门的共同努力下，全县特别是少数民族地区的“普九”和“两基”工作达到了目标要求。

1989年9月开办的六堡畲族女子小学是贵州省唯一的一所少数民族女子小学。六堡村是畲族聚居的村寨，全村250多户，1200多人，仅有2人是汉族。长期以来，在封建意识的束缚之下，该村仅有一名女孩受过初中教育，其余的女童及妇女没有进过学校。经1982—1988年的扫盲夜校学习，基本脱盲的有130人，占15 ~ 40周岁青壮年妇女的76%。1988年全村有适龄女儿童78人，上学的只有19人，入学率仅24.4%，其余的怎么动员都不肯入学。在各级党委、政府的关心和支持下，一个独立的、上特殊课程的女童班开始筹办起来。一经宣传，很快就有93人报名，入学年龄采取限小不限大的办法，最大的18岁，最小的6岁，按年龄大小分成3个班，学生入学积极性很高。学校成立后，这个少数民族聚居地区的女童入学率大大上升，适龄女童全村有82人，入学78人，入学率为95.1%。群众称赞六堡畲族女校为“独生子女”，意思是全县独一无二的女子学校。由于各级党委、政府重视和社会各界的支持，老师们的积极努力，添置了电脑、投影仪等现代教学设备，把畲族女童喜爱的刺绣、民族歌舞也融入到课堂中，大大吸引畲族女童入学，女童入学率达到100%。学校先后受到各级党委、政府和有关部门表彰21次，受到全国妇联、教育部、国家科协和联合国儿童基金会的高度重视。1997年9月以后，“春蕾计划”引进美国滋根基金会大批资金、仪器、图书资助学校，先后共资助女童261人入学，其中171人已毕业，90人还在接受资助。所资助的毕业生中，有1人考入贵州工业大学学习，2人考入专科学校，4人考上中专，3人考上师范，有3人在高中读书，35人在初中读书。六堡村畲族人过去没有女大学生的状况得到改变，并涌现出一批优秀学子，如赵华英考上贵州工业大学；赵华丽被中央电视台拍进专题片《我是女孩》，在全国播出后引起很大的反响；赵文英到北京参加“手拉手”活动，受到党和国家领导人的亲切接见。六堡畲族女子学校的创办和所取得的丰硕的成果，充分说明麻江县各少数民族的文化教育事业已经发生空前变化。

麻江县境苗族、布依族、畲族、瑶族等少数民族传统体育活动丰富多彩。每逢春节、苗年、吃新节以及农历四月八、五月二十八、六月二十四以及国际劳动节、五四青年节、国庆节等，各族人民自发组织各种体育竞赛，竞赛项目有斗牛、赛马、斗雀、射箭、登山等，还有篮球、自行车、拔河、象棋、乒乓球等项目。

1979年，陈刚（布依族）入选贵州省中学生体育代表队参加全国中学生运动会，获男子马拉松赛第八名。1985年，新场乡布依族老人李发品入选黔东南州代表队，参加贵州省老年人长跑选拔赛，获男子75至79岁组万米跑第一名。1986年8月，李发品入选中国老年人体育代表团，赴加拿大大不列颠哥伦比亚省里士满市参加第十九届世界老年人长跑锦标赛，获75至79岁年龄男子组万米长跑金牌。1989年8月，贵州省龙舟赛在麻江县下司镇举行，有9县12支男女龙舟队342名运动员参赛，由下司镇龙里村仫佬族农民组成的县男子代表队获500米竞速赛第五名和800米竞速赛第三名。

1992年，经贵州省人民政府批准，在麻江县下司镇修建贵州省第一个少数民族体育综合设施——下司少数民族体育村。是年，由贵州省财政厅和省民委投资50万元修建龙舟赛场，可容纳观众数万人。

2004年10月，麻江县龙舟队代表贵州省参加在江西宜春举行的全国第五届农运会龙舟赛，夺得男子1000米速滑铜牌。2005年6月，由下司镇龙里村仫佬族农民组成的麻江县男子龙舟队，参加在施秉县举行的贵州省龙舟赛，一举夺冠。2006年5月，麻江县男子龙舟队代表贵州省参加在苏州市举行的全国第三届体育大会龙舟男子500米直道竞速比赛，经过三轮奋力拼搏，夺得开赛以来贵州省的首枚银牌；在男子1000米直道竞速比赛中，在风雨中奋力拼搏，勇夺该项目金牌，这是贵州省体育代表队在体育大会上夺得的首枚金牌，是贵州省在集体项目比赛中金牌零的突破。

党和人民政府对民族工作极为关怀和重视，实施推进一系列政策措施，使麻江民族地区的社会经济、文化教育和体育卫生事业得到迅猛发展。大力帮助少数民族发展教育事业，使少数民族的文化知识水平逐步提高和发展，培养出一批能工巧匠、科学技术人员，有专家学者和高级知识分子，有一批知识分子成为省部级、地厅级、县团级领导干部。这些为少数民族地区的经济社会建设和团结进步事业作出了积极的贡献。

第三节 新时代民族团结进步事业的加速推进

进入新时代，特别是党的十八大召开后，在“十二五”至“十三五”期间，麻江县委、县人民政府坚持突出各民族“共同团结奋斗、共同繁荣发展”的民族工作主题，突出弘扬丰富多彩民族文化内涵，突出聚焦全县各族人民脱贫致富奔小康目标，突出抓统筹、抓共建、抓改善、抓增收、抓融合和抓引领“六抓”举措，细化人口较少民族脱贫攻坚率先全面小康总体目标、方法步骤、工作内容及工作要求，组织全县上下开展民族团结进步创建活动，实现了“基层组织有力、基础设施完善、经济协调发展、人民生活富裕、群众文化丰富、民族关系融洽”发展的良好局面。2015 年 8 月，麻江县被中共贵州省委宣传部、统战部及省民宗委命名为“第四批全省民族团结进步活动示范县”。2016 年 12 月，麻江县被国家民委命名为“第四批全国民族团结进步创建活动示范单位”。2019 年 5 月，为深入贯彻中共十九大和中央民族工作会议精神，巩固提升民族团结进步示范创建工作成果，促进全县各族群众铸牢中华民族共同体意识，县委、县人民政府制定了《关于巩固提升全国民族团结进步示范县铸牢中华民族共同体意识的意见》，加强组织领导，加强协调联动，加强督导检查，有序推进各项工作，全县民族团结进步事业进入新的跨越发展阶段。

一、突出脱贫致富奔小康目标，开展民族团结进步创建活动

一是抓统筹，明确创建目标。强化组织领导，成立麻江县民族团结进步创建活动工作领导小组，采取由县委书记、县长任组长的“双组长”工作制，确保组织、统筹有力。强化精心部署，相继出台《麻江县民族团结进步创建活动实施方案（2011—2015）》《关于巩固提升全国民族团结进步示范县铸牢中华民族共同体意识的意见》《麻江县 2020 年民族团结进步示范创建“8+8+N”工作实施方案》，确定“一年试点摸索经验、二年创建一批县级以上示范单位、三年全县铺开、四年创建省级示范、五年争创全国示范”目标，建立麻江县民族团结进步创建联席会议制度，全面深入持久地推进民族团结进步创建工作。强化优先保障，为保障人口较少民族村优先脱贫，出台《麻江县推进人口较少民族村寨脱贫攻坚工作方案》《加快民族乡经济社会发展的实施意见》，从项目、资金、产业、技术上优先保障。

二是抓共建，营造创建氛围。把民族团结进步巩固提升与社会主义核心价值观教育、爱国主义教育、脱贫攻坚“三项行动”等工作有机结合起来，努力搭建群众舞台，营造浓厚的社会氛围。通过搭建群众舞台，每月开展一次“同和大舞台”民族综合文艺演出；每季度利用“送文化下乡活动”“理论走基层惠民好声音”“民族团结进步宣传活动月”等宣传载体，采取制作宣传栏、微信公众号、公交车身广告宣传等多种形式，营造民族团结进步创建浓厚氛围。推动民族文化进校园，将民族文化融入学校课堂，开展瑶族枫香染、瑶族刺绣、苗族织锦、畲族凤凰装等各级非物质文化民间传承培训和民族文化进校园传承工作，从基础抓

起，营造浓厚的民族团结、和谐、发展、繁荣氛围。

三是抓引领，发挥示范带动。积极开展党的民族政策、民族理论和法律法规进机关、进企业、进社区（村）、进乡镇、进学校、进军营、进医院、进景区等“八进”活动工作，提质扩面抓实创建载体，形成了浓厚的创建工作氛围。通过5年时间，共创建各类示范单位86个，民族团结进步创建工作已覆盖全县。每年召开全县民族团结进步表彰工作大会，对创建活动过程中涌现出的模范单位和先进个人给予命名和表彰，对先进典型和模范事迹进行宣传报道。2016年12月，麻江县被国家民委命名为“第四批全国民族团结进步创建活动示范单位”，对有效推动全县民族大团结、大发展起到重要的激励作用。

四是抓改善，优化环境条件。完善基础设施，加大交通基础投入，实现“乡乡通油路”“村村通水泥路”目标。实施安全饮水，优化、整合项目，大力实施安全饮水工程，实现村安全饮水工程全覆盖。不断改善农村生产生活条件，机耕道建设和农业灌溉基本实现全覆盖。提升农村服务，在村级设立农家书屋、农家超市、便民服务店等基础设施，服务水平和质量进一步提升。整治乡村环境，开展全县农村环境大整治，“一月一次观摩”长效机制有效运行，实现少数民族群众环境卫生观念大转变，环境卫生效果大提升。

五是抓增收，助农奔向小康。搭建产业发展大平台，引进广东温氏集团、陕西海升果业集团、山东寿光东隆公司，搭建生猪养殖、蓝莓高效种植与加工和蔬菜科技孵化三大平台，农业产业实现规模化、标准化发展，实现带农增收。推进产业融合建设，围绕“农文旅”融合，建设卡乌村苗族药谷江村、高枧村夏同龢状元文化产业园、乌卡坪生态蓝莓产业园，实现助农增收。大力发展乡村旅游，按照发展全域旅游理念，创建乡村旅游精品示范县建设，2017年实现全县三分之一村建成乡村旅游精品示范村，实现富农增收。

六是抓融合，搭建交融平台。深化基层服务，通过暖心秘书、暖心窗口、暖心走访、民事村办等方式，畅通群众交流平台，解决服务群众“最后一公里”问题。丰富文化阵地，搭建麻江县历史文化陈列室馆、贵州仫佬历史文化陈列馆、麻江县瑶族文化博物馆、瑶族和畲族非物质文化传承开发保护平台，建成麻江县非物质文化遗产陈列馆、清末状元夏同龢文化展馆、民族村寨歌舞场和斗牛场等场馆。传承传统习俗，每年举办一次“马鞍山游园会”，全县63个村均出演民族节目，实现民族文化大展示、大交流。通过搭建各民族交往交流交融平台建设，促进全县各民族铸牢中华民族共同体意识，全力打造麻江县铸牢中华民族共同体意识教育基地，凸显麻江民族团结进步文化体系建设，促进各民族像石榴籽一样紧紧抱在一起。

二、加强少数民族干部培养，推进人才队伍建设

结合民族团结进步示范创建工作的开展，麻江县少数民族干部培养选拔工作力度不断加大，大批中坚力量走上不同领导岗位，在推动民族团结进步事业大发展、大繁荣中发挥了重要作用。

一是统筹规划，建立健全培养选拔机制。按照中央、省委、州委关于培养选拔少数民族干部工作的要求，确定了近期和中、长期培养计划，加强政治理论、业务知识的教育培训，有计划地安排了少数民族干部到重要岗位或部门进行锻炼，促进他们健康成长。同时，结合脱贫攻坚、“不忘初心、牢记使命”、乡村振兴等主题积极开展各类培训班，有力推动了少数民族干部培养工作的深入开展。如2020年，通过上挂、外派等方式，选派23名党政干部到杭州市滨江区等地挂职跟岗锻炼，其中少数民族干部21名，进一步增强了少数民族干部的历练，开阔了眼界，提升了能力素质，加速了成长进程。

二是注重调研跟踪，提高少数民族干部的储备比例。结合年度考核、民主测评等了解掌握少数民族干部的工作情况，采取组织推荐和民主推荐的方式，按照数量和质量兼顾的原则，强化少数民族干部选拔储备工作，提高储备比例，保持少数民族干部数量的稳定性和结构的合理性。通过跟踪培养，及时把条件成熟的少数民族干部放到领导岗位或重要岗位上使用。

三是坚持储备与使用相结合，调动少数民族干部积极性。根据班子建设的总体要求，加大少数民族干部的选拔力度。对选拔上来的少数民族干部，始终坚持政治上关心，工作上支持，生活上照顾，鼓励他们不断进取，给予重点培养，使他们逐步走上领导岗位，发挥更大的作用。2020年，全县共提拔干部48名，其中少数民族干部40名，占83.3%。

2020年底，全县有科级干部450名，其中少数民族干部366名，约占81.3%，以苗族、布依族、畲族、仡佬族为主。

“十二五”“十三五”时期，县委、县政府不断完善人才工作，制定并落实多项人才工作政策举措，推动人才培养工作取得了新的成绩。

一是建立完善人才政策。先后出台了《中共麻江县委关于大力实施人才强县战略全面加强人才队伍建设的决定》《麻江县加强人才队伍建设实施细则》《关于大力加强党政人才队伍教育培训的意见》《麻江县引进特殊急需人才暂行办法》《关于加快麻江县人才聚集的实施意见》落实人才培养、使用、管理的各项政策，为他们施展才能创造了空间。特别是出台《麻江县引进特殊急需人才暂行办法》，对人才工资收入待遇、津补贴、住房、安家费作出明确规定，为全县引才、聚才营造了良好的环境。

二是强化人才引进工作。充分发挥各行各业优秀人才在脱贫攻坚中的引领、带动、示范和促进作用，为脱贫攻坚提供强有力的人才智力支持。2020年，引进急需紧缺人才13名，公开招聘事业人员111名，壮大了全县人才队伍。进一步贯彻落实疫情防控一线医务人员和防疫工作者激励保障，直聘援鄂医务人员中非事业编制人员。做好东西部协作人才交流，充分发挥杭州市滨江区对口帮扶优势，从滨江区引进优秀的教育、医疗人才。2020年，争取到杭州市滨江区、余杭区等选派20名党政干部、专业技术人才到县内开展挂职帮扶工作。实施“南农麻江10+10行动计划”，南京农业大学选派2人到县开展挂职帮扶工作；抓好“南农麻江”乡村振兴研究生工作站建设，引进校内校外导师26人，先后有11人研究生在站开展工作。做好事业单位人员招聘、退役大学生士兵就业创业、公务招录工作等。

三是强化人才培育工作。加强与杭州市及滨江区、余杭区联系，加强人才挂职帮扶和人才交流培训培养，有效提升了服务保障脱贫攻坚的能力。继续抓好教育系统“三名人才”的培养、管理与考核等各项工作。2020年，完成对县级及以上名校长骨干校长、名教师骨干教师和名班主任骨干班主任2019—2020学年度考核工作，兑现岗位津贴共计66万元，激励了“三名人才”的工作热情。加大人才基地建设。切实建设好麻江蓝莓产业技术人才基地和贵州省酸汤产业化人才基地，为产业发展提升人才支撑。

四是强化人才服务保障。实施“人才关爱工程”，在重要节日期间，通过短信方式对各类人才进行慰问。落实党委联系服务专家制度，关心专家人才工作、学习、生活等方面的保障情况，倾听他们的呼声和要求，尽力帮助解决实际困难和问题，营造“尊重劳动、尊重知识、尊重人才、尊重创造”的浓厚氛围。

五是推进专家精准服务脱贫攻坚。组建产业扶贫专家团队并匹配到村，为贫困村产业发展提供技术指导和咨询服务，让各族群众找得到专家、专家帮得上群众，以最有效的人才资源精准服务产业发展、助推脱贫攻坚。2020年，组建了87名农业产业专家库，完成县、乡、村（安置点）三级农业专家匹配126人，把专家匹配到县乡村三级主导产业，围绕产业结构调整，组建了7个技术服务小分队，结合春耕生产和产业发展技术推广，深入7个乡镇街道开展农业栽培技术培训650余场次，共培训农户、大户等1.6万余人次。

三、贯彻落实“一法两规定”，扶持人口较少民族发展

“十二五”“十三五”时期，各级党委、政府及民族工作部门全面贯彻落实习近平总书记“全面实现小康，一个民族都不能少”的重要指示精神，聚焦决战脱贫攻坚、决胜同步小康中心任务，认真贯彻落实《中华人民共和国民族区域自治法》《国务院实施〈民族区域自治法〉若干规定》《贵州省实施〈民族区域自治法〉若干规定》，着力在落实支持政策、加大改革力度、加快调整产业结构、推进精准扶贫精准脱贫、加大基础设施建设、保障改善民生等多方面下功夫，进一步推动“一法两规定”落地落实，有力促进了民族地区和人口较少民族贫困村的加速发展。

坝芒布依族民族乡辖7个行政村，36个村民小组，总人口16561人，少数民族总人口10977人，占66.3%，其中布依族7798人，占总人口的47.1%。全县有人口较少民族村14个，共8604户35629人，主要分布在宣威、龙山、金竹以及贤昌4个乡镇（街道）。

2014—2020年，县下达到坝芒乡财政专项扶贫资金3375余万元（其中少数民族发展资金280万元）。2018年，另获杭州市对口帮扶项目资金210万元、少数民族发展项目资金30万元、饮水工程投入800余万元。全乡水、电、路、讯、房等基础实施完善，产业结构科学合理，群众“两不愁、三保障”得到解决。

全面实行贫困人口“先诊疗、后付费”机制及“一站式”即时报销补偿，贫困户农村合作医疗参与率达100%。确保义务教育阶段适龄儿童少年义务教育有

保障，九年义务教育巩固率达96.86%，饮水安全网全面织成。2014年，全乡共有建档立卡贫困户1933户7152人，贫困发生率为43.37%，2018年末全乡贫困发生率下降到1.91%，2019年全部实现脱贫。

根据国家和省扶持人口较少民族贫困村精准扶贫和经济社会发展的要求，麻江县委、县人民政府出台了《麻江县脱贫攻坚工作实施方案》《麻江县人口较少民族脱贫攻坚率先实现全面小康工作方案》等一系列政策配套措施，进一步细化人口较少民族脱贫攻坚率先全面小康总体目标、方法步骤、工作内容及工作要求，明确了人口较少民族率先全面小康的时间表、路线图和责任机制，实行挂图作战，强化与成员单位间的协调与配合，形成运作协调、部门联动的工作机制。一是加强党的建设，强化人口较少民族经济社会发展的组织保障。在人口较少民族村，配齐配强村级基层组织，将政治过硬、带头能力强的能人选进村级班子，建强村级战斗堡垒。二是建立健全机构，完善机制。成立组织机构，由县委书记、县长担任双指挥长的县决战决胜脱贫攻坚指挥部，成立了由县委书记担任组长的麻江县民族宗教事务工作领导小组，由县分管副县长担任组长的扶持人口较少民族脱贫攻坚领导小组，切实加强组织领导。明确落实工作责任，实行县领导包乡镇（街道）、包村，驻村干部包组，帮扶干部帮扶到户，把具体工作明确到人、要求到人、精准到人，落实定点、定人、定时、定责任工作责任制。实行定期调度督察，建立经济社会发展和脱贫攻坚任务链和责任链，定期调度，定期研判，定期督办，确保脱贫攻坚各项工作落到实处。三是精准识别，精准帮扶。开展干部进村入户大走访和专项治理，实现贫困户精准识别。建立结对帮扶机制，县乡干部与建档立卡贫困户结成帮扶对子。在14个人口较少民族村各安排1名县级领导牵头联系帮扶，并明确54个县直单位、499名帮扶干部与3394户贫困户建立结对帮扶关系，帮助贫困户学习脱贫政策、找准发展思路，促进贫困户增收。四是深入调研，科学规划。结合县情实际，编制完成了麻江县人口较少民族事业2016—2017年专项行动计划，对人口较少民族村寨脱贫攻坚工作进行了详细规划；同时，编制了人口较少民族发展“十三五”项目规划，将人口较少民族发展项目纳入民委系统项目库，积极争取项目资金，进一步加大人口较少民族村扶持力度。五是整合资源，强化帮扶。在落实中央、省、州人口较少民族发展项目的同时，按照扶持人口较少民族率先实现小康“十覆盖”和“六个优先”的原则，积极整合各部门资源，加大对人口较少民族村的项目资金投入，帮助民族村发展产业，完善基础设施，改善群众生产生活条件。

2014年，全县14个人口较少民族村共有贫困户3314户12900人，贫困发生率为36.21%。5年间，全县围绕“一达标、两不愁、三保障”目标，落实“五个一批”等精准扶贫措施，共计投入25689.23万元，实施项目597个（其中，争取少数民族发展资金5661万元）。到2018年底，全县14个人口较少民族村“五通十有”基础设施全面实现，9个贫困村（含深度贫困村）先后实现脱贫。

四、巩固提升示范创建成果，铸牢中华民族共同体意识

为深入贯彻落实党的十九大和中央民族工作会议精神，巩固提升麻江县全国民族团结进步示范县工作成果，促进全县各族群众铸牢中华民族共同体意识，共建和谐麻江，2019年5月，麻江县委、县人民政府制定《关于巩固提升全国民族团结进步示范县铸牢中华民族共同体意识的意见》，明确指导思想、基本原则、总体目标、主要任务。六条基本原则是：坚持以铸牢中华民族共同体意识为根本方向；坚持以加强各民族交往交流交融为根本途径；坚持以“中华民族一家亲，同心共筑中国梦”为总目标；坚持依法治理民族事务，促进各民族大团结；坚持遵循社会发展规律，加强正面引导；坚持齐抓共管，形成合力。四大总体目标为：教育引导全县各族群众牢固树立“四个意识”，更加坚定“四个自信”，坚决做到“两个维护”；推动实现中华民族伟大复兴中国梦、中国特色解决民族问题正确道路和党的民族理论政策更加深入人心；各民族交往交流交融不断深入，民族团结进步的价值理念广泛弘扬、深入人心，中华民族共同体意识和凝聚力不断增强；依法治理民族事务能力显著提高，各民族和睦相处、和衷共济、和谐发展，社会主义民族关系进一步巩固和发展。十项主要任务包括：着力加强中华民族共同体教育，推动多彩民族文化发展，推进民族团结进步教育，加大民族团结进步宣传，建立各民族相互嵌入式的社会结构，全面搭建促进各民族文化沟通桥梁，积极开展形式多样的群众性交流活动，助力决胜同步小康增进民族民生福祉，着力民族团结进步示范创建，提升依法治理民族事务水平。落实加强组织领导、加强协调联动、加强督导检查等保障措施，按照《工作推进方案》，有序推进各项具体工作，形成了“县委统一领导、党政齐抓共管、乡镇着力推进、统

战民宗牵头抓总、部门各司其职、社会广泛参与”的高位推动新格局，全县上下以高度的政治自觉和工作自觉，深入推进“八进”工作［进机关、进企业、进社区（村）、进乡镇、进学校、进军营、进医院、进景区］，不断丰富“八进”载体，紧紧围绕推动经济发展、保障和改善民生、促进民族教育、繁荣发展民族文化、建设生态文明、维护民族团结等重点工作，采取有效措施，统筹推进，形成了人人支持、人人参与的浓厚氛围，巩固提升工作取得良好成效，全县民族团结进步事业进入新的发展阶段。

“十二五”至“十三五”时期，麻江县各级党委、政府坚决贯彻落实《中华人民共和国民族区域自治法》《国务院实施〈中华人民共和国民族区域自治法〉若干规定》《贵州省实施〈中华人民共和国民族区域自治法〉若干规定》（以下简称“一法两规定”）和党中央关于脱贫攻坚的重大决策部署，坚持把脱贫攻坚作为重大政治任务和第一民生工程，持续推动民族事业和精准脱贫各项工作落到实处，全县民族团结进步创建活动取得了可喜成效。一是民族关系进一步和谐。全县各民族“共同团结奋斗，共同繁荣发展”，长期以来和谐共处，未发生民族纠纷事件。共培养民族干部2600余名。2014年，麻江县隆昌小学赵华甫老师被评为“全国民族团结进步模范个人”，翁保村、六堡村、复兴村、孟江村先后获授“全省民族团结进步示范村寨”荣誉称号，麻江县武警中队被评为“全省民族团结进步先进集体”。2015年，麻江县被命名为“全省民族团结进步示范县”。2016—2020年，全县先后荣获省级民族团结进步示范村寨5个、示范单位1个、示范学校1个，获全省民族团结进步示范先进个人2人，获全州民族团结进步示范单位82个、模范个人7人。二是基础设施进一步完善。县城建成区面积由“十一五”期末的3.12平方公里扩展到“十二五”期末的5.12平方公里；按照“四在农家·美丽乡村”标准，打造了翁保村、高枧村、复兴村、六堡村等20个新农村示范点；建设通村油路623公里，在全州率先实现建制村“村村通油路（水泥路）、通客运”目标；实施病险水库治理11座，新建水库2座，全县水库库容从“十一五”期末的221万立方米增加到“十二五”期末的502万立方米，累计解决8.7万人安全饮水问题。三是生活水平进一步提高。“十二五”期末，城镇、农村居民人均可支配收入分别增长9.9%、11.9%，达到22645元和6569元；城镇新增就业8130人，新增农村劳动力转移就业16800人；城乡低保实现控面提标，实施新农合大病保险，新农合参合率达100%；建立80周岁以上城乡居民高龄补贴制度；实施危房改造26525户，新建廉租房（公租房）5512套；成功创建省级卫生乡镇1个、卫生村寨2个。减少贫困人口5.03万人，贫困发生率从52.16%下降到18.6%，贫困人口比“十一五”期末减幅达66.18%。四是社会事业进一步提升。“十二五”期间，累计投入各类建设资金13.8亿元，是“十一五”期间的2.5倍；学前三年毛入园率、九年义务教育巩固率、高中阶段毛入学率分别由“十一五”期末的44.3%、77.2%、59.8%提高到“十二五”期末的97.9%、96.75%、90.2%，率先在全省通过国家义务教育基本均衡发展评估认定和基本普及十五年教育，全部实现宽带网络校校通和多媒体教学资源班班通，教育现代化进程加快。

2020年，全县地区生产总值完成43.99亿元，同比增长5.6%。城镇居民人均可支配收入33290元，同比增长5.3%。农村居民人均可支配收入10714元，同比增长8.8%。“十二五”至“十三五”末，地区生产总值年均增长7.4%。产业结构进一步优化，三次产业结构从29∶26∶45优化调整到25∶18∶57。城镇和农村居民人均可支配收入年均增长8.0%、10.3%。

第四章　繁荣发展经济　保障改善民生

加快民族地方经济社会发展，着力改善民生，让各族群众共享改革发展成果，是推进民族团结进步事业繁荣发展的重要基础。只有不断加大经济发展，促进社会物质财富持续增长，使可供分配的财富不断增加，才能为改善民生创造前提条件，为民族团结进步事业奠定必备的物质基础。

新中国成立前，麻江主要生产资料掌握在封建剥削阶级手中，加之兵扰匪患，灾害频繁，经济落后，各族人民深受苦难，生活贫困。新中国成立后，在中共麻江县委、县人民政府的领导下，全县各族人民团结奋斗，变革生产关系，解放生产力，县内国民经济迅速发展，取得了明显成就。进入改革开放新时期，特别是“十三五”期间，各级党委、政府立足县情，结合实际，加大扶贫开发力度、加速经济发展，创新开展民族工作，推进全国民族团结进步示范县建设，努力向开创百姓富、生态美新未来的宏伟目标迈进，有力促进了经济和社会事业发展。五年中，积极向中央、省、州争取各类项目资金，涉及基础设施、民族文化、产业发展和社会事业等方面，着力解决民族地区和少数民族群众最现实、最直接、最迫切的问题。2014 年，全县建档立卡贫困人口 56700 人，贫困发生率为 27.1%，贫困村 36 个。2014—2019 年，全县累计投入 59.4 亿元，全力保障脱贫攻坚，其中，中央、省级财政专项扶贫资金和整合上级财政专项资金 31.1 亿元，县级投入资金 14.9 亿元，东西部协作资金 2.8 亿元，社会扶贫扶助资金 1.6 亿元，金融扶贫资金 9 亿元。通过实施精准扶贫、精准脱贫方略，2014—2018 年共计脱贫 14046 户 56420 人，36 个贫困村全部出列。到 2019 年底，全县剩余贫困人口 1346 户 3172 人全部脱贫。

1949 年麻江全县生产总值为 0.06 亿元，1978 年达 0.24 亿元，2015 年达到 26.53 亿元，2020 年增加到 43.99 亿元。2020 年分别是 1949 年的 733 倍，是

1978年的183倍，是2015年的1.7倍。十二五期间，麻江县生产总值年均增长13.9%，十三五以来年均增长7.4%。坚持农业基础地位，大力发展二、三产业，推进工业化进程，不断提高二、三产业所占的比重，三次产业的比例结构由1949年的97.8、0.5、1.7转变为1978年的66.8、10.9、22.3，到2020年，转变为24.2、18.3和57.4，经济结构明显优化。全年财政总收入2.74亿元，税收收入2.31亿元。城镇常住居民人均可支配收入33290元，同比增长5.3%。农村常住居民人均可支配收入10714元，同比增长8.8%，分别是1949年的320倍、1978年的222倍、2015年的1.6倍，十二五期间年均增长16.1%，十三五以来年均增长10.3%。全县多种经济成分共同发展，能源通讯等基础设施不断加强，交通运输网络大为改观，农田水利条件大有改善，对外开放步伐明显加快，人民群众物质文化生活不断改善，呈现出民族团结进步事业欣欣向荣的崭新局面。

自麻江解放70多年来的各个历史时期，各届麻江县委、县人民政府高度重视民族工作，坚决贯彻执行党的民族理论政策，把实现好、维护好、发展好利益作为工作出发点和落脚点，总揽全局、协调各方，与时俱进推动各领域不断深化改革，形成推动县域经济社会发展的强大合力。各级党委、政府及民族事务管理部门注重加强理论政策宣传教育，一步一个脚印稳步迈进，为有效促进经济社会全面发展提供了重要政治保障。“十三五”时期以来，各级党委、政府聚焦脱贫攻坚这个头等大事和第一民生工程，认真贯彻落实中央、省委、州委关于脱贫攻坚的系列决策部署，对标“一达标、两不愁、三保障”总体目标，大力实施精准扶贫、精准脱贫方略，坚持把基层党组织建在产业链上，紧扣产业革命“八要素”，全面推广“党社联建·村社合一”模式，压实脱贫责任抓保障，确保打赢打好脱贫攻坚战。全县2244名党员、干部奋战一线，为脱贫攻坚付出了艰辛努力，有的干部甚至献出了宝贵的生命。2019年全面完成脱贫攻坚目标任务，共减少贫困人口5.96万人，贫困发生率由“十二五”期末的17.51%减少到“十三五”期末的零，经省人民政府批准麻江退出贫困县序列，彻底撕掉了千百年来的绝对贫困标签。

第一节　实施五年规划，调整产业发展

新中国成立前夕，县境农业生产落后，粮食产量低而不稳，工业主要以个体手工业为主，工艺落后，经济效益低。1949 年全县粮食总产量只有 2293.6 万公斤，工农业总产值 1501 万元（折算为新人民币）。其中，农业总产值 1491 万元，占 99.3%，工业总产值 10 万元，占 0.7%。社会商品零售总额 60.5 万元。

新中国成立后，国民经济迅速发展，主要工农业产品产量和生产能力有了较大增长。国民经济恢复时期，贯彻“发展生产、繁荣经济”的方针，促进国民经济的全面恢复和发展。1950 年，工农业总产值 1552 万元，比 1949 年增长 3.4%。其中工业产值 13 万元，增长 30%；农业产值 1539 万元，增长 3.2%。1952 年，工农业总产值 1868 万元，比 1950 年长 20.4%。其中工业产值 94 万元，增长 6.2 倍；农业产值 1774 万元，增长 15.3%。1953 年，进入第一个五年计划时期，经过土地改革，对农业、手工业和资本主义工商业的社会主义改造，加快工业建设，工农业生产迅速发展。1957 年，工农业总产值 3023 万元，比 1952 年增长 61.8%。其中工业产值 363 万元，增长 2.9 倍；农业产值 2660 万元，增长 49.9%。1958 年，贯彻“鼓足干劲，力争上游，多快好省地建设社会主义”的总路线后，全县工农业生产掀起“大跃进”高潮，加上连续三年自然灾害，国民经济大滑坡。1962 年，工农业总产值 1640 万元，比 1957 下降 45.7%。其中工业产值 119 万元，下降 67.2%；农业产值 1521 万元，下降 42.8%。贯彻执行对国民经济“调整、巩固、充实、提高”方针后，工农业生产改变连续下降的状况开始回升。1965 年，工农业总产值 2315 万元，比 1962 年增长 41.2%。其中工业产值 169 万元，增长 42.0%；农业产值 2146 万元，增长 41.1%。

1966—1976 年，由于受“左”倾错误干扰，工农业生产受到严重损失。

1978 年中共十一届三中全会后，全面拨乱反正，纠正“左”倾错误，把全党的工作重点转移到以经济建设为中心的社会主义现代化建设上来，坚持四项基本原则，实行改革开放方针，全县国民经济建设有了较大发展。1980 年，工

农业总产值2666万元，比1970年增长35.7%。其中工业产值252万元，增长59.5%；农业产值2414万元，增长33.6%。1985年，工农业总产值4604万元，比1980年增长72.7%。其中工业产值488万元，增长93.7%；农业产值4116万元，增长70.5%。通过贯彻执行“调整、改革、整顿、提高”的方针和对内搞活经济、对外实行开放的经济政策，促进国民经济持续、稳定、协调地发展。1987年，工农业总产值4772万元，比1985年增长3.6%。其中工业产值650万元，增长33.2%；农业产值4122万元，增长0.1%；1990年，工农业总产值5077万元，比1987年增长6.4%。其中工业产值809万元，增长24.5%；农业总产值4268万元，增长3.5%。

1980年，全县国民生产总值3533万元（按当年价格计算），人均208元。1985年，国民生产总值6439万元，比1980年增长75.1%（按1980年不变价格计算），人均366元。其中第一产业（农业）增长95%，第二产业（工业、建筑业）增长29.9%，第三产业（交通运输、邮电通讯、商业饮食、物资供销仓储、金融保险、综合技术生产服务、居民服务、公用事业、房地产业、卫生体育社会福利、科学研究、教育文艺广播电视、公共管理和社会组织等）增长44.5%。1980—1990年，国民生产总值年平均递增率为10.66%。国民生产总值中，第三产业所占的比重，由1980年的18.2%上升到1990年的23.7%。

1990年，初步形成国营工业和集体工业并重的地方工业架构。1991年后，县内民营工业逐步发展。2001年，全县招商引资取得重大突破，一批县外私营经济相继到麻江兴办企业，原有国营、集体工业在实施产权制度改革后，全部转制为个体、股份合作制经济或解散。到2005年，县内工业企业除少数未改制的国有企业外，全部为民营企业，民营工业成为麻江工业的主体。

改革开放以后，麻江县委、县人民政府带领全县人民解放思想，抢抓机遇，借助西部大开发的东风，依托得天独厚的区位、交通、自然资源优势，紧紧围绕“优化第一产业结构，扩大第二产业总量，促进第三产业发展”的经济发展决策，全面启动“城郊型农业经济”，启动工业项目带建设、城镇建设以及旅游产业开发等重大经济发展措施，使全县经济增长速度加快，综合经济实力增强。2005年，全县实现生产总值56263万元，比1991年增长6倍，比1978年的2399万元增长22.5倍。1991年，全县第一、第二、第三次产业增加值的比重为 72.30∶6.36∶21.34；2005 年变化为 33.2∶31.1∶35.7，第一产业比重在三次产业中的比重下降 39.1 个百分点，第二产业增长 24.74 个百分点，第三产业增长 14.36 个百分点，产业结构调整取得明显成效。全县工农业总产值完成 96159 万元，比 1991 年增长 8.38 倍。财政总收入完成 6557 万元，其中地方财政收入 3002 万元，比 1991 年增长 4.4 倍；财政总支出 18246 万元，比 1991 年增长 15.42 倍。

1988 年开始，县内工业企业全面推行承包经营责任制，企业管理得到加强，经济效益普遍提高。1993 年，全县 30 户工业企业共完成总产值 1672 万元，实现利润 118.36 万元，上交税金 391.9 万元，分别比 1990 年上升 36.38%、136.72% 和 193.12%。1996 年，全县国有工商企业进一步探索深层次的体制改革，先后实行租赁、股份合作制等多种改革形式。1999 年 2 月，民营企业贵州白云特种水泥厂以承担债务偿还责任的形式，对麻江县水泥厂实行兼并，拉开了县内企业产权制度改革的序幕。到 2005 年，全县应改制的 34 户工商企业中，除县地方电力公司、县自来水公司改制未结束外，其余 32 户工业企业全部改制结束，占 94.12%。其中，破产 8 户，兼并 1 户，股份制改造 4 户，拍卖资产安置职工企业解散 19 户。县内商业经营全部转为民营经济，个体私营户达 2234 户，从业 4525 人，社会商品零售总额达到 14693 万元，为 1978 年的 12.8 倍。在此期间，县内招商力度加大，省内外部分客商先后到谷硐、碧波投资兴业，投资额达到 2.72 亿元，共兴办电冶、化工等企业 14 个，初步形成谷硐、碧波工业经济项目带。2005 年，全县完成工业总产值 60963 万元，为 1991 年的 50.2 倍，比 1978 年增长 133 倍，其中私营企业实现产值 44699 万元，占全县工业总产值的 73.3%。电力供应充足，县境内有 220 千伏国网变电站 1 座和 110 千伏变电站 3 座、35 千伏变电站 2 座，有上网小电站 2 座，全县村村通电，城乡同网同价。

2001—2005 年，全县固定资产投资累计达 10.57 亿元，城乡建设速度加快，人民群众生活环境和居住环境显著改善。2005 年，职工平均货币工资 12206 元，比上年增加 2229 元，增长 22.34%；农民人均纯收入 1675.79 元，比上年增加 145.72 元，增长 9.52%。

2010 年，全县生产总值 142395 万元，比上年增加 25493 万元，增长 15.8%。其中，第一产业增加值 39342 万元，比上年增加 5557 万元，增长 7%；第二产业增加值47686万元，比上年增加9758万元，增长27%；第三产业增加值55367万元，比上年增加10178万元，增长13.1%。三次产业的比重为27.6∶33.5∶38.9。在岗职工年均工资收入32029元；农民人均纯收入3106元，比上年实际增长13.9%；农民人均生活消费支出2147.89元，增长9.91%；农民人均住房22.08平方米。

2015年，全县生产总值265298万元，比上年增长14.4%。其中，第一产业76573万元，比上年增长6.5%；第二产业68566万元，比上年增长10.9%；第三产业120159万元，比上年增长19.8%。全县人均生产总值21728元。城镇居民人均可支配收入22645元，人均消费支出13508元。农村居民人均可支配收入6569元，农民人均消费支出6688元，人均住房建筑面积44.57平方米。

2020年，全县地区生产总值完成43.99亿元，比上年同期增长5.6%。其中第一产业增加值10.66亿元，增长6.5%；第二产业增加值8.07亿元，增长13.4%；第三产业增加值25.27亿元，增长2.6%。一、二、三产业增加值占生产总值的比重分别为24.2%、18.3%和57.4%。全年财政总收入2.74亿元，增长4.1%；税收收入2.31亿元，下降3.7%。一般公共预算收入1.40亿元，增长23.8%；一般公共预算支出15.50亿元，下降6.1%。工业增值税0.18亿元，下降31.9%；商业增值税0.15亿元，下降44.9%。城镇常住居民人均可支配收入33290元，增长5.3%。农村常住居民人均可支配入10714元，增长8.8%。

十三五期末，全县生产总值从十二五期末的26.53亿元增加到43.99亿元，年均增长7.4%。其中，第一产业年均增长4.6%，第二产业年均增长2.4%，第三产业年均增长11.3%。产业结构进一步优化，三次产业结构从29∶26∶45优化调整到24∶18∶58。

第二节　国有、集体、民营经济发展

一、国有经济发展

1991年，全县有地方国营工业企业16户，占工业总户数的47.06%；完成工业产值691万元，占全县工业总产值的58.02%。总资产2015.4万元。主要分布于电力、煤炭、水泥、重晶石开采、酿造、印刷、加工等行业。

1992年，县人民政府在下司镇筹建麻江县浸出油厂。1994年建成预榨、浸出、精炼3个车间，形成固定资产585万元，具有年产1万吨浸出油的生产能力。1993年，县经委贷款20万元，修复原县水泥厂生产设备，创办麻江县清江水泥厂，当年投产。2000年，因国家取缔“五小”企业被关闭。同年，县粮田酒厂产品积压，停止白酒生产。

1994年，县农机厂引进贵州大科达公司的车用永磁电机生产技术，技改创建麻江县车用永磁电机厂。同年9月，州经委批准永磁电机技改项目立项，项目总投资624万元。其中，由“老、少、边、穷”贷款解决500万元，县自筹124万元。设计生产能力为年产车用永磁电机3万台，1996年1月开始生产。先后装配小功率电机0.2万台，实现产值74万元，销售4.69万元。

1996年，县乡镇企业局与瓮福磷矿宏福公司合股创办麻江磷江页岩砖厂，属国营经济性质，总投资450万元，设计规模为年产页岩砖3000万块。当年建成投产。1998年，县乡镇企业局退出，由瓮福磷矿宏福公司独资经营。1996年，全县有国营企业17户，占工业总户数的62.96%，比1991年上升15.9个百分点；完成产值1917万元，占工业总产值的37.34%，比1991年下降20.8个百分点。

1999年2月，贵州白云特种水泥厂兼并麻江县水泥厂，转制为民营企业。2000年，经贵州省计委批准，县自来水公司贷款1540万元，改造县城供水工程，于2001年6月建成投产，使县城日供水能力由原来的2000吨/日提高到12000吨/日。2000年底，全县有工业企业30户，其中，在生产经营的国营企业12户，比1996年减少5户，实现产值2136万元，占工业总产值的27.63%，比1996年下降9.71个百分点。2001年7—8月，县内国有企业相继进行产权制度改革。

2005年底，全县18户地方国有企业有16户通过改制改变原国有企业性质。同年，全县有工业企业29户，完成产值60963万元。其中，国有企业5户（电力集团国有企业2户、地方国有企业3户），占总户数的17.24%；完成产值16264万元，占工业总产值的26.68%。

二、集体经济发展

县内集体工业经济创办于1956年，对手工业的社会主义改造结束之后，主要由个体手工业者组织起来，集资入股，上级补助创办，或由县手工业联社、县供销社投资创办。采用国营工业“利润上交财政（上级联社），亏损财政（上级联社）弥补，投资由财政（上级联社）拨款”的管理体制。

1991年2月，县轻工业局与浙江苍南县龙巷民政机织厂联营创办麻江县江龙机织蜡染厂，属集体经济性质。总投资56万元，建成年产5万条腈纶毛毯生产线。1992年正式生产。1998年底，湖南客商租用县酒厂闲置厂房，创办集体企业麻江县皮革厂。1992年上半年建成投产，年生产能力为标准皮1万张。1996年，拟技改扩建为年产标准皮3.5万张。1991年底，全县有集体工业企业18户，占工业企业总户数的52.94%；完成工业产值376万元，占全县工业总产值的31.57%。主要分布于铸造、织造、制革、食品、建材、制鞋等行业。

1992年1月，贵阳客商租用县农机厂机修车间创建集体企业麻江县锌品厂，总投资56万元，同年7月正式生产。1993年6月转产生铁，成立麻江县白秧坪铁厂。1994年更名为麻江县铁业有限责任公司，1997年技改生产钙镁磷肥。

1994年9月，县乡镇企业局创办麻江县宏松魔芋食品厂，属集体经济性质，1995年正式投产。1995年底，全县集体工业企业减少为10户，占全县工业总户数的37.04%，比1991年下降15.90个百分点；完成工业总产值890万元，占全县工业总产值的21.03%，比1991年下降10.54个百分点。

1996年，供销集体企业县土畜日化厂与都匀剑江化肥厂合股组建麻江县兴农化肥有限责任公司，生产农用复合肥。2000年，集体工业企业全面实施产权制度改革。至2002年，全县10户集体工业企业，除县土畜日化厂组建股份制企业以及县魔芋食品厂未改制外，其余企业全部拍卖资产。

三、民营经济发展

20世纪90年代初期，县内私营工业开始起步，部分个体户投资兴办小煤窑，一部分县外投资人在谷硐镇兴建重晶石洗矿、加工等小工业作坊。1992年4月，县委、县政府首次出台《关于鼓励引进资金开发麻江经济的优惠政策》，规定凡是来麻江投资兴业办企业的，免交房产税 2 年、所得税 4 年；投资 10 万元以上的，批准投资家属 1 ~ 4 人转为非农业人口，并按引进资金总额的 1% ~ 2% 给予奖励。1993 年 9 月，县委印发《麻江县个体私营经济发展情况调查报告》，要求各级各部门增强对发展个体私营经济的认识和紧迫感，特别是领导干部要思想放开点，胆子放大点，敢于打破各种封锁和限制，大力支持个体私营经济的发展。县委制定出台了《关于发展私营经济的决定（暂行）》，从此，县内非公有制经济开始进入稳定发展时期。1993 年末，个体工商户发展到 2043 户，从业人员 2368 人，注册资金 434.5 万元。私营企业 10 户，从业人员 119 人，注册资金 62.31 万元。全年营业额 125.83 万元，提供税金 125.83 万元。1994 年，县委、县政府制定出台了《麻江县招商引资优惠政策》及补充规定，并召开全县经济工作会议，兑现了外来投资企业应享有的税收优惠政策和其他优惠政策，激励非公有制经济发展。当年末，全县个体工商户达 2351 户，从业人员 2720 人，分别比 1992 年增长 21.87% 和 21.2%；私营企业发展到 13 户，从业人员 150 人，分别比 1992 年上升 44.4% 和 54.6%；完成总产值 494 万元，上交税金 130 万元；招商引资办企业 5 户，引进资金 420 万元。

1995 年，在兑现落实招商引资政策的同时，引进外资 609 万元，建起一批引资企业。是年末，全县个体户、私营企业达到 2749 户，从业人员 3180 人，注册资金 645 万元，创产值 286 万元，实现营业额 2372 元，产品量售额 1090 万元，完成税收 205.4 万元，占当年县财政收入的 13%，比上年增长 63.2%。全县完成工业总产值 4233 万元，其中，个体私营企业完成 1576 万元，占全县工业总产值的 37.23%。1999 年 2 月，私营企业贵州白云特种水泥厂以承担麻江县水泥厂银行贷款偿还责任的形式，对县水泥厂实行兼并，更名为麻江银都水泥厂，成为县内第一家有规模的民营企业。同年 4 月，广西客商在谷硐镇投资 3500 万元创办硅锰合金冶炼厂，次年 2 月建成投产。2000 年，县委成立非公有制经济发展协调领导小组，集中力量解决和协调非公有制经济发展过程中及招商方面存在的问题。出台了《关于招商引资优惠政策的若干规定》《招商引资办法》《关于改革小城镇户籍管理制度的实施意见》等更具吸引力的招商引资政策，使投资环境进一步得到改善。全年共签订各类招商项目 17 个，意向性资金 2.4 亿余元，当年到位实施民营企业项目 12 个，到位资金 1700 万元。全县个体工商户达 2541

户，从业人员 2600 人。私营企业 30 户，从业人员 405 人，注册资金 116 万元。个体私营经济向国家交纳税收 724.6 万元，比上年增长 33.2%。2001 年 2 月，利清公司红果厂在谷硐镇创办；4 月，贵州宏凯化工有限公司在谷硐镇创办碳酸钡厂；5 月，民营股份企业锰业公司在谷硐五里班创建电解锰厂，分别于当年和次年建成投产。同年，私营企业金鼎公司锌焙砂冶炼厂在原粮田锅厂创办；贵阳投资商购买原麻江县钡盐厂厂房场地，创办伟泰公司金属硅冶炼厂；东盛硅业有限公司等 9 户县外客商分别在碧波乡、谷硐镇投资兴建金属硅和硅锰合金冶炼企业。2002 年，全县完成工业总产值 18903 万元，其中民营企业完成 14616 万元，占全县工业总产值的 77.32%。

2004 年—2005 年，县委、县政府出台了《关于招商引资奖励政策若干规定》、《关于招商引资优惠政策的若干规定》《关于加强非公有制经济党建工作的若干意见》等文件，成立了麻江县非公有制经济工作委员会。2005 年，全县有工业企业 29 户，其中民营企业 24 户，占工业总户数的 82.76%。全县完成工业总产值 60963 万元，其中民营企业完成 44699 万元，占全县工业总产值的 73.32%，比 2000 年增长 27.87 个百分点。当年非公有制经济达到 2234 户，从业人员 4525 人。其中，个体经营户 2152 户，从业人员 2166 人；私营企业 82 户，从业 2359 人。实现地税 1095 万元，占全县地税收入 1337.75 万元的 81.85%；实现国税 2153.56 万元，占全县国税收入 3281.03 万元的 65.64%。实现规模以上工业增加值 6367 万元，规模以下工业增加值 1502 万元。非公有制经济实现了在县域经济成分中的重大转变，成为主导经济发展的一支重要的力量。县委、县政府分别兑现税收奖励经费 126.4 万元，招商引资项目引荐奖励经费 55.48 万元。

第三节　经济体制改革助力民生改善

20 世纪 80 年代以后，随着人们生活水平和文化水平的提高，经济体制方面的不完善及局限性逐渐显现。要实现经济发展的目标，必须要推进经济结构、制度、程序、运行机制等方面的进一步改革。麻江县委、县政府结合县情实际，稳步推进经济改革，促进了民生各项事业的发展。

一、农村经济体制改革

（一）开放城乡集贸市场

党的十一届三中全会后，随着“对外开放，对内搞活”政策的贯彻执行，全县经济得到恢复和发展，城乡贸易呈现一派繁荣景象，成交额逐渐上升，由1978年的103万元上升到1987年的776万元，工农业生产迅速发展。1980年县内有个体工商户54户，1987年发展到1559户，营业额从21万元剧增到640万元。

为缩短场期，加快商品物资的交流，促进商品经济流通，1977年5月，县委决定恢复星期日为赶场日，原定的每月两个场期不再执行。十一届三中全会后，县内许多农副特产品陆续上市，工业品下乡活动频繁，促进了商品经济的发展。1979年，县内农村贸易集市逐渐恢复，上市商品的数量、品种有所增加，价格下降，成交额显著扩大。随着交易的产品种类日益增多，固有的集贸场地越来越不能适应活跃的集贸交易需要。1979年初，县工商局在城关、谷硐集市新建永久性的砖木结构猪肉摊位两处，同时增置全县集市漆制活动木摊位约450套，集市贸易设施得到改善，有力地促进了城乡经济的发展。

1979年月4月，中央对农副产品调整收购价格，大大地调动了社员发展农牧业生产的积极性，县逐步开放生猪、猪肉等农产品上市的政策，全县生猪、牛、羊存栏比上年有较大增长。逐步放开粮食、食油（料）交易限制，城乡集市陆续出现更多的粮食、食油（料）。为进一步加快商品流通，县委决定从1979年9月22日起，取消原星期日赶场日期，除下司逢星期六赶场外（方便208厂和210厂干部职工购买生活资料），其余集市恢复十二生肖属相场期。一些老集市相继复场，至年底，全县城乡集市达12个。

国家放宽农业政策，加快了城乡物资交流，促进了商品经济的发展。广大农民在完成粮食征购、超购、派购和烤烟、养猪等各项农副产品的交售任务后，剩余的投入集市销售，城乡集市贸易逐渐繁荣起来。1979年，县内集市成交额达171.5万元，较1978年的103万元上升66.5%。城关、下司、宣威三集市，每场参市人数由五六千人发展到万人以上，集市成交额增加了一倍。

1980年10月，县调整农村贸易政策，当年粮食总产达5270万公斤，增产

29.15%。城乡集市贸易成交额达 267 万多元，不少社员家庭增添了缝纫机、收音机、手表和自行车。

为搞活市场经济，1981 年 6 月，麻江县市场管理委员会成立，允许经济活动的竞争，为城乡集市进行正常贸易奠定基础。次年 2 月，县市管会发出《关于整顿市场的通告》，打击投机倒把活动，整顿集市，取缔无证经营，将商品按行归市，明码标价，保护消费者的利益。由于商品经济迅速发展，整顿市场后，集市贸易较为活跃。1982 年，全县年成交额达到 349 万多元，较上年上升 16%。

1987 年 10 月，县委决定除粮食继续实行“双轨制”外，其他农产品放开，随行就市，多渠道发展农村经济。农产品放开销售，其产量逐年上升，集市贸易进一步焕发生机。1987 年底，县内城乡集市共有 13 个。每逢赶场天，国营、集体、个体营运都来为赶场的人员开展运输服务，货运、客运汽车、拖拉机、马车等在公路上奔跑不息。外地的国营、集体、个体工商企业和农民、职工、家属及其他人员从四面八方赶来入集，集市上车水马龙，人山人海。集市物资丰富，成交额场达 5 万元左右，出现了前所未有的景象。

1988 年 3 月，调整市场管理委员会成员，开展食品卫生、物价大检查，稳定物价，维护市场经济秩序，保护集市贸易。1991 年，对不规范的交易场地重新划行归市，缓解市场拥挤的压力，拓宽交易场所，促进物资交流和商品流通。

1992 年，县内有 12 个集贸市场，1 个白日商场。其中，有县级集贸市场 1 个，镇级集贸市场 3 个，乡级集贸市场 8 个，上市人数在 3 万人以上的集市有 4 个，在 2000 ~ 3000 人以上的集市有 8 个。上市物资的品种、数量、人数、成交额逐年增加。

（二）家庭联产承包责任制

1980 年 1 月，县委、县革委召开全县四级干部会议，对全县生产队规模、生产责任制形式、农业内部结构进行调整。将全县 989 个生产队调整为 1254 个。取消评政治工分的做法，纠正平均主义，恢复定额管理、按劳计酬和奖惩等经营管理制度。农村大部分生产队开始试行“生产到组，联产计酬，超产奖励”“按劳计酬”“定产到劳力，由队统一分配”等多种形式的生产责任制。向农民宣布“允许包产到组，以组分配”。至此，以包产到组为主的多种形式的农业生产责任制在插秧大忙季节逐渐形成。

1980年上半年，实行定额管理、生产队统一经营和分配的有163个生产队，占生产队总数的13.0%；实行包产到组，联产计酬，包干到组，按作业组核算分配的有921个生产队，占73.4%；包产到户的有170个生产队，占13.6%。实行多种形式的生产责任制，促进了农业生产的发展。当年全县粮食总产量首次突破亿斤大关（达5271.5万公斤），比1979年增长29.15%，超过历史最高水平。全县21个公社除白午公社外全部增产，其中增产100万公斤以上的公社有3个；增产50万～100万公斤的公社有6个，其余11个公社增产11万～50万公斤。

1980年7月，县委召开三级干部会议，将生产队调整为1312个，对生产责任制也作了一定的调整，并以生产队为发包方，实行联产承包责任制。1981年3月，全县生产队调整为1283个队。原不赞成包产到户的9个生产队也先后实行了包产到户的家庭联产承包责任制。至此，农村生产经营“吃大锅饭”的旧体制被彻底打破，全面实现了在社会主义公有制基础上的家庭联产承包经营。

包产到户克服了集体生产记分与分配上平均主义的弊端，纠正了社员出工不出力、吃饭靠集体的“大锅饭”思想。全县农业生产随即出现了劳力多、出勤多、肥料多、开荒多的现象。

1982年，县委稳定与完善包产到户的联产承包责任制，全县1322个生产队31882户农户签订了承包合同。12月，县委召开四级干部会议，对极不合理、群众要求调整的责任地作适当调整，明确到2000年不再变动，增人不补，少人不减，鼓励农民对责任地中的中、低产地进行改造或农田基本建设。次年3月，县委进一步稳定和完善农业生产责任制，农村出现了多样化、专业化的经济组织，当年全县重点户、专业户、新经济联合体共有5745户，占总农户的17.9%。

1984年2月，县取消粮食派购任务，农民只负责包干完成应交的农业税和集体提留任务。全县38707户农户向国家签订了“公证书”合同，农业生产发生了巨大变化，当年粮食总产达60234吨，又突破了亿斤大关，农业产值达4657.86万元，比1950年分别增长1.6倍和2倍，比1976年分别增长46.74%和71.36%，为新中国成立以来粮食、经济效益最好的年份。

推行农业家庭联产承包责任制，给农业生产注入了新的活力，促进了农业生产的发展。1980—1987年，全县粮食总产量404008吨，年平均50501吨，比1958—1979年集体生产期间增长43.55%；1990年全县粮食总产53928吨，比人民公社化时期最高的1977年47670吨增长13.13%。农、林、牧、副、渔得到全面发展。1987年全县农业总产值达4122万元，比“人民公社化”时期最高时期增长20.63%。

（三）林业“三定”工作

随着农村政策的调整，全县广大农民的积极性充分调动了起来，粮食生产硕果累累，但是山林问题没有彻底解决，很多地方因责任不明确而发生乱砍滥伐、毁林开荒、破坏森林资源等现象，这就迫切需要尽快确定山林权，划定自留山和确定集体山林管理责任制。根据省州文件精神，麻江县开展了林业“三定”（稳定山权林权、划定自留山、确定林业生产责任制）试点工作。

1981年6月，在组织开展2次试点达到省政府验收标准后，县委成立了林业“三定”工作领导小组，下设办公室抽调干部专职办公。各区、公社也相应地成立了林业“三定”领导班子。同年7月，县抽调县、区、社、大队干部450人，组成工作组分赴各公社，采取划片包干、统一核实检查的方法开展工作。

1983年，全县林业占地为1255280亩，占全县土地总面积的67.73%，林业“三定”落实了1382个生产单位的山林权属，其中生产队1329个，大队30个，国营林业单位3个，国有林20片。给884个生产队20056户农户划定了自留山，总面积90986亩，户均4.54亩。自留山划定后，土地权归国家和集体所有，农民可以长期经营管理，林木由农户自行支配。同时确定了1295个生产队、33个社队林场的集体山林管理责任，落实管护面积542824亩，其中有林地437408亩，无林地105416亩。

全县山林“三定”工作历时两年零九个月，共落实稳定全县1382个林业生产单位的山林权属，核发山林权证1382份；为20056户农民划定自留山90986亩（户均4.54亩），核发自留山证20262份；落实集体山林管护面积542824亩，核发集体山林管理证21178份；清理和落实20处山林权属的国有山林32086亩，委托生产队管理飞机播种造林地8362亩。

1985年，全县林业实现了三个同步增长：森林面积由1975年的45.3万亩增加到55.9万亩；活立木蓄积量由1975年的62.0万立方米增加到77.0万立方米；森林覆盖率由1975年的24.4%上升到31.0%，林业工作受到省政府的表彰。通过“三定”工作，解决了“山有主，主有权，权有责，责有利”的实际问题，促进了林业工作健康发展。

（四）土地管理改革

1995年，麻江县委、县人民政府准予集体组织对荒山荒坡等非耕地使用权试行拍卖。1998年8月，根据中央、省、州有关文件精神，县委、县人民政府在全县开展第二轮延长农村土地承包工作。11月，根据延长土地承包期试点工作经验，县委、县人民政府制发了《关于进一步稳定和完善农村土地承包关系的实施意见》，规定从1994年1月1日起，全县耕地承包期再延长50年，非耕地承包使用期再延长60年，在基本稳定原有土地承包关系的基础上，对农转非户、外迁户、死亡绝户的承包地，干部职工的承包土地，撂荒两年以上和擅自改变承包合同规定用途的土地及承包荒山、荒地两年不开发的，由集体收回土地使用权，以村为单位进行登记，单独办证，重新颁发土地经营权证书。延长土地承包期工作从当年10月底开始至12月底结束。全县共抽派129名人员深入各村开展工作，举办培训班1450期，培训人员4.7万人（次），印发宣传资料3000份，填写土地登记表册22万份、土地承包合同书10万份，发放土地承包经营权证书41489本，接待咨询1100人（次），接待和办理上访案件65件。

1999年2月，麻江县委《关于进一步加强农业和农村工作的意见》颁布实施，进一步健全和完善土地使用机制和约束机制，以保障农民对土地的长期使用权和生产自主权；加快农村集体土地使用权的流转力度，推进土地适度集约经营。同年3月，县委、县人民政府对荒山、荒地、荒滩、荒水资源开发的范畴、拍卖范围及对象作出明确的规定，鼓励县内有能力的人员从事“四荒”开发。

（五）农村税费改革

1999年2月，省政府将麻江县列为推行农村税费制度改革试点县之一。3月，县委召开常委扩大会，专题研究和部署农村税费改革试点工作。8月，县委、县政府印发《麻江县农村税费改革实施办法》，农村税费制度改革在全县9个乡镇全部展开。至10月上旬，税费改革工作全部结束。新的农村税费制度开始实施。新税制的主要内容为：实行税费合并，一次性征收；人地分账，合理负担；稳定征量，一定3年不变；减少面积，减免税费；确保粮源，适量代金。当年农业税附加加征粮食363万公斤，折款421万元，人均负担19.1公斤（22.15元），占人均纯收入1205元的1.84%，比1998年下降0.47个百分点。

2002年4月，县委对县农村税费改革领导小组成员进行调整充实，抽调人员干部组成9个指导督查组，抽调136名干部分赴各乡镇128个村开展税改督查指导工作。改革的主要内容有：取消乡统筹费；取消农村教育集资等专门面向农民征收的行政事业性收费和政府性基金、集资；取消屠宰税；逐步取消统一规定的劳动积累工和义务工；调整农业税政策，计税耕地面积为第二轮承包合同用于农业生产的土地，以1994—1998年5年间农作物的产量为依据确定，统一执行全省7%农业税税率及20%的附加比例，农业税计税价格执行全省统一的每公斤（中等稻谷）1.04元，一定3年不变；调整农业特产税政策；改革村提留征收和使用办法，村干部报酬、五保户供养、办公经费，除原由集体经营收入开支的仍继续保留外，由农民上缴村提留开支的部分，采用改革后新的农业税附加或农业特产税附加的比例按全省统一规定执行。农业税附加和农业特产税附加属村集体资金，由农业税征收机关负责征收，乡级管理部门负责监督管理，实行乡管村用，乡（镇）财政专户储存，专款专用。2002年11月底，全县有43368户到农业税征收机关交纳农业税，占应交纳户数的97.83%，征收的农业税及附加，实际完成482.5976万元，为应完成任务的100%，其中农业正税完成入库401.9881万元，占应完成正税的97.83%。

2004年4月，县委、县政府制定出台《关于对2004年种粮农民直接补贴的安排意见》，按减免1个百分点的农业税粮食任务数量计算，每公斤补贴1角钱。其中上半年兑现6分钱，农民用实物交纳农业税后再兑现剩余的4分钱。对已全部减免农业税的极贫户，按每公斤6分钱补贴，在上半年全部兑现。由各乡镇财政所凭粮食部门开具的农民以实物交纳税数量，在农民办理完税手续时，兑现给农民。

2005年，根据贵州省农村税费改革领导小组办公室、贵州省财政厅印发的《关于深化全省农村税费改革试点工作的通知》精神，结合麻江县实际，制定《麻江县农村税费改革试点方案》，于2006年1月1日起施行，并按规定停止农业税的征收，在全县范围内对从事农业生产、有农业收入的单位和个人免征农业税；全部取消统一规定的劳动积累工和义务工；继续实施对种粮农民直接补贴政策，当年共计补贴43.19万元。全县农村税费制度改革进入新的历史发展时期。

各级党委、政府认真贯彻执行国家税收的方针政策，通过缜密部署和深入细致的工作，税改顺利完成，达到了减轻农民负担，增强县的财力之目的，实现农村稳定，推动农村各项工作和经济发展之目标。

（六）发展乡镇企业

全县乡镇企业的发展经历了农村副业、社队企业、乡镇企业三个阶段。

社队企业阶段，全县乡镇企业实行集权型经济管理体制，企业的人事、生产、计划、供销、分配等由公社、大队党委决定。党政不分、政企不分，统得过多，管得过死，企业发展缓慢。为加强对社队企业的领导和管理，推动社队企业的更大发展，1977 年 12 月，县成立社队企业管理局，区、公社相继建立企业管理委员会。大力发展社队企业，部分农村剩余劳动力转入第二、第三产业，以采矿业为龙头，带动运输、农副产品加工、建材、服务等行业迅猛发展。县在资金、技术、设备等方面对社办企业给予扶持，指导发展项目，组织收购、销售产品。当年扶持兴办社队企业 72 个，从业人员 730 人，回队参加分配的有 693 人。当年，全县社队企业达 312 个，从业人员 3730 人，总产值 250.13 万元。

1979 年 7 月，将重晶石生产作为全县重点企业，多次召开会议专题研究生产工作，重晶石生产得到了发展，其产量、质量在县社队企业中首屈一指，产量由 16093 吨增至 25212 吨，上升 56.7%。1981 年 6 月，贵州省社队企业局决定在中国五矿总公司对外签订的 2 万吨重晶石合同中，分配给麻江县出口 1.1 万吨，这次出口是麻江县首次重晶石出口，也是贵州省首次重晶石出口，对县内重晶石开采是一个极大的推动。7 月，在社队企业中开始废除从业人员“劳动在厂，分配在队，厂队结算，适当补助”这种“大寨式”的平均主义分配制，逐步推行“一包三改”，即实行以承包为主的多种形式并存的经济责任制和联产计酬办法，改干部委派制为选举招聘制，改固定工为合同工，改固定工资（或回队分配）为浮动工资。政府的宏观调控和企业的经营管理实现了权责协调，使企业成为自主经营、自负盈亏、相对独立的经济实体，真正体现了多劳多得的社会主义分配原则，有效地调动了劳动者的积极性。当年全县社办、队办的 33 个企业中除 3 个企业亏损外，其余 30 个企业共盈余 4.15 万元。1978—1981 年，对县内各社办、队办企业给予资金扶持和贷款 552.7 万元，办起重晶石厂 8 个，林场 3 个，煤厂 12 个，粮油加工厂 4 个。

1981 年后，各级党委、政府逐步放开了企业的经营自主权，社队企业开始改工分制为工资制，废除厂队结算、工资计件支付到人的分配形式。1984年，社改乡，政社合一的体制被取消，社队企业改为乡镇企业，开始了乡镇企业发展的新阶段，乡镇企业发展成为工业、建筑业、交通运输业、商业服务、种养殖等行业齐全的综合性行业，成为具有中国特色社会主义的经济实体。

为加快农村经济建设发展步伐，1985年3月，县委对农村经济政策进一步放宽，户办和联办私营企业在乡镇企业中异军突起，全县户办、联办私营企业达3248户。由于行政干预较少，企业经营较为灵活，获得很好的经济效益，在市场竞争中占有明显优势。乡镇企业增至4822个，从业人员增至8202人，全县七分之一的农业劳动力转入非农业生产，年总产值达1048.53万元，企业总利润80.11万元。1986年实现总产值1033.3万元。

1987年，县委全面落实和完善乡镇企业经营承包责任制，扩大企业自主权。杏山区矿产经营部等12个企业实行集体承包、厂长（经理）负责的经营承包责任制。当年全县乡镇企业总产值达1234万元，占农业总产值的29.9%，首次出现3个乡镇产值超百万元。碧波乡获得黔东南州“双增双节先进乡”嘉奖。

1988年1月，县委、县政府决定以优惠的政策鼓励党政机关、事业单位干部职工和科技人员承包、领办、租赁各类企业，从事开发性生产。1990年，全县乡镇企业总产值达1380万元，比1987年增长11.8%，全县产值超百万元的乡镇增加到9个，受到州乡镇企业局通报表扬。1992年，县明确各级党委和政府安排专人负责抓好乡镇企业工作，年底，全县乡镇企业总产值完成1700万元。

二、城市经济体制改革

1983年底，县委通过机构改革、企业整顿逐步展开城市体制改革。1985年全面进行城市经济体制改革，先后制定了扩大企业自主权、企业归口管理等政策措施，促进了全县工业企业的发展。

1984年7月，县城市体制改革领导小组成立。9月，对企业进行县级考核验收，列入整顿的48户企业中有31户验收合格，占企业总数的64.58%，超额完成州验收27户的任务。当年全县工业产值为445.54万元，占计划的111.38%，比上年增长86%；乡镇工业产值达548.9万元，占计划的103.76%，比上年增长186%；各国营企业销售总额2641.4万元，比上年增长41.95%，实现利润总额

182.4 万元，占计划的 84.15%，比上年增长 37.9%；上缴县财政 515.08 万元，第一次突破五百万元大关，创新中国成立以来最高水平。全县列入整顿的 48 户企业中有 44 户验收合格，为 1985 年全面推行经济体制改革打下了良好的基础。

1985 年 1 月，为便于统一生产、运输管理，减少非生产性开支，根据企业改革简政放权的精神，将工交车队合并到矿产经销公司，工交车队原有人员、财产由矿产经销公司调配。1985 年，省、州指定麻江县为工农业总产值翻一番的县份之一，把麻江县城市经济体制改革引向深入。3 月，把增强企业活力作为城市经济体制改革的中心环节，重点解决进一步扩大企业自主权、放宽企业技术改造的有关政策、搞好企业内部改革等三个方面的问题。从 1985 年起，全面推行厂长（经理）负责制，建立健全党群团工组织，明确厂长（经理）、党委（支部）、职工代表大会的职责，建立健全以承包为主的多种形式的经济责任制。

通过城市经济体制改革，扩大企业自主权。1985 年，全县工业产值达 488 万元，占计划的 72.88%，产品销售收入 576 万元，百元产值提供利润 13.2 元，百元产值销售收入提供税利 36.57 元，全县共完成固定资产和工业技改投资 281 万元，从而增强了企业生产能力，提高了工业产值。居民每人每月平均收入 64.76 元，比上年增长 37.63%；年末全县城乡储蓄存款余额 514 万元，比上年增长 10.3%。城乡经济活跃，市场繁荣，物价稳定，人民生活持续得到改善。

1983—1985 年的三年时间里，在改革、开放、搞活方针指引下，全县实行了城市经济体制等一系列改革，工业、商业、企业经济效益明显提高，打破了“铁饭碗”，扭转了企业吃国家的“大锅饭”，职工吃企业的“大锅饭”的局面，充分调动了工业、商业企业职工的积极性。

三、财政体制改革

1991 年 5 月，根据县委批复的《麻江县关于 1991 年区（镇）级财政的包干方案》，实行“定收定支，收入上交，支出下拨，超收分成，短收减支，超支不补，结余留用，一年一定”体制。1992 年 4 月，县内“建并撤”工作结束，各乡仍沿袭上年的财政体制。1992 年 6 月、7 月，通过反复讨论研究，制定了《麻江财政包干方案》，确定“定收定支、超收分成，一定三年不变”，从 1993 年起执行。“一定三年不变”给乡镇发展经济，增加财政收入、当家理财预留了一定空间，充分调动和发挥了乡镇的积极性，产生了良好的效益。

1994 年，中央实行“分税制”财政体制，将税种统一划为中央税、地方税和中央地方共享税，并建立中央税（国税）和地方税（地税）体系。县委成立麻江县税务机构分设协调领导小组，于当年 9 月 21 日举行税务机构分设挂牌仪式。地税局负责征收营业税、资源税、个人所得税、城市维护建设税、固定资产投资方向调节税、土地增值税、地方企业所得税、印花税等 12 个税种。

1994—2002 年，实行分税后新的财政体制。2003 年，为正确处理县、乡（镇）两级财政分配关系，坚持“统一领导，分级管理”的原则，乡镇事乡镇管，乡镇财乡镇理，责权利相合，以充分调动乡镇当家理财的积极性。制定下发《麻江县财政管理体制试行办法》，对乡镇财政实行“区别对待，分类指导”，按照“划分税种，核定基数，定交定补，超收分成，短收自补”的财政管理办法，一定三年不变。税收政策所引起的收支增减，通过专项上解、专项补助等转移支付方式加以调节。

县级财政体制改革，主要涉及县与乡（镇）经济利益分配的重大问题，政策性极强。县委很好地贯彻执行了国家的有关政策规定，“分灶吃饭”的财政管理体制得以进一步完善和规范，调动了县乡（镇）两级当家理财的积极性，推动了全县经济社会各项事业健康有序快速发展。

第四节　农业经济与工业经济发展

一、综合发展概况

新中国成立后，麻江县委、县政府十分重视发展农业生产，把农业和农村工作放在重要的位置。通过几十年的建设，农业基础设施得到加强，农业内部结构比例得到改善，农业经济呈现蓬勃发展的良好局面。1991 年后，县内认真贯彻执行《农业法》《农业技术推广法》和国家“八七”扶贫攻坚计划，坚持“高产优质高效”的农业发展方向，全县农业得到较大的发展。

1991—1995 年（“八五”计划），全县农业总产值完成 58160 万元，年平均完成 11632 万元，平均年增长 16.44%。其中，农业产值完成 40458 万元，平均年完成 8091.6 万元，年均增长 14.29%；粮食总产量完成 261140 吨，平均年产粮食 52228 吨，其中 1995 年产 59072 吨，比 1991 年的 60357 吨减少 2.13%；全县油料总产量完成 19199 吨，平均每年完成 3839.8 吨，其中 1995 年完成 3391 吨，比 1991 年的 5004 吨减少 32.23%。

1996—2000 年（"九五" 计划），全县农业总产值完成 110672 万元，比 "八五" 期间增长 90.29%，平均年增长 18.06%。其中，农业产值完成 78219 万元，比 "八五" 期间增长 93.33%，平均年增长 18.67%；粮食总产量完成 338330 吨，比 "八五" 期间增长 29.56%，平均每年增长 5.91%；油料总产量完成 23248 吨，比 "八五" 期间增长 21.09%，平均年增长 4.22%。

2001—2005 年（"十五" 计划），全县农业总产值完成 140507 万元，比 "九五" 期间增长 26.96%，平均年增长 5.39%，其中，农业产值完成 86568 万元，比 "九五" 期间增长 10.67%，平均年增长 2.13%。农民人均纯收入计划为 2400 元，实际完成 1675 元，占计划 69.79%，比 "九五" 末增长 35.95%。粮食总产量达到 340928 吨，比 "九五" 期间增长 0.77%。水稻亩产从 1991 年的 356 公斤增加到 2005 年 443 公斤，增长 24.44%；玉米亩产达 274 公斤，比 1991 年的 124 公斤增长近 1.21 倍。2005 年，全县累计治理水土流失 2.56 万亩，完成 "坡改梯" 工程 3.45 万亩，农业综合开发改造中低产田土 1.73 万亩，解决农村 2.12 万人、4.89 万头（只）人畜饮水困难，95% 的行政村通公路，农民的生产、生活条件显著改善。

1998 年，全县农村开展了第二轮延长土地承包期工作，耕地承包期再延长 50 年，非耕地承包使用期再延长 60 年，农民吃上了 "定心丸"，生产积极性高涨。2000 年，全县实施农村税费改革，取消 "三提五统"，推行《农民负担明白卡》，2003 年取消屠宰税，2005 年取消农业税，农民负担得到切实减轻。20 世纪 80 年代后期，县内农业开始立足于周边市场，积极探索一条 "城郊型农业" 的发展路子，并按照建设现代农业的要求，以区域化布局、规模化生产、产业化发展为方向，以建设优质农产品生产、加工基地为目标，大力组织实施种植业 "369" 工程和养殖业 "4124" 工程，重点发展烤烟、优质米、蔬菜、红蒜产品和以蓝莓为主的优质果品，重点培育肉鸡、蛋鸡等六大优质畜禽产品基地，推进特色产业建设，成功打造了“中国锌硒米之乡”和“中国红蒜之乡”两个特色品牌，使农业逐步走上健康发展的轨道。与此同时，各级财政对农业投入的力度不断加大，1991—2005年的15年间，全县共投入资金7485.23万元，兴修水利60处，增加有效灌溉面积7.62万亩，并解决了农村4.633万人的饮水困难。同时期，全县完成封山育林面积53.64万亩，完成退耕还林面积9.79万亩，使森林面积达94.38万亩，活立木蓄积量179.2万立方米，森林覆盖率达51.59%，获“全国造林绿化百佳县”称号，被国家列为“天然林资源保护工程封山育林示范县”，被评为“全国林业生态建设先进县”。2005年，全县粮食总产量达7.17万吨，比1991年增长18.71%；农民人均纯收入1676元，比1991年增长4.28倍。

2010年，全县农业总产值62862万元，比上年增长8.3%。农民人均纯收入3106元，比上年增长16.8%。年末农村从业人员121292人。

2015年，全县农业总产值128800万元，比上年增长6.7%。农林牧渔及服务业增加值占比为62∶5∶24∶2∶7。

进入“十三五”时期，全县加快农业产业发展。2016年，成功创建全国农村一二三产业融合发展示范县。2017年，被评为全国电子商务进农村综合示范县、农商联动示范县；被评为国家有机产品认证示范区；被原国家国土资源部批准为农村集体经营性建设用地流转工作试点县。2020年，全县农业总产值199838万元，增长6.5%。其中，农业产值116012万元，增长7.8%；林业产值8679万元，增长4.6%；畜牧业产值53021万元，增长4.0%；渔业产值3276万元，增长9.3%；农林牧渔服务业产值18850万元，增长5.3%。同年被批准为农村产业融合示范园，同年8月成功申报国家现代农业产业园。

二、农业结构调整

1992年，中共十四大作出了建立和完善社会市场经济体制的决定。作为不沿海、不沿边的内陆贫困山区的麻江县，为积极探索经济发展新路子，加速经济社会发展步伐，在1993年初编制了《麻江县“兴工强农”产业发展规划纲要（1993—2000年）》。2000年，县委在实施“兴工强农”产业发展规划纲要的基础上，抢抓中央实施西部大开发的战略机遇，进一步深化县情认识，于2000年

6月编制了《麻江县2001年—2015年经济社会发展纲要》，首次对麻江经济发展方向予以明确定位，即大力发展城郊枢纽型经济，把“麻江建设成为一个以蔬菜、果品、优质米、畜禽商品为主的城郊型农产品生产基地和生态农业县；以建材、化工和农产品为主的工业基地；以下司为代表的自然风光与民族风情相结合的特色旅游县和以农产品交易为指导、储运为龙头的黔中物资集散中心”。县委紧紧依靠全县各级党组织、广大党员和各族干部群众，狠抓“优一，扩二，促三”工作，到“十五”期末，顺利完成各项计划指标，呈现经济发展速度较快、产业结构逐步改善、各项社会事业全面进步的态势。

1991年，全县农业结构调整主要抓推广三杂（杂交水稻、玉米、油菜）良种，提高单位面积产量，推广青贮饲料、氨化秸秆饲料，推广“明星”肉鸡和“红布洛”“伊隆褐壳”蛋鸡及新法养猪以及稻田高产养鱼。当年，全县种植杂交水稻5796公顷，占全县水稻种植面积的79.5%，种植杂交玉米2020公顷，种植杂交油菜947公顷。全县完成农业总产值9060万元。

1993年后，强化科技兴农，发展“两高一优”，创办示范项目样板。1997—2003年，农业结构调整重点抓种植业内部结构调整，促进和带动林业、畜牧业和渔业的发展。

2000年，县委明确提出“面向市场，依靠科技，抓点带面，突出特色，产品调优，规模调大”的农业和农村工作思路，提出到2010年，基本建成以锌硒多元素为主的优质米生产基地3万亩，建成反季节蔬菜生产基地6万亩，基本建成以枇杷、薄壳核桃、蓝浆果为主的优质果品基地9万亩（简称“369”工程）；同时建成4万只山羊、10万头牛、20万头猪、40万只家禽的畜禽养殖基地（简称“4124”工程）。由于初步实现规模化、专业化生产，给农民带来了可观的经济效益，国民经济持续增长，提前三年实现国内生产总值翻两番的目标，农业总产值实现23037万元，其中农业产值15974万元、畜牧业产值6252万元，农民人均收入达1260元。

2003年，实施“369”工程和“4124”工程。种植优质稻3400公顷，种植蔬菜4128公顷；全县果品累计种植面积4267公顷；累计种草面积833公顷，引进狮头鹅、白鹅等优良鹅苗3.15万只；建立品种改良示范点65个。全年种植业、畜牧业、林业、渔业的结构比例为63∶29∶7.3∶0.7。

2004年，县委继续实施“城郊型”经济发展战略，制定并组织实施“330”工程（即建立30个蔬菜基地村、30个畜牧基地村和30个优质烤烟基地村），并拨出专项配套资金196万元进行扶持（其中蔬菜基地村40万元，烤烟基地村30万元，畜牧基地村126万元）。当年，全县优质稻种植完成3413公顷，蔬菜种植完成4077公顷。

到“十五”末期，优质米种植面积6.15万亩，种植户达到3.23万户，占全县农户总数的72.58%。蔬菜种植7万亩，其中反季节蔬菜2.53万亩，蔬菜总产量13813公斤，总产值11050万元，其中商品蔬菜9594万公斤，商品额8191万元，蔬菜收入7300万元，全县蔬菜人均纯收入365元。成功打造了“中国锌硒米之乡”和“中国红蒜之乡”两个品牌，引进广东新广、贵阳杰丰等一批企业到县采取“公司+基地+农户”的方式发展商品农业生产，农业产业结构得到进一步优化，品种优化，质量提高，特色突出，城郊型经济在农业生产中比重有了较大的提升。

在2005年黔东南州首届“3·15”系列评选活动中，“杏仁牌”锌硒多元素优质大米荣获“消费者最喜爱的产品”品牌称号。2005年，仅贤昌乡就销售蒜薹135万公斤，收入216万元，销售蒜头270万公斤，收入810万元，扣除投入成本，蒜农实际收入为667万元。网上销售带来的价格上扬增加农民收入163万元。

县委、县政府紧紧围绕“因地制宜，培育特色，做大产业，促农增收”的既定目标，立足麻江的优势资源，不断优化第一产业结构，瞄准世界水果生产前沿，于2003年开始实施“两果一花”产业。2000年3月，引进6个蓝浆果品种，果苗共计1020株，试种10亩获得成功。2002年，政府投资40万元，两次引进蓝浆果果苗8096株到光明村种植，加上第一批，建成国内商业栽培示范园100亩，结束了我国没有商业蓝浆果种植的历史。2004年春，建示范园600亩，涉及5个乡镇9个村，628户（签订合同628份）。2005年推广种植2450亩。2005—2010年，政府将每年投入不低于20万元的发展基金，用8年时间动员和组织全县人民用现有土地资源，建成蓝浆果20250亩，实现年产鲜果2005万公斤；黑树莓65250亩，实现年产鲜果2000万公斤；金银花25200亩，实现年产鲜花5040万公斤。

在市场经济条件下，如何更好地调整农业产业结构，发展农业经济，摆脱贫穷落后面貌，麻江县委、县政府结合实际，不断实践，开拓创新，逐步摸索出一条适合全县农业经济发展、脱贫致富的道路：总结农业生产典型，使用科技手段规范、推广，形成一定规模；引进外来企业实施“公司＋基地＋农户”的产业化经营模式。经过两个五年计划时间的艰辛努力，农业经济发展取得了长足进步。

三、减免农民负担

随着改革开放的深入发展，党和政府对提高农民生活水平采取了一系列有力措施。

1990 年，中共中央、国务院作出《关于坚决制止乱收费、乱罚款和各种摊派的决定》，随后，国务院发出《关于切实减轻农民负担的通知》。1991 年，县成立治理“三乱”办公室，印发《关于开展治理“三乱”工作的安排意见》。同年 3—9 月，对 18 个乡（镇）77 个村 783 个村民组共 18004 户 88287 人开展清理农民负担情况调查。调查清理结果为：1990 年全县农民负担共 8 种 43 项，负担总额 295.14 万元，户均 164 元，人均负担 33 元，占 1989 年农民人均纯收入的 14.2%。

1995 年，全县农民负担税金减少，乡村提留统筹费增加，社会负担加重。当年，全县农民负担总额 1196.3 万元，占农村经济总收入的 8.89%，占农村经济净收入的 14.67%，比上年增加 216.4 万元，增长 22.08%；人均负担 64.82 元，比上年增加 11.23 元，增长 2.09%。从经营层次看，乡办企业负担 24.96 万元，占 2.09%；村组集体经营负担 0.4 万元，占 0.04%；农民家庭经营负担 1170.94 万元，占 97.87%，比上年增加 284.77 万元，增长 32.13%。

1996 年 7 月，麻江县农民负担监测网点建成并与农业部农民负担监测网进行了联网。当年，强化农民负担监督管理，全面推行农民负担监督卡，将监督卡发放到农户手中，实行凭卡收费。据抽样调查分析，面向农村的税费、集资、摊派、行政事业性收费等社会负担项目及金额比上年减少，农民负担总额占经济总收入的 8.7%，比 1995 年减少 0.19 个百分点，农民负担税金减少 11.5%；农民合同内负担占上年纯收入的 1.31%，比 1995 年下降 0.03 个百分点，社会负担减少 37.6%。

1998年，国务院、省、州宣布取消涉农收费项目共计89项。当年，全县农民负担占1997年人均纯收入的1.68%，比国家规定的5%低3.32个百分点。1999年11月，县政府办公室印发《关于做好麻江县减轻农民负担大检查工作的紧急通知》，采用自查和检查两种方式，在全县范围内开展减轻农民负担大检查工作。县财政、监察、物价、教育等部门组织4个检查组，对全县中小学收费情况进行检查，共查出54所学校多收书本费491374.70元，6所学校超出规定范围乱收费46996.00元，两项共计538370.70元。对查出多收和乱收资金一律按先没收后清退的办法进行处理。

2001年，农村中小学仍普遍存在乱收费、多收费现象，主要是超范围代收书本费、代收保险费和乱开口子增加收费内容等。对此，县组织力量进行了查处，并要求全县严格执行农民负担“一项制度”（即农业税附加加征一定三年不变制度）、“八个禁止”（即禁止平摊农业特产税、屠宰税；禁止一切要农民出钱出物出工的达标升级活动；禁止一切没有法律、法规依据的行政事业性收费；禁止面向农民的集资；禁止各种乱摊派行为；禁止强行以资代劳；禁止在村里招待下乡干部，取消村组招待费；禁止用非法手段向农民收款收物）的规定。当年农村电价、农网改造收费、农村建房用地收费、婚姻登记收费等均按国家收费标准执行。

2002年，县委、县人民政府印发《关于取消面向农民收取的行政事业性收费和政府基金集资以及一切达标升级活动的决定》，同时，印发《关于清理整顿涉农收费，切实减轻农民负担的意见》，取消全县52种涉农收费。当年，农民负担仅为上年人均纯收入的1.93%。2003年全县农民负担为上年人均纯收入的0.4%，2004年为1.7%。

2005年，全县农业税全部实行减免。同年，县人民政府与各乡（镇）人民政府签订《麻江县2005年减轻农民负担工作目标管理责任书》，实行减轻农民负担“一案否决”制。当年，全县实行涉农收费项目“公示制”的乡（镇）共9个，达100%；实行“一费制”的农村中、小学共133所，达100%；实行农村报刊征订“限额制”的村共86个，达100%；实行减负工作“一把手”负责制的乡（镇）共有9个，达100%。9个乡（镇）的60个涉农收费单位中，部分农村中小学还存在自立项目、擅自提高收费标准等违规收费行为，违规收费共计10.16

万元。对这类违规收费，县人民政府按有关政策进行了处理。

四、工业经济发展

“八五”计划初期，麻江县工业基础薄弱，不仅工业结构不合理，而且企业的技术进步乏力，基础管理工作落后，效益低下，严重制约国民经济的发展。1991 年，完成工业总产值 1331 万元，产品销售收入 1123 万元，实现税利 141 万元。全县独立核算 19 户工业企业完成工业总产值 1100 万元，实现利润 45.4 万元。百元固定资产户值为 71.6 元，利润仅为 3 元。县委依据“兴工强农”产业发展规划、“十五”计划等制定的比较优势原则，逐步建立起以麻江资源与外县资金、技术紧密结合的具有较高起点、较新技术、较大批量的主导产业，加快县域工业经济发展。

1992 年 1 月，贵阳客商租用县农机厂机修车间，创建麻江县锌品厂。同年 8 月，在下司镇兴建县浸出油厂，具有年产 1 万吨浸出油能力，1995—1998 年 4 年间加工油菜籽 7679 吨。1993 年，县委、县政府将县水泥厂委托给黔东南州工业局承包经营。1994 年 11 月，县农机厂引进贵州科达公司车用永磁电机生产技术，兴建麻江县车用永磁电机厂。次年 9 月，黔东南州经委批准麻江县车用永磁电机立项，总投资 624 万元，其中县自筹 124 万元，年产车用永磁电机 3 万台。至 1996 年 1 月正式投产，先后共生产车用永磁电机 2000 台，产值 74 万元。1996 年，县乡镇企业局与贵州瓮福磷矿合股创办磷江页岩砖厂。1999 年 2 月，贵州白云特种水泥厂（民营企业）以承担债务偿还方式对麻江水泥厂进行兼并。4 月，广西客商在谷硐投资 3500 万元创办锰合金冶炼厂，2000 年建成投产。2000 年，全县工业总产值达 2093 万元，比 1991 年前增长 57.25%。2001 年 3 月，县委、县政府出台《关于工业发展的意见》，将全县工业发展布局为西部矿冶，中部建材、轻工，东部旅游产品加工，并具体规划谷硐、碧波两个工业项目带，出台了工业区建设招商引资优惠政策。当年，利清公司红果厂、贵州宏凯化工有限公司、麻江锰业有限责任公司相继在谷硐工业园区创办硅锰合金、碳酸钙、电解锰企业，于当年和次年陆续建成投产，谷硐工业经济带初步形成。2002—2003 年，长盛钢业有限公司、东盛硅业有限公司、伟泰硅业有限公司、鑫源冶金有限公司、和中硅锰业有限公司、山宏冶金实业有限公司、兴盛硅锰业有限公司等7户县外企业在碧波工业园区落户，兴办生铁、金属硅、硅锰合金冶炼企业。2004年建成投产，碧波工业经济带形成。2005年，贵州正康公司金银花加工厂在下司建成投产，其产品为金银花茶。

2004年，全县完成工业总产值44806万元，比1990年增长55.38倍。实现工业增加值12063万元，利润1742.55万元，比1990年增长34.85倍。上交税金3186万元，比1990年增长23.83倍，拥有产值在100万～500万元的企业7户，500万～1000万元企业1户，1000万～2000万元2户，2000万～3000万元企业1户，3000万～4000万元企业4户，4000万～5000万企业2户，5000万元以上企业2户。2005年，受国内、国际市场和能源等方面因素影响，谷硐、碧波工业经济带部分企业开工不足，产量减少，全县工业发展速度放缓。

2010年，全县工业企业64个，其中规模工业企业22个。全县工业总产值165457万元，比上年增加41888万元，增长36.8%；工业增加值32106万元，比上年增长24%；实现收入120078万元，比上年增长21.24%。规模以上工业总产值151526万元，比上年增长36.83%；规模工业增加值27116万元，比上年增长24.8%；规模工业上交税金6635万元，占全县财政总收入的43.42%。

2015年，全部工业增加值59891万元，比上年增长12.5%。全县规模工业企业7个，规模工业产值83600万元，比上年增长12.4%；规模工业增加值19110万元，增长12.5%。

进入新时代，特别在"十三五"时期，全县上下大胆探索，锐意创新，稳步推进深化改革。农村"三变"改革、农村集体产权制度改革、"放管服"改革等工作稳步推进。加快农业产业发展，群策群力创建有机农业大县、产业融合示范县、城乡统筹发展示范县、乡村旅游精品县和山地公园特色县。完善"麻江·滨江"东西部扶贫协作机制，深入推进"南农麻江10+10"行动计划。深入实施创新驱动战略，获批立项省级科技计划项目5个，新增申报省级科技计划项目10个，2019年度新增省级科技型备案企业5家，累计达104家，完成国家中小型企业评价入库4家。2018—2020年，全县规模工业企业6户，其中建材行业2户，特色食品1户，冶金行业1户，化工行业1户，电力热力1户。2018年全年实现工业产值60657.7万元，工业增加值17264.6万元；2019年实现工业产值53055.5万元，工业增加值18314.7万元。全县主要工业产品产量有：钢材2.2万吨，商品混凝土 5 万立方米，硅酸盐水泥熟料 74.2 万吨，水泥 106.5 万吨，辣椒制品 6917 吨。

五年中，经济总量快速增长，全县地区生产总值从 2016 年的 26.53 亿元增加到 2020 年的 43.99 亿元，年均增长 7.4%。其中，第一产业年均增长 4.6%，第二产业年均增长 2.4%，第三产业年均增长 11.3%，产业结构进一步优化，三次产业结构从 29∶26∶45 优化调整到 24∶18∶58。城镇和农村居民人均可支配收入年均分别增长 8.0%、10.3%。全县呈现经济运行平稳、扶贫成效显著、产业结构优化、城乡统筹加快、民生协调发展、人民幸福安康的良好态势。

第五章　保护开发并重　发展文化旅游

文化兴则国运兴，文化强则民族强。文化是一个民族的魂魄，文化认同是民族团结的根脉。加强民族大团结，长远和根本是增强文化认同，建设各民族共有精神家园，积极培养中华民族共同体意识。加强各族文化交往交流交融，才能促进各民族像石榴籽一样紧紧抱在一起，共同团结奋斗、共同繁荣发展。

丰富多彩的原生态民族文化，是区域旅游发展的核心和灵魂，也是县域发展旅游业最大的潜力和优势。麻江文化底蕴丰厚、旅游资源丰富，有“蓝莓之都”的美誉。全县有文物保护单位 31 处，其中省级 3 处、州级 2 处、县级 26 处（2019 年）。有清水江山水情韵、仙人桥省级森林公园；有省级文物保护单位的清末状元夏同龢故居、明清黔桂古驿道麻江段等人文景点；有苗族风情歌舞表演和龙舟、斗牛、斗鸡、斗鸟、斗狗等民间体育竞技；杏山六堡、宣威乌羊麻、卡乌、基东、龙山河坝、复兴等地具有独特、浓郁的民族特色和风俗习惯，也是麻江县枫香印染技艺、苗族织锦技艺、瑶族服饰、仫佬年、畲族粑槽舞等 2 项国家级、9 项省级、10 项州级非物质文化遗产名录的所在地。各级党委、政府历来高度重视民族文化保护和传承工作，县委、县人民政府按照“保护为主、抢救第一、合理利用、传承发展”的文化保护指导方针和“政府主导、社会参与、明确职责、形成合力、长远规划、分步实施、点面结合、讲求实效”的文化保护工作原则，采取一系列行之有效的措施，加强对民族民间文化挖掘整理和保护传承。“十三五”时期，充分用好民族文化和生态环境两个宝贝，立足区域文化资源优势，紧密结合脱贫攻坚，推进文旅融合发展。2019 年，实现旅游收入 21.69 亿元，同比增长 30.14%；接待游客 326.94 万人次，同比增长 26.49%，两项增速连续三年保持在 20% 以上。2020 年将实现旅游收入 24.29 亿元，同比增长 12%；接待游客 359.63 万人次，同比增长 10%。

第一节　文化事业发展

解放初期，麻江县内文化机构建有大众阅览室。1952 年改为县人民文化馆。1952—1965 年，文化主管部门经常举办业余文艺演出并开展学文化活动。进入改革开放新时期，各级文化职能管理机构建设不断得到加强。1994 年成立县文化旅游服务中心。1996 年 9 月成立县文物管理所。1997 年 6 月成立县文化广播电视局。2001 年成立县文体广播电视局。2005 年，县文体广播电视局下设文化股（文化稽查）、文化馆、文管所、图书馆、新华书店。主管文化的职能机构不断完善加强，对推进文化事业发展起到了重要作用。是年，全县有文化馆 1 座、图书馆 1 座、档案馆 1 座、文物管理所 1 个、民族文工队 1 个。2010 年，全县有文物保护单位 19 个，其中省级文物保护单位 1 个，县级文物保护单位 18 个。2018 年，全县有文物保护单位 31 处，其中省级 3 处，州级 2 处，县级 26 处。2019 年，全县完成 32 个村级综合文化服务中心建设。

一、保护民族文化，促进传承发展

多姿多彩的民族文化艺术、非物质文化遗产不断得到巩固和发展，各个时期均有成果。县内民族民间文化活动均在露天场所进行，分布于全县不同的民族地区，活动内容为跳芦笙、看会、对歌、斗牛、赛马、篮球等。

境内参加人数较多、规模较大的活动有：白午芦笙活动（农历正月初九、初十，下司白午村），铜鼓芦笙活动（农历正月十一至十四，下司铜鼓村），摆仰芦笙活动（农历正月十五、十六），黄土寨芦笙活动（农历正月十六至十八，龙山乡共河村），狗头寨芦笙活动（农历正月二十一至二十三，麻江、丹寨、凯里 3 县市交界处），苗族“闹冲”（农历二月和三月的鼠日、马日，麻江与凯里交界处钉耙山与下司镇铜鼓腰箩冲），隆昌“四月八”看会（隆昌、火烧寨），爬坡节活动（农历七月鼠日、马日，凯里大冲和下司新华上苗岭），瑶族“隔冬”（农历冬月第一个虎场日，龙山乡河坝），畲族跳月（春节期间，宣威基东岩头寨），仫佬年对歌活动（农历十月第一个兔场日，宣威镇基东18寨），瑶族跳月（农历正月初一至二十，龙山乡河坝村），五月二十八“看会”（有龙山、贤昌、又诗3处会场），六月二十四“看会”（有碧波、谷硐、高枧3处会场）等，参加活动人数少时数千，多时两三万，多为少数民族群众，以男女对歌、谈恋爱为主，其间开展斗牛、赛马等活动。是日，周边各族青年男女云集，三五一伙，相悦者，对唱情歌，情投意合者，互赠信物，依依不舍。有相约请媒妁者，女随男私奔亦有之。附近村寨男女老少也相邀前去观看，商贩亦借机经营，但多为水果、饮食和小百货类。会场人山人海，山歌声、吆喝声相互交织，十分热闹。

1953—1958年，县内各族人民相继建立农村俱乐部100余个。1966年后，农村俱乐部大部分改为毛泽东思想宣传队。由苗族男女青年组成的铜鼓文化站（前身称铜鼓公社文艺宣传队），自1963年创建以来，到县内外（含“文化大革命”期间）19个公社（乡）演出，并多次代表麻江县参加全州文艺汇演、调演；1979年被评为贵州省“青年新长征突击队”；1980年被省文化厅誉为“苗岭山上鲜艳的山花”；1988年后，以其浓郁的民族歌舞多次接待到铜鼓参观、考察民族风情、苗族农民画的日本、美国、瑞士友人和港台同胞及外地游客数千人。

1982年10月，麻江县组织业余文艺代表队参加全州第九届文艺汇演，布依族、苗族、瑶族演出的花灯歌舞、木叶合奏、板凳舞等节目，都获得好评。1984年，铜鼓乡新华村、宣威镇城中村的苗族芦笙队以及河坝瑶族芦笙队、隆昌乡畲族芦笙队参加黔东南州少数民族芦笙汇演，吹奏芦笙曲目30余个。河坝乡畲族芦笙队、铜鼓乡新华芦笙队分别获得集体奖。

1990年6月1—3日，麻江县民族事务委员会举办“麻江县九乡一校少数民族少儿文艺体育竞赛”，220余名各族少年儿童登台表演各种文艺节目50个，充分体现了各少数民族的文艺风格和特色。

党的十一届三中全会后，在各级党委政府重视下，麻江县文化馆美术工作者大力组织培训辅导，以铜鼓村为主体的苗族农民画创作队伍逐渐壮大。1978年以来，县内苗族农民画入选参加出国交流展览、国家级展览、县至省级展览1000多幅，外国友人及港、台同胞选购700多幅；国家博物馆、展览馆、民间美术馆收藏100多幅；获奖200多个，其中国际奖5个，国家级奖11个，州级奖17个。1987年县内有苗族农民画作者43人，1990年增至57人。

1988 年 10 月，州人民政府确定铜鼓村为以苗族农民画为主要内容的“苗族风情旅游点”。这个长期封在大山深处的苗族山寨，多年来接待了来自世界各国的友人数十批，平时游客也络绎不绝，被称之为“大山深处的明珠”“歌舞的家乡”“艺术的海洋”“苗乡奇葩”，这里的苗族画师被赞为“艺术大师”。

1996 年成立了县级文物管理机构，重视对全县文物古迹的保护和修缮，在“保护为主，抢救第一”的方针指导下，对重点文物进行了较大规模的抢救维修，其中包括夏同龢状元府第、姜氏宗祠、平定长官司故居、九步三孔桥、龙山张氏宗祠等。一批代表苗、布依、仫佬、瑶、畲等少数民族优秀历史文化遗产的著名建筑得到了妥善维修和保护。

1999 年 1 月，夏同龢状元第被公布为首批省级文物保护单位。2005 年，黔东南州人民政府公布第一批 100 个州级民族文化村寨，麻江县的河坝、岩莺、乌羊麻 3 个民族村寨列入其中。2007 年开展非物质文化遗产的普查、申报工作，至 2008 年底，麻江县共入选国家级非物质文化遗产名录 2 项、省级非物质文化遗产名录 8 项、州级非物质文化遗产名录 1 项、县级非物质文化遗产名录 15 项。

2009 年，将河坝、岩莺、乌羊麻等 3 个民族村寨作为“贵州省第三次文物普查历史名城、村镇、街区”进行了详细调查、登记、测绘并划定保护范围。同年，麻江县有 4 位非物质文化遗产传承人获州级民族民间文化优秀传承人称号。

2010 年，按国家统一部署，麻江县非物质文化遗产工作重点从名录申报开始向保护工作转移，县人民政府公布了一批县级优秀传承人共 19 人，并对这些传承人进行适当的奖励。同年，麻江县还有 1 人获得省级传承人称号。2011 年，利用非遗保护资金 11 万元在河坝村委会修建河坝非物质文化遗产传承中心，建筑面积 170 平方米，同年 5 月竣工投入使用。

2014 年，国家民委发布《关于命名首批中国少数民族特色村寨的通知》，麻江县龙山镇复兴村、杏山镇六堡村作为首批“中国少数民族特色村寨”予以命名挂牌。

2017 年，县民宗局申报了谷硐中学、坝芒中学、新场小学、隆昌小学、基东小学为民族文化进校园项目学校，项目资金 25 万元。获批的项目学校开展了有声有色的民族文化进校园活动。目前，全县 25 所学校开展了民族文化进校园活动，编写了《贵州畲族民间故事》《贵州畲族文化研究》等 12 本民族教材。其中，坝芒中学开展布依山歌进校园、布依山歌带进课堂活动，龙山“苗拳”走进课堂活动；河坝小学开展瑶族文化“枫脂染”传承班培训；贤昌中心学校自编地方布依族校本教材，把布依族风俗、节气、服饰、饮食、宗教等相关知识编写进校本教材中；县中等职业学校开展民族工艺品加工技艺培训进校园等活动，创办民族工艺美术、民族服装服饰设计与制作、民族音乐舞蹈等民族艺术类专业班。2017 年 11 月，全州第三届民族文化进校园成果展演展示活动在麻江举行，该项活动展示了麻江县民族文化进校园风采和民族文化传承与保护工作成绩，有力地推介了麻江县，促进了民族文化的传承和发展。

二、重视群众活动，发展文化艺术

（一）发展群众文化，推进站馆建设

1952—1965 年，全县经常举办业余文艺演出并开展学文化活动。1969 年，县文化馆易名为县革命委员会毛泽东思想宣传站。1972 年恢复县文化馆名称。1972—1976 年，采取以会代训方法，举办业余少年儿童革命文艺学习班，对 100 余名少年儿童进行了美术、书法、音乐基础培训。1978 年后，县文化馆在组织、辅导群众文化活动，特别是苗族农民画、少儿文艺方面做了大量工作。1982 年获贵州省少儿美展集体奖，1986 年获贵州省现代民族民间绘画组织辅导工作“伯乐奖”、省少儿写作竞赛组织奖，贵州省少年儿童艺术委员会赞誉麻江县文化馆“是全省 87 个县（市、特区）少儿艺术腾飞的一匹带头马”。1988 年 4 月，组织辅导苗族农民画、少儿艺术活动的戴聚一老师，被国务院授予“全国民族团结进步模范个人”称号，同年 6 月被文化部授予“民间美术开拓者”称号，1989 年被国务院授予“全国先进工作者”称号，1990 年 5 月被贵州省人民政府授予“贵州省劳动模范”称号。1990 年，县文化馆设美术书法、文艺辅导、文物保护、摄影 4 个组。

1953—1958 年，县内相继建立农村俱乐部 100 余个。1965 年，县内农村有俱乐部 50 个。1966 年后，农村俱乐部有的成为文艺宣传队，有的停办。1983—1985 年，麻江 23 个乡镇（公社）相继建立文化站，成为全州建立乡镇文化站最多的县。县内文化站主要开展图书借阅、文艺演出、书画比赛及展览等文艺活动。铜鼓乡文化站（前身称铜鼓公社文艺宣传队）自 1963 年创建以来，到过县

内外的18个公社（乡）演出，并多次代表县参加全州文艺汇演调演。1979年被评为贵州省“青年新长征突击队”。1980年被省文化厅誉为“苗岭山上鲜艳的山花”。1988年后，以其浓郁的民族歌舞多次接待过前来参观、考察的日本、美国、瑞士友人和港台同胞。龙山乡文化站的马永桥，常年肩挑图书巡回全乡50多个自然寨供乡民借阅，其事迹多次被报刊载文介绍，贵州电视台曾将其事迹拍摄成《扁担上的文化站》电视专题片。1988—1990年，该站还发展民间花灯队10支，自编自演花灯剧、花灯小唱等节目60余个，演出70余场。

1957年，举办全县首次工农兵文艺汇演，有6个代表队参加，演出《替夫报仇》、《挖野菜》等节目。1958年，龙山、清江两个俱乐部参加黔东南州文艺调演，龙山俱乐部的花灯剧《约会》获二等奖。1978年11月，县革委举办全县文艺汇演，有9个代表队参加，演出10场次，共100多个节目。1984年，铜鼓乡新华村、宣威镇城中村苗族芦笙队，河坝乡瑶族芦笙队，隆昌乡畲族芦笙队参加全州少数民族芦笙汇演，吹奏芦笙曲目30余个，河坝乡瑶族芦笙队、新华村苗族芦笙队分别获得集体奖。1987年，麻江中学学生刘英参加全省大、中学生电视歌手大奖赛，演唱《云雾茶》《我爱苗岭》，获二等奖。1990年12月，选拔3名青年歌手参加全州青年歌手大奖赛，1名歌手演唱的《拉木歌》获一等奖。

每逢主要节日，县文化馆或其他机关、群众团体常组织文艺晚会、联欢晚会等节日文艺活动。1955年举办文艺晚会6场次，演出各类文艺节目90余个。1964年，县内共举办节日演出5场次，演出节目106个。1979年，举办春节晚会等节日演出7场次，演出节目120个。1985年，城关地区举办了“春节有奖文艺演出”、“三八”妇女节晚会、“六一”儿童节晚会、“庆祝第一个教师节文艺晚会”等，共演出节目127个。1986—1987年，县文化馆会同有关部门分别举办节日文艺晚会11场，演出节目210个。1988—1990年，县文化馆及有关部门举办节日文艺演出14场，演出各类文艺节目224个。其中1990年6月1日举办的“麻江县九乡一校少数民族少儿文艺体育竞赛”，220余名各族少年儿童登台表演各种文艺节目，共演出节目50个。1991年，县文化局、县民委在苗寨摆仰村举办“三村四校读写苗文暨文体竞赛”活动，有7个队190余人参赛，参赛节目35个，观众达万人。

随着改革开放的深入，县内群众性文化活动快速发展。在春节和各地民族民间节日、全国性节日期间中，群众性文化体育活动丰富多彩。

春节是全县最隆重的节日，各家各户除了祭祀祖宗外，从初二、初三开始，一些村寨或乡村自发组织，开展一些本地区喜闻乐见的文体活动。县、乡政府和村级组织视情况拨出一定数量的经费或物资支持这项群众性的文体活动。各地开展的活动项目各有特色，有书画展，有业余歌手、卡拉 OK 歌手演唱比赛，有交谊舞、芦笙舞、腰鼓、龙灯舞、演讲、猜谜语、斗牛、斗鸟、斗鸡、山歌、拔河等比赛。1995 年以后，县委宣传部与文化局、文化馆等组织送文化下乡，送去歌舞、快板、相声等，对农村文化娱乐活动起到引导作用。1996 年，县文化馆组织节目 8 台，演出 15 场，组织送戏下乡 4 次。

1997 年春节，县委宣传部与县文化局、杏山镇政府联合举办“迎春民间歌谣（山歌）比赛”，参赛歌手达 195 人。歌手来自全县各地。参赛歌曲内容丰富，多为歌颂改革开放、歌颂家乡、歌颂科技兴农、歌颂美好生活的曲目。

2000 年春节，县城开展大型文艺表演一条街活动。各乡镇、城关、县机关等共 300 余人的文艺队伍，在县城主要街道进行腰鼓、花灯、舞狮子、舞龙、踩旱船、跳八仙、跳芦笙等表演，观众达 2 万人次。

民族节日期间，县内各地群众均举行不同形式的欢庆活动。除传统的吹芦笙、耍龙、唱山歌、唱花灯、爬山、斗牛等活动外，还增加篮球、足球、健美操、快板、相声等项目。2003 年，县民族文艺工作队建立后，以苗族、布依族、畲族、瑶族等民族传统文艺为基础，编排富有地方民族特色的舞蹈 100 余个，每逢民族节日，分别到欢庆地区参加演出，受到当地群众的欢迎。

2004 年 3 月，县民族文工队参加全州“精神文明杯”文艺汇演比赛，舞蹈《大家跳起来》在全州 82 个参赛队伍中脱颖而出，摘取桂冠。同年 10 月，县文工队参加第五届凯里国际芦笙节，《苗畲歌舞大联袂》荣获三等奖。2005 年 5 月，参加全州第十届少数民族文艺汇演，组织参赛节目 8 个，畲族舞蹈《姑梦》以其独特的民族风格、夸张的表现手法、纯朴的音乐和优美的舞姿，获创作、表演一等奖；苗族舞蹈《阿达达奇》和独唱《贵州有多贵》分别获得表演三等奖。

（二）组织搜集整理，传承民间文艺

1. 民间文学

麻江民间文学主要有古歌、情歌、酒歌、礼俗歌、灯歌、游戏歌、悲歌（丧葬歌）、新民歌、神话传说、民间故事等类。

古歌有苗族古歌和理词方面的“住”、畲族开路词、瑶族古歌等。苗族古歌流传于苗族聚居的下司地区，共13首，包括《开天辟地》（4首）、《枫木歌》（6首）、《洪水滔天》（2首）、《跋山涉水》（1首）。“贾”系苗族理老立榔定规，处理各种祭典仪式、判案及巫师驱邪除鬼的“理词”，约1.4万行，分“开天辟地”“立榔定规”“宝老妈妈”（或称“蝴蝶妈妈”）“相争天下”等10章。畲族开路词，类似散文诗体，有数十万言，包括盘古开天辟地、伏羲姊妹制人烟的传说，对生养抚育、勤劳勇敢的赞颂，以及安慰死者辞世、引导死者灵魂赴天堂等内容。瑶族古歌分冬歌、菜歌、棉花歌、尔两、大偷、小偷、须茶、相像、敬觉、哝猛、兄贝、西担、西波等20路和大莫（开路词）10路。

情歌（俗称山歌、花歌）主要有苗族的巧逢歌、初恋歌、热恋歌、相引歌、迎春歌、闹春歌、爬坡歌、抬爱歌；布依族的初识歌、抬爱歌、试探歌、贴心歌、成双歌；东家的联妹歌、成双歌等。多为七言四句，也有五言四句、七言十二句。

酒歌题材广泛，有抬爱歌、四季歌、围腰歌、姊妹歌、立房歌、开亲歌、劝世歌、苦情歌、荷包歌等，多为七言四句，也有七言六句、七言十二句。

礼俗歌分为拦门歌、拦路歌、讨花歌等。

民间故事流传较广的有苗族的《老虎外婆》《雷公和人》《农夫杀虎》《女嫁蛇郎》，布依族的《小妹智杀老变婆》，畲族的《坐花园》《吴宝国的故事》《虎姑娘结婚》《牛笑老虎》《虎舅爷吃满月酒》等。

麻江民间文学搜集整理始于1975年。1986年有搜集整理民间文学的业余作家4人，1990年增至7人。1975—1990年，在州级以上刊物发表民间文学作品28篇，其中国家级刊物8篇、省级刊物9篇、州级刊物11篇。1990年6月，县文化局、县民族事务委员会承编的中国民间故事、民歌、谚语三套集成麻江县卷草编本完稿，辑录《牛告状》《燕尾瀑的传说》等民间故事38个，各民族情歌、酒歌、游戏歌、儿歌、苦情歌、劝嫁歌等民族民间歌谣831首（1332行）、谚语

352 条。

2. 工艺美术

麻江民间工艺美术主要有苗族、布依族、汉族、瑶族、畲族、仫佬族的刺绣、挑花、编织、蜡染、银饰、土陶等。这些工艺类水图案美观、色彩素雅、构图精美。苗族刺绣常见于帽、鞋、衣、小包被、围片、枕头上的绣饰，围案有凤、鸟、猫、青蛙、花草等，多以深色布作底，或挑以桃红、深绿、亮白彩线，或挑以绛紫、藏青、灰白彩线。苗族织锦背带多以黑、白两色为主，图靠多为几何图形和蝶、雀、虫、花草等自然纹样，精美朴实。瑶族蜡染则多以花、草、虫、雀、鱼等自然纹理为主，以几何纹、雷纹、云纹、锯齿纹相辅，构图夸张、大胆，形象生动。刺绣头巾则是在蓝色或青色底色上，用纯白线绣成美丽的图纹，具有蜡染风格。

1982 年，铜鼓村赵元梅等 3 位苗族女孩的《龙带》《蝴蝶带》等 4 件编织作品和《苗族围腰胸花》1 件刺绣作品，入选“全国少儿绘画及手工劳作展览”。1987 年，“贵州少儿民族民间工艺美术作品展览”在北京中国美术馆展出，麻江有《鸡鱼图案花》《传统围睡线花》等 32 件工艺美术作品参展，受到首都专家和观众的好评。同年，省文化厅编辑的《贵州民族民间艺术手册》一书，收录县内民族民间工艺美术品条目 85 条。1988—1990 年，县内共有 17 件工艺美术作品参加州级以上展览，其中国家级 1 件、州级 16 件。

3. 民间音乐

麻江民间音乐主要有苗族、瑶族的芦笙曲调、唢呐曲调，苗族姊妹箫曲调、抬布歌曲调、情歌和酒歌曲调，畲族铜鼓、木鼓鼓点及布依族山歌曲调等。

芦笙曲调流传于苗族、畲族、瑶族居住地区，属芦笙乐器曲，曲调短小完整，旋律流畅，音域一般在 8 度之间，多用重复和反复法吹奏。

姊妹箫曲调流传于铜鼓、新华等苗寨，属竹管乐器曲，曲调清新委婉，节奏自由，具有强烈的即兴性和抒情性。苗族小伙多在夜深人静时用自制的竹管乐器箫吹奏。

抬布歌曲调系流传于铜鼓一带的苗族劳动歌，是一种非主音结尾的语调式歌曲，短小精悍，首尾衔接严谨，流畅易唱。

铜鼓、木鼓鼓点系基东岩头村畲族用来跳粑槽舞的伴奏音乐。鼓点铿锵有力，明快热烈，节奏强弱交错。

4. 民间舞蹈

麻江民间舞蹈主要有流行于苗族、畲族、瑶族聚居区的芦笙舞，流行于铜鼓、白午、卡乌、共和、河坝等苗乡瑶寨的板凳舞，流行于基东岩头村的铜鼓舞。

芦笙舞是一种圆圈集体舞蹈，舞步形式多样。城中村一带多为小三步和四四步，有“鸡吃米”“讨花”“斗鸡”“九条龙”等20余种动作，欢快热烈；白午、铜鼓一带舞步有3、5、7、9节奏型，错落有致，轻快洒脱；隆昌多仰鼓村一带畲族芦笙舞由“古传今用”“农夫栽秧”“手摘茶叶”“踩杀害虫”“薅秧追肥”“团结”6个舞段组成，曲调悠扬婉转，舞姿优美抒情。

板凳舞是喜庆节日人们酒兴酣至时，以小板凳撞击声为伴奏所跳的一种民间舞，由3拍、5拍、7拍组成一个完整动作，舞姿狂放自然。

铜鼓舞是畲族在农历四月初八跳月节所跳的一种男女集体舞蹈，具有诗、音乐、歌舞紧密结合的特点，有“跋山涉水”“深山开荒”等代表动作。

5. 民间戏曲

麻江民间戏剧主要是花灯戏，流传于新场布依族乡、坝芒布依族乡、龙山乡及下司镇一带。新场布依族乡底珍花灯起源于汉族民间小调和广西彩调，分春酒灯、喜灯、丰收灯三大类，一般分开场、开灯、行路、开财门4个演出程序。主要剧目有《采茶歌》《摘菜薹》《跳粉墙》《割韭菜》等。龙山花灯多为说唱，舞蹈动作少，常见的有四方步、平步和拧扇等动作，常用曲调有《采茶调》《四季调》《路调》等。

三、文艺创作与图书工作

（一）文艺创作

新中国成立后，1960—1963年，县内作者在省级刊物发表文学作品3篇（首），其中小学教师王泰麟的儿童文学作品《苗苗的日记》，由贵州人民出版社出版单行本。1966—1976年，县内有业余文学作者10余人。1982—1987年，县内有业余文学作者20余人，其中有6人在省级刊物发表作品10篇（首），在州级刊物发表作品122篇（首）。1988—1990年，县内业余文学作者增至30余人，共在州级及以上刊物发表散文、诗歌等文学作品31篇（首）。2003年12月，麻江县文学艺术界联合会成立。文联下辖文学协会、音乐舞蹈协会、美术协会、电视创作协会、联谊会、书法协会、民族民间山歌协会，共有会员566人。为创作更多贴近生活的文学作品，县文联多次组织会员下乡村采风，组织“书画作品展”等。在科技“三下乡”活动中，组织创作剧目6个，排练节目16个，共演出10余场。向外推出书法、美术、摄影、书画剪纸作品，多次选优参加州、省级比赛，获得较好成绩。2009年，《麻江文艺》创刊，至2020年共刊发了28期。

20世纪80年代，县文化馆干部戴聚一等深入铜鼓苗寨，发掘、整理、培养提高苗族民间绘画，创出了铜鼓苗族农民画品牌，铜鼓苗寨被文化部命名为“中国铜鼓农民画乡”。苗族画师赵元桥、杨光英（女）的作品以其古朴、典雅、粗犷、豪放与夸张的手法赢得了书画界的注目，作品多次获得全国性大奖，并被国家博物馆收藏。青年农民画师陈其林的作品集中反映了苗族、畲族、布依族等少数民族的绘画艺术风格，受到好评。

1987年，麻江业余美术作者（含苗族农民画作者）增至50人。1979年至1987年，县内作者创作的美术作品有108幅参加州级展览或在州级刊物发表。1990年，县内有美术爱好者100余人。

1988—1990年，县内业余美术作者创作的美术作品有3幅参加省级展览或在省级刊物发表，有26幅参加州级展览或在州级刊物发表。2003年，罗化荣绘画作品《下司山水画》获“中华魂”全国大展赛银奖。

1923年，王伯平在城关开设县内第一家照相馆。继后，城内共开设相馆4家。1962年，县内有业余艺术摄影者1人。1979—1987年，县内摄影爱好者增多，共有20余幅新闻摄影和艺术摄影作品在报刊发表。1990年，县内有摄影爱好者100余人，其中省摄影家协会会员1人，州摄影工作者协会会员1人。1988—1990年，县内共举办各种摄影展览23次，共展出作品1200余幅，参加州级展览33幅，参加省级展览12幅；在各级报刊发表94幅，其中国家级4幅、省级40幅、州级50幅。

（二）图书工作

1942年，县民众教育馆设立图书室，藏书2000余册。1951年，县大众阅览室成立，有报纸4份、连环画100余册。1952年，县文化馆图书室有藏书1800余册。1953年后，白午、叉诗、小堡、谷硐等地相继建立图书阅览点。1957年，县图书室藏书 4000 余册，图书年流通量 2500 余册（次）。当年，县内有基层工会图书室 3 个，藏书 817 册。1965 年，文化馆图书室藏书 5000 余册，图书年流通量 4000 余册（次）；有基层工会图书室 11 个，藏书 2050 册；白午、龙山、基东等地农村俱乐部、文化室亦开展图书借阅活动。1966—1976 年，图书阅览被迫停止。1984 年 6 月，县图书馆建立，借文化馆阅览室开展业务，藏书 8000 册，图书年流通量 2900 册（次），有阅览座位 30 个，面积 60 平方米；有农村图书室 3 个，藏书 1200 册；有基层工会图书室 11 个，藏书 9456 册。1990 年，县图书馆藏书 1.15 万册，图书年流通量 3900 册（次）；有农村文化站图书室 23 个，藏书 1.4 万册，图书年流通量 3000 余册（次）；有基层工会图书室 21 个，藏书 1.1 万册。机关单位收藏有部分工具书、资料书。

1992 年 10 月，全县各行政、企事业单位、个人向县图书馆捐书捐款，共捐赠书籍 1 万余册，捐赠书款 1215 元。1993 年，县新图书馆竣工投入使用。同年，社会为图书馆捐资购书 401 册。图书借阅由 1992 年的 2106 人（次）增加到 4853 人（次）；图书流通量由 3123 册增加到 6576 册；报刊阅读由 2600 人（次）增加到 8450 人（次）。

1998 年 3 月，县图书馆参加全国公共图书馆评估、定级，被评为国家 3 级公共图书馆。6 月，县图书馆创办少年儿童阅览室，有藏书 900 册，座位 60 个。是年，县图书馆新增图书 816 册，订阅报纸 14 种，期刊 55 种，共有藏书 2 万余册，上架书籍 18860 册、杂志 2088 册、报纸 1836 份。同年，县直部分机关单位为挂靠扶贫村图书室购买 1 套“万村书库”丛书（全套分 30 多类，共计 100 册）。共帮助建立乡（镇）图书室 4 个，村图书室 9 个。其中藏书最多的是谷硐村，有图书 2000 余册。

1999—2003 年，县机关和相关部门共向铜鼓、摆仰、又诗小学和碧波中学赠送农业、饲养科技资料 1000 余份，赠送文学艺术、生物科学、理化、环保、军事、政治、哲学等类书籍近万册；帮助全县 70 多个村建立图书室。同时期，县图书馆接受文化部、中央文明办、新闻出版总署赠送书籍 2000 余册，价值 2 万元。

2004 年 6 月，全州第一个流动图书室在下司镇成立。同年，贵州省文化厅赠送县图书馆思想教育、市场经济、法律知识、科普知识、农业科技、实用技术、医疗保健和文学艺术等类图书5000册，帮助下司镇、龙山乡建立文化图书室各1个，赠送图书2000余册。

2005年，县图书馆共有上架图书21000余册，借阅图书3700余册（次），报刊阅读6000余人（次），图书流量4300册（次）。

2009年，县图书馆扩建以及龙山、碧波、景阳3个乡综合文化站及谷硐兰山等9个村“农家书屋”建设全面完成并投入使用，68个文化信息资源共享工程建成投入使用。

2012年，全县建成“农家书屋”23个、乡镇综合文化站公共电子阅览室9个、数字农家书屋3个。次年，建成8个乡镇综合文化站公共电子阅览室。

第二节　广播电视电影事业

新中国成立初期的1951年3月，始建县广播收音站，配备0.5瓦4管干电池超外差式收音机1台。1956年，县内有收音站10个，其中县收音站1个，区、乡收音站4个，农业合作社收音站5个。1991年，县城设卫星地面接收站、《贵州广播电视报》麻江发行站。1992年12月，麻江有线电视站建立。1993年1月，成立县广播电视服务部。1997年6月机构改革，成立县文化广播电视局，下设广播电视股、广播电视站。1999年11月，撤销县广播电视站，成立县广播电视中心。2002年1月，县文体广播电视局下设广播电视股（广播电视执法队）、广播电视中心。

2019年建成全县5个乡镇2个街道63个行政村光缆，完成“户户用”工程建设用户5744户，受益人口2.41万人。通过“三年计划”项目实施，麻江县多彩贵州“广电云”户户用工程累计发展用户3.49万户。

一、广播设施建设与播音宣传

（一）广播设施建设

1956年10月，县广播站建立，配备黑老虎牌500瓦扩大机、远程牌收音机、电唱机各1台，自架线路22公里，利用电话线路154公里，在5个区28个乡和部分农业生产合作社安装舌簧式喇叭105只。1959年，麻江等四县合建凯里县，县广播站职工及广播设备随之迁凯里。1961年，恢复麻江县建制，原县广播站人员及设备迁回麻江，因经费困难，仅在城内架设广播线路2公里，安装高音喇叭5只。1965年，县广播站增设GY型500瓦扩大机1台，架设广播专线160公里，在杏山区的4个公社12个大队安装用户喇叭1100只。

1968—1973年，县内农村共办小片广播网84个，共安装喇叭3483只，其中高音喇叭22只，有100 ~ 150瓦扩大机6台、0.5瓦以上三用机123台。后因电源供应困难，使用干电池耗资大，农村小片广播网相继停办。

1979年，麻内有县广播站1个、区广播站3个，公社广播放大站8个，大队广播室22个，有150 ~ 550瓦扩大机40台，输出功率8750瓦，有架设到区、公社的广播专线99公里，架设到公社以下的广播专线245公里，共安装喇叭7429只，其中高音喇叭120只。加上使用三用机建起的小片广播网，广播覆盖82个大队（占全县大队总数的64.6%）684个小队（占全县小队总数的51.73%）。由于只求发展，忽视电源供应等客观实际问题，1987年，除县、区及部分乡广播站仍正常播音外，多数广播站停播。

1990年，县内有县广播站1个、乡广播站2个、村广播站1个，输出功率1375瓦，架设线路18公里，共安装喇叭39只。其中，县广播站有GY2×275型扩大机3台，GY–256型前级增音机、Z22–3型收讯机、中华牌206型电唱机各1台，CDI–3型动圈话筒2只，架设线路5公里，安装喇叭17只。被列为贵州省标准化乡广播站建设试点之一的碧波乡广播站有GY300–1型扩大机1台、GSD–1型电源输出配电柜1个、THD–1型对讲汇接台1个、TZD–1型对讲终端机8只、双卡收录机1台，架设线路5公里，安装15 ~ 25瓦高音喇叭7只。基东乡广播站有苗岭牌275瓦扩大机1台，架设线路5公里，安装25瓦高音喇叭7只。

1991年，全县有县城、下司镇、基东乡、碧波乡4个广播站，广播线路28公里，高中音喇叭49只，100 ~ 500瓦扩大机41台，输出功率9325瓦，有收音机1万余台。同年12月，修建县广播调频台，省补助资金6万元，总建筑面积93.96平方米。

1992年12月，县广播电视局用省广播电视厅下拨的5000元业务经费更新广播扩大机，购买了多功能甲级播音控制台、广播专用采访机、录音机、传频机和电视摄像等设备，在县城安装低音喇叭65只。开设《麻江新闻》等自办节目。次年，4个乡（镇）广播站相继建立，全县共有乡（镇）广播站7个。

1995年，全县共有乡（镇）广播站8个，总面积195平方米，总投资18万元，架设广播线路25杆公里。11月，县财政拨款3万元更新改造城关有线广播设施，添置广播扩大机、播音控制桌、电源输出配电柜，重新架设县城有线广播主干线和分支线路，线路总长5650米，中音喇叭由原来的7只增加到50只，县城广播覆盖面达85%。

1999—2005年，全县共建有广播站73座，输出功率3650瓦，安装扩大机73台，高音喇叭142只，架设广播线路7公里。

（二）播音宣传

新中国成立初期，县收音站的任务主要是收抄中央人民广播电台和贵州人民广播电台播送的新闻，刻印成《电讯新闻》或《新闻快报》发至区、乡、村供干部学习。内容多为清匪反霸、抗美援朝、土地改革、“三反”、“五反”、粮食统购统销以及农业互助合作等有关方针、政策和时事新闻。1951年3月至1956年6月，县收音站共印发宣传材料550期，2.88万份。

1956—1965年，县广播站主要转播中央人民广播电台和贵州人民广播电台节目，另有不定期自办节目。主要宣传内容有：中共中央对农业、手工业和私营工商业社会主义改造的有关方针、政策，农业合作化的优越性、“三面红旗”以及“粮食亩产双千斤”、“阶级斗争、生产斗争和科学实验三大革命运动”的典型事例、经验介绍等。1966年，自办节目停办。

1971—1978年，广播宣传重点主要是农田基本建设、“农业学大寨”有关精神和典型经验、先进人物介绍，宣传介绍湖南省桃源县“标准整地造林”经验，报道麻江城区“山、水、林、田、路综合治理大会战”中“大战四面坡、改造十二梁、战胜十二冲，让大寨田围山腰”的有关情况，宣传“抓纲治国”精神，报道揭批“四人帮”、搞好科学种田的典型经验等，同时宣传介绍杂交水稻和杂交玉米栽培技术、良种选育等科普知识。

1979—1990年，主要宣传农村经济体制改革的有关政策和推行联产承包责任制的经验，“实践是检验真理的唯一标准”的讨论，计划生育的重要性及其政策、措施，城市经济体制改革，劳动制度改革，党风建设，治理经济环境、整顿经济秩序，发展乡镇企业，巩固林业“三定”，纠正行业不正之风等。同时配合各时期政治理论教育、法制宣传、农业科普知识学习等，开办各种教育性节目。

新时期新时代，随着新媒体的出现，广播宣传不断与时俱进、改革创新，紧密配合党和国家重大战略、重大部署、重大活动、重要工作，以新时代党和国家重大工作进展、重大工程项目以及人民生活正在发生的变化为主题，立足地方特色、基层实践策划推出系列报道，宣传习近平新时代中国特色社会主义思想，宣传新时代改革开放的重大意义、目标任务、战略举措、重要成就，宣传民族团结进步事业，大力培育和践行社会主义核心价值观等重要内容。立足舆论导向正确，凝聚人心、汇聚力量，推动各项事业发展。

二、电视电影发展

1975 年 10 月，县广播站购得孔雀牌电子管 14 吋黑白电视机 1 台，县内始有电视机。

1978 年 10 月，城关贵人山（海拔 1030 米）电视差转台建成，有 DCH–10 型 10 瓦电视差转机 1 台。1982 年，县内共有电视机 57 台。次年，贵人山电视差转台增建焊接式收发天线铁塔 1 座，高 25 米，接收雷公山电视调频转播台 11 频道信号，发 8 频道，差转覆盖面 11 平方公里，覆盖人口 1.18 万人。同年，谷硐五三一处马道坡（海拔 1174 米）电视差转台建成，有 HZC–1 型 3 瓦电视差转机 1 台，天线塔高 5 米，接收都匀转播台 2 频道节目信号，发 6 频道，差转覆盖面积 7 平方公里，覆盖人口 1790 人。1987 年，县内电视机增至 2512 台。

1988 年 6 月，贵人山卫星地面接收站建成，总投资 6.6 万元，安装中国振华电子工业公司国营 4191 厂生产的双杰牌 T6–04TS 型卫星地面接收天线 1 座，接收卫星播发的中央电视台第一套和第二套节目信号，用 8 频道发射。1990 年，县内有卫星地面接收站 1 座，电视差转台 3 座，总发射功率 16 瓦，覆盖面积 29 平方公里，覆盖人口 1.6 万余人，加上雷公山转播台和都匀转播台的覆盖，共覆盖全县 50% 的面积和 40% 的人口。当年全县电视机增至 3374 台，比 1987 年增长 34.3%。1991 年，全县共有地面卫星接收站 7 座，电视差转台 3 座。

1984年9月，县内始有录像放映。1985年，会县有录像放映点4个。1987年，县内营业性放映点有县广播站、县电影发行放映公司2家，内部放映点有4家。1990年，县内有录像放映点6个。

1992年1月，城关闭路电视工程建成投入使用，共安装用户1000户，闭路电视工程主线2条。工程共集资22万元，其中用户集资17.6万元，单位筹资4.4万元。1993年，全县共有地面卫星接收站18座，天线18面。其中系统内9座（城关2座，乡镇各1座），系统外9座。18座地面卫星接收站用于闭路电视信号源9座，用于开路电视信号源的8座，用于教学的1座。另有良田电站铜鼓山电视差转台1座。

1998年，全县农村共建有地面卫星有线电视系统154座。各乡镇电视人口覆盖率为31% ~ 47%。1999年10月，省下达麻江县1999年国家补助“村村通广播电视工程”投资建站30座，总投资21.9万元，其中国家补助15万元，省补助3.9万元，地县配套3万元。

2000年，州分配麻江国家级贫困县计划内建站40个、非国家级贫困县计划内建站10个。8月，全县“村村通”工程完成建站51座，占县安排任务的102%。总投资31.4万元，其中上级拨款19.8万元，县匹配4.8万元，村自筹6.8万元。同年底，城关有线电视用户达3112户，其中新安装134户，全县共建有地面卫星接收站235座。2001年9月，总投资218万元，实施城关电视扩容工程，当年，城关地区有线电视用户发展到3297户，其中新安装153户；完成“村村通”广播电视工程11个。

2004年1月，城关地区有线电视光纤网络扩容改造工程建成投入使用。系统扩容后，实现与黔东南1 ~ 2套节目的联网，使广播电视节目传输由原来的20套上升到35套。

2005年8月，全县最贫困、最边远的村寨——坝芒布依族乡牛皮坳“村村通广播电视”工程建成投入使用。10月，完成全县“村村通”安装任务，经州检查组验收，全部评为优良工程。当年，城关闭路电视系统用户达4400余户（包括下司镇）。是年，全县建有有线电视收转站173个、卫星地面接收站7228个；电视覆盖率98%，广播覆盖率76%。基本实现村村通广播电视。

2010年，全县建有线电视收转站2座，卫星地面接收站C波段24295个、

KU 波段 5616 个，共 29911 个，广播覆盖率 100%，电视覆盖率 100%。

2015 年，全县建有有线电视收转站 1 座，卫星地面接收站 44070 座，广播人口综合覆盖率 100%，电视人口综合覆盖率 96.32%。

2019 年底，全县有效电视用户 33257 户，其中城区有效用户 4937 户，乡镇有效用户 28320 户；全县宽带有效用户 20126 户，IP 用户 29676 户。

20 世纪 90 年代后，随着电视机的普遍使用，县内电影业经营下滑。1991 年，全县有电影院 4 户，录像放映户 11 户。1993 年，电影体制改革，发行权下放到基层单位（省、州、县公司及放映单位）。当年全县共放映电影 2230 场，观众 86 万余人（次），全县有电影院 4 户，录像放映户 23 户。1994 年，县电影公司深化企业内部改革，实行优化组合，将公司和下属放映单位划分为 6 个组并实行承包。当年，全县开展看 100 部好电影的爱国主义教育活动，活动期间共放映 202 场，观众达 32 万人（次）。通过开展宣传和利用民族传统节日放映等活动，全年共放映电影 2216 场（次），观众 61.5 万人（次）。1997 年 12 月，电影公司深入少数民族村寨摆仰、共江放映，观众达 1000 余人。2003 年元旦、春节期间，组织开展送电影下乡活动。当年，全县 9 个乡（镇），129 个村共放映电影 131 场，观众达 7 万余人（次）。2004 年，共培训电影放映员 15 人（次），放映电影 531 场，观众 19 万余人（次）。2005 年，组织开展“百场戏千场电影进贫困乡村”活动，从 5 月 1 日开始，在全县 9 个乡（镇）开展巡回放映，每个乡（镇）放映电影 10 天，内容除故事片外，还有农村群众关心、喜爱的种植、养殖等科教片。当年，全县共计放映电影 982 场，观众达 30 余万人（次）。同年，全县有录像放映户 10 户。

2010 年，全年共放映数字电影 948 场，其中，故事片 907 场、科教片 41 场。次年，全县 79 个行政村电影放映 953 场次，观众达 5.65 万人次。

进入新世纪，随着互联网和新媒体终端设备的快速发展，影视的传播与观看方式发生较大变化。2015 年，投入项目资金 120 万元建设麻江蓝城数字影院，建成影厅 1 个，舒适软座 156 个，配置数字放映一体机、3D 眼镜、专用环音系统、高增益穿孔金属银幕、专用满天星影院售票系统等。数字影院的建成开播，恢复了电影院的功能，增加了群众的娱乐渠道，让中断十多年的电影文艺重新回到各族群众生活中。

第三节　文旅融合发展

1999年，县委围绕县内旅游业的发展实际，提出了“1999年打基础，2000年起步”的工作思路。成立由县委书记挂帅的《麻江县旅游业发展总体规划》编制领导小组，确立“以景点景区为主的规划布局，旅游资源开发与客源市场相结合”方针，旅游扶贫和“保护第一合理开发”原则。高标准抓好下司旅游城镇建设，建成全省优秀旅游城镇。制定优惠政策，鼓励和扶持各方面力量发展旅游业。计划用15年时间实现三大目标：在全州生态与民族文化旅游中，麻江成为全州旅游中心之一；在全省麻江县成为水上旅游热点地区之一；在全国，麻江成为中国现代绘画旅游中心之一。积极推出三项旅游产品：一是主导产品水上运动、体验、科考观光旅游和度假旅游；二是专项旅游产品，如铜鼓苗族农民画、龙舟、民族民俗风情旅游、农业科技旅游等；三是其他旅游产品，如康复疗养旅游以及水上体育活动、猎奇探险活动、会议旅游、购物旅游、商务旅游等。广泛吸引国内外和社会各界资金，实现旅游景区、企业、投资多元化。私人出资在下司修建了“下司第一楼”“望江酒楼”“临江仙酒楼”“古镇大酒店”等，仅此几家接待能力就达5000人左右。旅游业带动了第三产业的发展，也为旅游业的更大发展，特别是下司镇旅游业发展奠定了良好的基础。

2000年，为加快县域旅游资源的开发，提高麻江知名度，相关部门作出了两项决策并付诸实施。一是将农历七月十三日定为“麻江斗牛节”，并于当年8月12日（即农历七月十三日）在省级风景名胜区——下司举办了第一届“神州世纪游·中国麻江斗牛节”，内容包括牛王争霸赛、鸡王争霸赛、鸟王争霸赛、龙舟赛、篮球赛和招商引资、经贸洽谈等活动。二是计划在5～15年内，“把麻江建成以下司为代表的自然风光与民族风情相结合的旅游县”。组织实施全州统一的“旅游金盾卡”连销服务工程，营造宽松良好的旅游环境。是年，共接待国内外游客6万人次，其中国内游客5.77万人次，国外游客300人次。

2001年，县委、县政府邀请贵州省规划设计院编制完成《麻江县下司风景名胜区总体规划》，就下司风景区的保护培育、风景游赏、典型景观、游览设计、基础工程等10个方面进行科学规划。风景区的规划面积66.6平方公里，分为下司长滩景区、铜鼓苗族风情区、老山河峡谷景区、清水江风光游景区共4个景区，规划期限16年。年底，旅游公司正式营业。全县建有涉外宾馆一家——华都酒店，集餐饮、住宿于一体；旅社15家，其中国有2家，集体1家，私营12家；酒楼和饭店240家。民族风景接待点两个（铜鼓、摆仰），节假日休闲接待点3个（下司清水江太阳岛、月亮岛、桃源岛），日接待游客达5000人（次），旅游公厕1座。县政府另拨款4万元，维修马场至瓮港公路，来麻江的游客可方便地观赏到刺杀袁世凯壮士之一张先培故里、一品夫人墓、将军石等景点。县旅游公司贷款3万元，职工集资6000元，采购游导船一只，投放下司清水江月亮半岛长滩。酸汤鱼等两大名菜悄然兴起，清澈见底的清水江、未受污染的清新空气，吸引省内外众多食客、游客慕名而来。

2002年初，县委启动下司"农家乐"旅游项目。有7户农户在"五一"节挂牌开业，稍后陆续有3家开业，日接待能力600人次。古镇街上特色饮食店达6家，日接待能力达200人（次）。9月10日，农民画乡铜鼓村旅游公厕和停车场破土动工，12月10日建成使用。下司风景名胜区全年共接待游客约30万人（次），其中海外游客180人（次），旅游总收入400万元。

2003年，下司开办"农家乐"103家，其中饮食服务业66家，种植业20家，养殖业17家。平均每户总收入1万元，纯利5000元，经济效益明显。当年尽管遇到"非典"疫情，但是全年累计接待游客仍然达到4.25万人次，其中国内4.23万人次，国外200人次。

2004年，州委、州政府提出"创建民族文化与生态旅游大州"的战略发展思路，县委、县政府积极响应，进一步加大工作力度，完成了下司绿化长廊建设和状元第、下司古码头的修复。11月7日，由北京达沃斯景观规划设计院编制的下司清水江旅游区控制性详细规划通过专家组评审。9月底，《麻江仙人桥省级森林公园可行性研究报告》在贵阳通过评审，仙人桥被列为省级森林公园。下司望江酒楼苗家酸汤宴赴成都参加"第五届中国西部国际博览会——2004年中国西部国际精品菜肴暨美食文化展览会"获得"特别金奖"。10月，赴重庆参加"第五届中国西部菜肴暨美食节首届重庆火锅文化节"，望江酒楼苗家酸汤宴获比赛最高奖——金鼎奖。两次大奖赛成就“苗家酸汤宴”，在省内外已有较大的影响和诱惑力，有30多个商家意向加盟下司苗家酸汤宴的开发。当年，全县“农家乐”已发展到108家，旅游业健康发展，全年共接待游客5.423万人次，旅游收入达到448.95万元。

2005年，下司镇的花桥、隆堡、马场、大坡，德兴、清江、桃花、沙飘等8个村被列为“全国农业旅游示范点”。随着龙舟训练基地第一期工程和下司月亮岛时尚体育项目的开工建设，下司的旅游基础设施大为改善。当年，共接待游客7.98万人次，其中国内游客7.96万人次，国外游客170人次，旅游总收入697.45万元，游客人数同比增长45.57%，旅游收入净增102.36万元。

2017年，成功举办了贵州·麻江“中国农业公园杯”湘黔边区乒乓球巡回邀请赛、第二届乡村旅游节暨蓝莓文化节、第二届药谷江村品菊季活动、第三届夏同龢法政思想研究讲坛和贵州麻江“山地公园”杯乒乓球邀请赛等。

麻江县委、县人民政府坚持以创建国家全域旅游示范区为抓手，积极推进旅游+文化、旅游+体育、旅游+农业、旅游+康养等融合发展，拉动经济高质量发展。2019年，在蓝梦谷、嘎尤苗寨、药谷花海等旅游景区，建成20个精品旅游村寨，共接待326.94万人次，实施旅游综合收入21.69亿元，带动3200名贫困人口脱贫。中国·麻江蓝莓音乐节、乡村旅游文化节、品菊季等已成为地域性重要节庆活动，麻江蓝莓生态旅游景区被批准为国家4A级旅游景区。

第四节　新时代文化事业的全面发展

进入新时代，特别是党的十八大召开以来，在党的民族政策光辉照耀下，在各级党委、政府的坚强领导下，全县各民族优秀传统文化得到有效挖掘、保护和传承，各类文化机构、基础设施建设日趋完善，群众文化、文物保护、文化交流、文化市场等各项文化事业都焕发出勃勃生机，全县文化事业呈现出全面蓬勃发展的景象。

一、建设公共文化服务体系，保障各族群众文化权益

随着改革开放的不断深入，县委、县人民政府高度重视各族群众文化权益的保障，不断加大对文化事业的投入，县域公共文化设施建设取得长足进步，先后实施了县级文化馆、图书馆建设工程以及文化信息资源共享工程、乡镇综合文化站工程、农家书屋、社区文化活动中心建设工程等一大批文化民生工程。全县建成文化馆1个、公共图书馆1个、陈列馆1个、乡镇综合文化站7个、数字影院1家以及县级融媒体中心。广播电视网络、农家书屋、社区文化活动室、农民体育健身工程实现村级全覆盖。2019年，全县公共文化活动设施总建筑面积达到2万平方米，其中县图书馆馆舍面积1800平方米，图书总藏量5.3万册；县文化馆馆舍总面积达到3000平方米。各级文化活动场馆全部实现免费开放，同时确保村级每年文化活动经费2万元以上，为公共文化服务特别是基层文化事业发展注入了强大动力。此外，流动图书车和流动文化车的配备大大提高了偏远地区“送文化下乡”的能力，使现代公共文化服务到达了“最后一公里”，满足了各族群众在家门口享受文化服务的愿望。经过多年发展积累，县乡村三级公共文化服务体系初见成效，各族群众文化权益得到切实保障。公共文化设施不断完善，带给群众的是享受精神文化权益的幸福体验。

二、组织群众文化活动，促进文化成果共享

在文化基础设施建设大提速的同时，公共文化服务日益完善，群众文化活动更加丰富多彩、蓬勃开展。县委、县人民政府高度重视对群众文化活动的保护发展，大力推动文化事业大发展大繁荣，注重发挥文化馆、图书馆等文化单位的职能作用，以健全服务项目，增强服务能力为重点。各文化部门广泛开展多层次、多角度的文化活动，向各族群众提供便捷有效的文化服务，满足各族群众的精神文化需求。2018年，历史文化陈列馆接待游客8万余人次，图书馆服务读者1.47万人次，阅览图书8510册次，借阅图书2460册次；举办讲座、展览、培训等读者活动20场次，参加3000余人次。文化馆组织文艺活动10场次，参加群众2万余人次；举办各类艺术培训6期次，培训300余人次；举办展览3个，参观群众1万余人次，完成63个行政村949场次励志影片放映工作，受益群众

1.4万余人。在抓好职能服务的同时，重视抓好基层群众性文化活动的普及与开展，“马鞍山游园会”“迎新春文娱活动”等群众文化活动连续举办多年，逐步成为全县乃至全州知名的群众文化品牌，得到基层群众的广泛支持和参与。全县农村先后组建舞蹈、山歌等各种民间文艺队伍达109支，总人数达1000余名。送戏下乡、文化“五进”、“民族民间文化进校园”等文化下乡活动年均开展20余场次。“隔冬”“仫佬年”“爬坡节”“四月八”“六月二十四”等民间传统节日系列文化活动和跳芦笙、唱山歌等民间传统文化活动成为最受欢迎、参与最广泛的群众性文化活动。各地的特色文化节庆活动，正成为群众开展文化活动的重要载体，也吸引着来自天南海北的游客。全县广场文化、社区文化、少儿文化等群众文化活动，主题突出，异彩纷呈，遍布城乡，逐步形成了政府主导、社会参与的群文活动新模式。中国·麻江蓝莓音乐节、乡村旅游文化节等节庆活动亮点频现，发展成为地域性主要节庆活动。这些在县内外具有较高知名度、影响力的文化品牌，在县域经济社会发展中，发挥着软实力的重要作用。

三、重视文物保护工作，加大非遗传承力度

在各级党委、政府的重视下，全县文物保护工作取得了突出成就。2010年，第三次全国普查田野调查阶段结束，全县总计登录不可移动文物163处，新发现118处。其中长坡关隘遗址被评为贵州省百大新发现之一。2011年1月，龙江粮仓群等4处23个点被公布为首批州级文物保护单位，并对文保单位进行了绝对保护范围和控制地带划定。2015年6月，黔桂明清驿道麻江段被公布为贵州省第五批省级文物保护单位。2017年，全县有文物保护单位30处，其中省级2处，州级2处，县级26处。2018年7月，谷硐火车站被公布为第六批省级文物保护单位。除部分县级文物保护单位外，省、州级和部分县级文物保护单位“四有”工作已经完成。这些文化遗产保护取得的成果，必将对提升麻江文化软实力，促进麻江经济社会发展起到积极的推动作用。2019年，全县有文物保护单位31处，其中省级3处、州级2处、县级26处。

通过成立麻江县非物质文化遗产保护中心等机构，挖掘、抢救、搜集、整理、保护了一大批民族民间非物质文化遗产项目，培养了一批非物质文化遗产代表性传承人，使民族文化的传承后继有人，并且不断发扬光大。在非遗工作开展

之前，瑶族枫香印染技艺、苗族织锦技艺等民族文化遗产已濒临失传，在文化部门的高度重视和积极努力下，将这两项技艺列为重点抢救的非物质文化遗产项目，组织力量进行较为全面的挖掘、搜集和整理。2008 年，瑶族枫香印染技艺、苗族织锦技艺列入国家级非物质文化遗产名录。麻江县非物质文化遗产保护中心逐步建立国家、省、州、县四级非物质文化遗产名录体系，不断深化整体性、传承性、抢救性、生产性和数字化等保护发展方式，创新管理麻江非遗项目、传承人及示范基地，在旅游景区景点和传统村落发掘优势文化、特色文化，逐步培育精品文化、品牌文化，促使更多地域性文化标志上升为县内外文化品牌，以科学、合理、可持续性的产业化转型为导向，不断推出非遗旅游精品，推进文化旅游深度融合发展，使麻江原生态的多民族传统文化在多领域、多层面充分展现。2017 年，麻江县龙舟队代表贵州省参加第六届中国成都国际非物质文化遗产节龙舟比赛并摘取金牌。2018 年，河坝瑶族枫香印染技艺传承人列入第五批国家级非物质文化遗产代表性项目传承人名单。2019 年，麻江有各级非物质文化遗产名录项目 43 项，其中国家级 2 项，省级 9 项，州级 10 项，县级 22 项；共有 42 位非物质文化遗产代表性传承人，其中国家级 1 人，省级 3 人，州级 9 人，县级 29 人；申报并成功命名了 10 个非物质文化遗产生产性保护示范基地，其中省级 2 个，州级 2 个，县级 6 个；建立了 6 个非物质文化遗产保护传承基地。

四、活跃文化市场，发展文化产业

伴随着思想解放和经济腾飞，全县文化产业在民间悄然兴起，文化市场呈现雏形。涌现出了如河坝靓丽瑶族文化产品旅游开发基地、河坝民族工艺品有限公司、红杉涌泉旅游开发有限公司等一批在各自领域起到引领作用的文化企业，在活跃文化市场、促进文化创新、丰富文化供给、提高各族人民文化生活水平等方面发挥了积极作用，成为推动全县文化发展的重要力量。

2018 年底，全县有文化企业 40 家，从事文化行业的个体工商户 237 户，文化产业增加值 1.42 亿元，占 GDP 的 4.65%。从行业构成上看，形成了涵盖文化娱乐业、文化旅游业、工艺美术业、制造业、批发和零售业、信息传输及软件和信息技术服务业、租赁和商业服务业、技术服务业、教育、创意设计业、网络文化业、数字文化服务业的文化产业体系。从发展格局上看，国有资本在文化旅游、出版发行等领域优势明显，资产规模较大，影响力较强。民营资本在广告、文化娱乐、休闲产业等领域居于投资主体地位。全县已经建成并在运营的文化产业园有龙山镇蓝莓创意产业园、宣威镇乌卡坪和乌羊麻、贤昌镇夏同龢状元文化产业园等。这些文化产业园将拉动全县文化产业的快速发展。

县域文化是在各民族密切交往的过程中融合而成。各民族守望相助，守护了地域文化的繁荣，更守护了各民族美好的精神家园。走进新时代，在习近平新时代中国特色社会主义思想指导下，全县各级党委、政府深入贯彻新发展理念，促进文旅融合发展，文化事业呈现出跨越发展的崭新局面，各族人民群众的文化获得感和幸福感得到了进一步提升。

第六章　加大教育投入　提升民族素质

“百年大计，教育为本”。教育提升素质，知识改变命运。教育是民族振兴、社会进步的重要基石，是功在当代、利在千秋的德政工程。校园是进行系统化、专业化、知识化教育的重要场所，是铸牢中华民族共同体意识的基础平台。民族团结进步教育要从小抓起，注重习惯养成、情感融入，培养各族学生爱党爱国和团结友爱的强烈意识，促进民族素质的整体提升。

1949 年 11 月解放军接管麻江时，全县有小学 43 所、完全中学 1 所，共有在校学生 3087 人，适龄儿童入学率不到 20%。1950 年以后，为促进和帮助各民族发展文化、教育事业，党和政府采取了一系列具体政策和有效措施，做了大量工作。县委、县人民政府把教育工作列为重要议程，将人、财、物等优先用于办学，走公办、民办相结合的道路，坚持德、智、体全面发展，促进教育事业取得了初步成效。“文化大革命”时期，由于受“左”倾思想影响，教育事业遭受挫折。1978 年 12 月，党的十一届三中全会揭开了历史新篇章。在改革开放春风劲吹下，教育改革进一步深化，教育事业发生了翻天覆地的变化。进入新世纪新时期，各级党委、政府贯彻落实党的教育方针，坚持“管理、质量、稳定、发展”的工作思路和“全力推进义务教育均衡发展、全力推进县域内各类教育协调发展”的奋斗目标，以提高教育教学质量和加大项目建设力度为重点，加快推进城乡学校建设，加强教师队伍建设，强化工资待遇保障，提升教育教学质量，加强德育教育，倡树文明新风，营造尊师重教氛围，不断从教育管理、队伍建设、项目建设、设备投入等方面夯实全县教育发展根基，奠定了提升民族整体素质、促进民族团结进步事业的重要基础。

进入新时代，特别是党的十八大召开以来，县委、县人民政府把教育优先发展作为最大的民生工程、希望工程、发展工程，不断加大教育投入，全面深化教育改革，大力促进教育公平，教育事业取得了巨大成就，实现了跨越式发展。2017—2019年，在落实好“两助三免”的基础上，自筹财政资金1949.32万元，建立补助学前教育至高中阶段贫困家庭学生500元/学年，补助在校的全日制专科、本科贫困家庭学生3000元/学年的县级扶贫助学金。“十三五”期间，累计投入各类资金14.2亿元，大力实施中小学生态文明教育行动计划和职业技术学校实训基地改扩建项目、智慧教育工程、创业教育课程教学体系建设工程。2020年末，全县有中小学校和幼儿园79所，在校学生共计21027人，在园幼儿6595人。

第一节　教育事业的探索发展

一、学前教育与小学教育

1955年，谷硐乡红光农业生产合作社在党支部书记韦永顺领导下，创办全县第一个幼儿园。次年，全县办幼儿园59个、托儿所547个，入托儿童10460人。保育员多为各村寨中德高品优的中、老年妇女，少数是有文化的女青年。保育工作重点是管，少数是管教并重。1959—1961年三年困难期间自动解散。1964年逐渐恢复。1966年有托儿所508所，入托幼儿3129人。1969年，县内托儿所相继停办。1977年少数恢复，全县有托儿所24所，入托幼儿380人。

新中国成立后，1959年，下司小学为省重点小学，开办学前班，县拨给500元钱添置桌凳，当年收儿童44名。1966年停办，1977年恢复，以后每年收新生50余人。

1949年12月，县人民政府接管学校。由政府秘书兼任县文教科长，主持召开知识分子座谈会，宣布对接管学校“维持现状，立即开学，逐步改革”，并勉励知识分子靠拢人民政府，继续留校服务。1950年3月以后，因土匪暴乱，除杏山小学外其他学校被迫停课。1950年10月后，匪患平息，下司、景阳、宣威小学先后恢复。为照顾少数民族子女入学，在大中乡设完全小学1所。全县城乡有小学35所，学生4058人，教师94人。1952年，全县有公办学校13所，96

个班，学生3719人，各乡村办有民办学校或教学点，供儿童上学。土地改革后，农民对文化需求迫切，青少年积极要求读书，为解决超龄生入学问题，杏山、下司等学校开办速成班，学制一年或两年。1953年，贯彻“整顿巩固，重点发展，提高质量，稳步前进”方针，调整小学布局，划定服务范围，加强领导，建立健全教学工作制度。全县有公办小学14所，设103个班，教师128人，学生3998人，其中女生808人；有民办小学57所，教师157人，学生7398人，其中女生2891人。

1957年，对学生加强政治思想教育，改进教学工作，在五、六年级中开设《农业基础知识》课，加强卫生保健教育。在少数民族聚居的河坝、共和、铜鼓等学校采用“双语”（汉语和苗语）教学。1958年，在“教育为无产阶级政治服务，教育与生产劳动相结合”的方针指导下，县人民委员会决定把部分小学下放给高级社办，各学校都不同程度地开展勤工俭学活动。当年，全县有公办学校12所，学生4466人；有民办学校113所，学生16543人。

1959—1961年三年困难期间，教育事业受到影响。贯彻中央“调整、巩固、充实、提高”方针后，1962年全县经济开始好转。1963年全县有公办学校22所，学生3762人；民办学校43所，学生2803人。

1964年，贯彻中央关于“两种教育制度，两种劳动制度”的办学方针，在办好全日制学校的同时，开办16所半工半读、半农半读小学，不久并入公办小学或转入民办小学。同年6月，贯彻国家《关于克服中、小学生负担过重现象和提高教育质量》的指示，适当缩减课时，减去繁琐练习，纠正考试搞“突然袭击”等，辅以开展科技、文娱活动，引导学生阅读课外读物。1965年，动员贫下中农子女入学，采取减免学费、赠送课本等优待措施，使贫下中农子女入学人数增多。1967年，部分学校停课“闹革命”，到1969年才陆续复课。学校多以学政治时事作为主要学习内容，安排一部分课时，组织学生从事生产劳动。在“读初中不出公社，读高中不出区”的号召下，全县24所公办小学都办起初中班。1970年，组织“毛泽东思想贫下中农宣传队”（简称“贫宣队”）进驻学校，参与学校管理工作。贫宣队99人进驻24所公办小学，85人进驻61所民办小学，12人进驻4所民办公助学校。在贯彻毛泽东主席关于学生以学为主，兼学别样的“五七指示”精神后，各校办起小农场或饲养场。1972年，全县130个大队中有125个大队办小学。1973年，办有初中班的小学称为七年制中心学校。1976年，全县有小学212所，在校学生24462人，教师1102人。同年，建立贫下中农管理学校委员会100个，贫下中农代表394人参与管理学校。1977年秋，贫宣队撤出学校。1978年，贯彻教育部颁发的《全日制小学暂行工作条例》(试行草案)、《小学生手册》，对学校进行整顿，把重点转移到以教学为中心的轨道上来。各校制定有关规章制度，注重教学管理，恢复对学生的成绩考核和升留级制度。

二、中等教育

(一)普通中学教育

新中国成立前夕的1949年秋，麻江县立中学设高中3班，学生60人，初中5个班，学生191人；共有教师21人，员工6人。新中国成立后，1950年因土匪暴乱，麻中停课。1951年3月，初中部复课，有学生106人，教职工16人。采用教育部审订的课本，学制3年，春秋两季招生，1953年改为秋季开学。在同等条件下优先录取工农子女和少数民族子女入学。学校设人民助学金解决家庭经济困难的学生生活费和部分学习费用，免收或减收家庭经济困难的工农子女的学费。

1956年，全县共有初中7个班，学生604人，其中女生104人。1958年，全县有高中1班，学生46人；初中14个班，学生848人；共有教师61人。1965年，在校高中生94人，其中女生25人；初中生444人，其中女生120人；教师共42人。1977年，全县办有初中班的公办小学28所，87个班，学生3666人。当年，全县高中有14个班，学生629人；初中156个班，学生5992人。

(二)师范学校与职业技术学校

新中国成立后，1956年，在麻江中学附设简易师范班1班，学生52人，学制半年，由麻中教师授课，只办1期。1958年4月，县办联合中学1所，由县统一招生363人，其中设师范1班，学生50余人，组织学生半工半读。后迁到杏山小学，以勤工俭学方式办学。1965年，在麻江中学办速成师范班1班，学生51人，学制1年，1966年停办。1974年，开办麻江师范班，当年，招收新生50人，学制两年。次年，继续招收新生50人。

三、教师管理及培训

1948 年，全县有中小学教师 106 人。1949 年麻江解放前夕，全县有小学教师 166 人、中学教师 21 人。

新中国成立后，县人民政府对原有教师采取“包下来，全部留用”的政策，对一时安排不了的，发给生活费。1951 年秋，恢复小学 35 所，有教师 94 人。麻江中学恢复初中部，有教职工 16 人。1952 年后，恢复和新办农村小学，从城乡文化人和转业军人中选拔合格人才，充实教师队伍。当年，有中学教师 15 人，小学教师 151 人。1957 年，有中学教师 14 人，小学教师 328 人。“大跃进”“文革”时期，小学生入学人数减少，教师人数也相应减少。中共十一届三中全会后，随着教育事业的发展，教师人数不断增加。

新中国成立初期，对教师采取“团结、教育、改造”政策，保持教师队伍稳定。1978 年，在党委领导下，教师的管理安置由各级教育行政部门负责。1979 年，落实党的知识分子政策，对受冤、假、错案处理的 124 名教师给予平反，其中收回安置工作的 92 人；原处理后留用安置不当的平反后作了妥善安置的 32 人。对一部分在“文化大革命”中被扣工资的教师按有关政策规定，给予补发。

新中国成立后的 1950 年春，组织 30 多名教师学习党的知识分子政策，帮助提高思想政治觉悟。1953—1956 年，利用暑假等假期多次组织教师参加汉语拼音训练班等县内学习培训，开设多门课程，并组织赴外地进修、参观和实习。1956—1959 年，招收社会知识青年进行培训，学习时间为半年或一年，结业后择优录用 100 多人充实小学教师队伍。1963—1978 年暑假，多次举办汉语拼音、教材教法培训。

1954 年，县选送 20 名小学教师到都匀专署参加教师训练班学习，其中少数民族教师 12 名。1957 年，选拔 49 名教师参加省进修班学习 1 年。1961 年，选送 14 名教师到镇远师范进修，学习理化、外语。

1941—1949 年，县内小学的校长中有 20 余人是国民党员或三青团员，他们对学校实行政治控制，教师的社会地位和职业等无保障。麻中、杏小曾被中统特务控制。

1957 年以前发展 7 名教师加入中国共产党，1958—1960 年有 4 人入党，

1961—1975 年有 27 人入党，1976—1987 年有 90 人入党。1956 年，被评为全省优秀教师的有 4 人。1977 年，召开全县教师大会，表彰先进教育工作者 266 人。

新中国成立前，蒙童塾师工资极低，每年不超 500 公斤大米。时流传“家有三斗粮，莫做孩子主”之说，能研读经典、指导作诗文的塾师，每年工资大米 1000 公斤左右，收入尚可养家糊口，学堂、书院教师工资由官府开支，略高于塾师收入。1945 年，小学校长工资 180 ~ 200 元，教师工资 140 ~ 180 元，由于物价飞涨，食盐大米采取配给制，寒暑假不计发工资，教师生活困难。

新中国成立后，随着工农业生产的发展和政府不断增加教育经费，教师的工资不断改革和增加，生活条件日益改善。

1955 年起，确定补贴标准，对负担教课多的教师计发超课时费。1950 年中学教师月薪大米 125 ~ 175 公斤，公办小学教师月薪大米 75 ~ 125 公斤。1952 年 10 月改为货币工资，当年按每 100 公斤大米价 13.4 元计发现金。1955 年起，确定补贴标准，对负担教课多的教师计发超课时费。1963 年，拨发中学教职工工资 3.11 万元，人月均 42 元；公办小学教职工工资 5.83 万元，人月均 42 元。从 1975 年起，国家拨款补助开支民办小学教师工资，当年拨款 4.94 万元，人月均 8.2 元。

四、思想教育与教学教研

民国时期，提倡读书救国、三民主义，以“孝悌忠信，礼义廉耻”为课程内容。新中国成立后，1950—1952 年，以反帝、反封建为中心开展思想政治教育，结合抗美援朝进行爱国思想教育。1953 年，以爱中国共产党、爱社会主义、爱人民、爱科学、爱劳动为中心教育学生。同年，学校在少先队、共青团中开展思想政治教育活动。1954 年开展劳动教育。1957 年，贯彻“使受教育者在德育、智育、体育几方面都得到全面发展，成为有社会主义觉悟的有文化的劳动者”的教育方针。1958 年，各校开展学习建设社会主义总路线的活动，对学生进行艰苦奋斗、勤俭建国的教育，组织学生参加校外劳动。同年，贯彻“教育为无产阶级政治服务，教育与生产劳动相结合”的教育方针，县内组织 3000 多名师生参加拣矿、烧木炭、炼钢铁劳动，1000 多名师生参加黔桂铁路捶碎石劳动，5000 多名师生参加农业生产劳动。各校相继开设周会课，对学生进行系统的思想品德教育。1960 年，各学区设视导员。1963 年，开展“学雷锋、见行动”活动。“文革”期间，原有的好校风、教风、学风受到很大冲击。1978 年，颁布《中、小学暂行工作条例》（草案），同时重新颁发中、小学生守则，共青团、少先队恢复组织生活，对学生以“爱祖国、爱社会主义、爱学习、爱科学、爱劳动”为思想教育内容，开设政治、法律常识等课程。

五、经费投入与设施建设

（一）经费投入

新中国成立后，1950—1952 年，教育经费从地方粮中开支，1952 年预算支付大米 27 万公斤。从 1953 年起，教育经费以人民币支付，当年教育经费支出 4.9 万元，占全县财政总支出的 14.7%。1953—1957 年第一个五年计划时期，教育经费支出 35.85 万元，年均 7.17 万元，占同期财政支出的 15.7%。1958—1962 年第二个五年计划时期，教育经费支出 61 万元，年均 12.2 万元，比“一五”时期增长 69.9%，占财政支出的 15.2%。1963—1965 年，贯彻“调整、巩固、充实、提高”方针后，全县教育经费支出 52.54 万元，年均 17.51 万元。1966—1975 年“文革”中，全县教育经费支出 317.73 万元，年均 31.77 万元，占同期财政支出的 20.8%。1976—1980 年第五个五年计划时期，教育经费支出 350.07 万元，年均 70.01 万元，占财政支出的 20.0%。

1952 年，县预拨教育经费大米 27 万公斤，其中支付工资 19 万公斤、农村小学补助 3.3 万公斤、公杂费 1.9 万公斤、人助金和修缮费等 2.8 万公斤。1957 年拨事业费 10.55 万元，另拨建设费 6.34 万元。1967 年拨教育经费 22.73 万元，其中支付中小学教师工资 9.15 万元，人民助学金 1.01 万元，作其他开支的 12.57 万元。1977 年拨教育经费 53.63 万元，其中支付中小学公办教师工资 21.88 万元，占 40.80%；民办小学补助费 6.58 万元，占 12.27%；人民助学金 2.65 万元，占 4.94%；其他开支 22.52 万元，占 41.99%。

（二）设施建设

1949 年，全县小学有校舍 3383 平方米；麻江中学有校舍 1046 平方米，其中教学用房 380 平方米，教师宿舍、学生宿舍各 480 平方米，其他用房 186 平方米。

新中国成立初期，各地因陋就简在原校址办学，或借公房、民房为教室上课。自1953年起，政府逐年拨款修建学校，到1990年新建校舍78692平方米，其中1953—1959年建11324平方米，占14.39%；1960—1969年建9140平方米，占11.61%；1970—1979年建29288平方米，占37.22%。

民国时期，杏山小学、下司小学、麻江中学等几所学校仅备有图书数千册。新中国成立后，各中心小学和中学逐渐添置教学工具书和政治经典著作。区所在地中心小学、中学率先办起图书阅览室。1977年后，各校逐渐添置图书，全县各小学藏书1.5万册左右，各中学藏书1.6万多册。麻江中学藏书中有数、理、化类1450册，史、地和生物类1400多册，音乐、体育、美术、文艺类2000多册，政治类1300多册，教育、教学、医药类1400多册。

第二节　新时期的教育改革与加速发展

随着党的教育方针政策的逐步落实，麻江教育事业得到了长足的发展。“党以重教为先，政以兴教为本，师以从教为乐、民以支教为荣”成为麻江治教的良好风尚。1990年，全县有小学160所、初级中学4所、完全中学1所，共有在校学生32695人，比1949年增长9.59倍。适龄儿童入学率达95.4%。青壮年已基本扫除文盲。

1994年，全县实现普及初等教育。2003年，实现“两基”攻坚目标。2001年以来，全县累计投入教育资金15878万元，建成“义教”工程项目学校、“普九”工程项目学校、农村寄宿制项目学校共46所，完成14所农村中小学危房改造，建成农村中小学现代远程教育学校站、点122所。2003年，麻江“两基”工作顺利通过了省人民政府的评估验收。当年，全县有人口21.84万，有小学121所，独立初级中学9所，高中1所，职业中学1所。小学教师1161人，初中教师591人，高中教师141人，职中教师35人。在校小学生23767人，初中生11486人，高中生2035人，职中生285人。全县125个行政村均建有农民文化技术学校。通过历年的扫盲教育和农技培训，全县青壮年非文盲率为98%，农民文化技术培训年均 1 万人次左右。随着农村党员干部现代远程教育工程在全县各乡镇各村的实施，给农村党员干部和广大人民群众学科学、用科学，科学致富奔小康带来更多的实惠。2015 年，全县有普通中学 8 所（初级中学 7 所，普通高中 1 所），专任教师 749 人，在校学生 9680 人。

“十三五”期间，累计投入各类资金 14.2 亿元，大力实施中小学生态文明教育行动计划和职业技术学校实训基地改扩建项目、智慧教育工程、创业教育课程教学体系建设工程；在落实好“两助三免”的基础上，2017—2019 年县财政自筹资金 1949.32 万元，设立补助学前教育至高中阶段贫困家庭学生 500 元 / 学年的县级扶贫助学金，对在校的全日制专科、本科贫困家庭学生，设立补助 3000 元 / 学年的县级扶贫助学金。至 2020 年底，全县有中小学校和幼儿园 80 所。其中，普通高中 1 所，在校学生 2802 人；中等职业学校 1 所，在校学生 476 人；初级中学 5 所，在校学生 5302 人；小学 22 所，在校学生 12447 人；幼儿园 51 所（公办 47 所，民办 4 所），在园幼儿 6595 人。

一、教育体制改革

1982 年，开展以“五讲”（讲文明、讲礼貌、讲道德、讲卫生、讲秩序）、“四美”（语言美、行为美、心灵美、环境美）、“三热爱”（热爱祖国、热爱共产党、热爱劳动）为中心，以教育要“面向四化、面向世界、面向未来”为指针的教育活动，对学生进行“坚持社会主义道路，坚持人民民主专政，坚持党的领导，坚持马列主义、毛泽东思想”教育，教育培养“有理想、有道德、有文化、有健壮体魄”的社会主义建设者。

1985 年，对全县教师实行定期考核。1986 年，对教师始实行合格考试。1987 年，全县参加考试的教师 698 人，合格的 657 人，占 94.1%。同年夏，始对全县中小学教师进行职称评定工作，对有职称的教师实行岗位责任制和聘任制，开始试行以积分方式对全县中学、小学（含民办）教师教学成绩定量考核。

1991 年 9 月后，全县基础教育实行分级办学分级管理的体制，县人民政府对全县的基础教育全面负责，县教育行政主管部门负责基础教育的具体工作。初级中学及以下各级各类学校的设置、搬迁、合并、停办由县人民政府审批。乡镇人民政府依照规定征收本乡镇教育事业费附加，主要用于实施义务教育，并负责督促适龄儿童入学。1992年春，撤区并乡建镇工作结束，原区公所管理教育工作学区的职责移交新建立的乡镇教育辅导站，教育辅导站负责管理教育、卫生、文化、体育、广播、影视等工作，侧重于教育的管理。行政上受乡（镇）人民政府领导，业务上受县教育行政部门的指导。

1999年秋季，全县试行“校长对学校工作全面负责制、教职工聘任制、岗位责任制、校内工资分配制和目标管理”的内部管理体制改革。校长的任用采用民主推荐或竞选自荐、组织考核的办法确定，成立学校教代会和校务会，对学校工作起咨询、参谋和审议作用，学校党支部起监督保证作用。试点完成后，2001年9月后在全县各级各类学校全面进行。同年，全县中小学校（包括幼儿园）实行结构工资制。对城镇学校超编，采取派出教师援助边远学校的办法，支教期限为2年。2000年，全县实行校长负责制的中小学校共23所。

2001年，乡镇恢复教育辅导站，将乡镇教育文卫股和教育辅导站合并。是年秋，县内完小以上的学校全部实行校长负责制。2002年4月，根据国务院办公厅《关于完善农村义务教育管理体制的通知》要求，乡（镇）人民政府不设专门的教育管理机构，有关教育工作由乡（镇）长直接负责，设1至2名助理或干事协助乡（镇）长管理具体教育事务，教育教学业务管理由乡（镇）中心学校校长负责。

2003年7月，县教育局对全县小学实行划片区管理，将9个乡（镇）126所小学校划分为29个片区（2004年初铜鼓、摆仰、同兴、和平4村划归凯里经济开发区管理，铜鼓中心小学片区划出），并核定片区教师编制，进行片区教师调配，清退130名代课教师。2004年，县教育系统深化人事制度改革，制订了人事制度改革实施方案及与之相配套的《中小学校长实行校长负责制实施方案》《中小学教职工实行双向选择竞聘方案》《中小学教职工编制标准、内设机构、专业技术职务岗位设置方案》《中小学中层以上干部竞争上岗实施方案》《中小学教职工受聘人员工资分配方案》和《中小学教职工未受聘人员分流安置方案》，并于同年开始实施。

2010年，先后选派10名校长到宁波挂职学习，82名校站长赴西南大学培训，1名英语教师赴英国学习，424名教师参加“赢在管理、赢在课堂”培训学习，1786名教师参加国家教育行政学院网上研修，92名教师到贵州师范大学离岗研修，48 名骨干教师参加国培计划培训，112 名村级小学教师进行素质提升培训，51 名农村义务教育阶段“特岗”教师进行岗前培训，48 名中小学教师参加新教材培训。全年共 2900 余人次参加教师培训，合格率达 97.5%，投入培训资金 36 万余元。2015 年，全县教师集中培训 14374 人次，其中，“国培计划”270 人次，“省培计划”53 人次，“州培计划”213 人次，县级培训 6070 人次，培训覆盖率达 100%。2018 年，新增省级教学名师 2 人，省级教育家培养对象 1 人，省级乡村名师 2 人，省级骨干教师 2 人。新增建设 3 个省级乡村名师工作室、2 个州级名师工作室和 1 个州级名班主任工作室。组织 9 所中小学校长及 8 个学科课改核心成员 60 人赴重庆市参加“深化课程改革、聚焦核心素养”专题研修活动。

2019 年，组织全县教师参加各级各类培训 4392 人次，其中县级以上培训 2731 人次，人均达 1.6 人次。其中，组织开展名师工作室 2019 年工作室成员、学员研修活动 15 次，培训教师 1050 人；选派校长教师参加“国培计划”“省培计划”和“州培计划”各项目培训任务，培训 224 人。

二、强化基础教育

（一）学前教育与小学教育

1978 年，铜鼓公社新华大队兴办幼儿园，经费主要由大队负担，县妇联适当给予补助。1980 年推行联产承包责任制后，农户有剩余劳动力照管幼儿，农村托幼组织自动解散。

1981 年，成立县托幼工作领导小组，下设办公室，负责指导和协助机关、厂矿和农村先后办起一批幼儿园。1983 年，杏山、宣威等 18 所公办小学开办学前班 18 个班，入学儿童 926 人。1990 年学前班增至 50 个班，入学儿童 1911 人。学前班课程有语文、写字、思想品德教育、游戏、常识、美工、音乐、体育等。

1983 年，县教育局制定全县普及教育规划。1984 年，全县 23 个乡（镇）中有 12 个乡（镇）提前达到规划标准。全县各小学开展入学率、巩固率、合格率综合管理，对教师实行考勤制度，当年在校生 28304 人，入学率达 83.4%，次年上升到 85.5%。1987 年初，县教育局发出“动员儿童入学”通知，上半年共动员辍学儿童 608 人复学，年底全县儿童入学率达 91.5%，巩固率 95.9%，毕业率 81.1%，普及率 76.2%。同年，全县有 5 所幼儿园，入托幼儿 249 人，按国家教育部门规定开展对幼儿教育活动。

20世纪90年代后，县内学前教育得到较快发展。幼儿园、学前班在城镇和农村小学较普遍开办，招收当地幼儿入学。1990年，全县有公办小学34所、民办小学（含民办教学点）126所，共设907个班级，在校生28683人，适龄儿童入学率95.4%，巩固率95.4%，毕业率91.6%，普及率50.8%。同年，有幼儿园6所，正式教师4人，代课教师12人，入园儿童277人。

1991年，全县有幼儿园6所，全县小学附设学前班56个。幼儿园教职工和学前班教师共96人，在园（班）幼儿1823人，其中学前班1620人。1992年5月，对已具备办园条件的4个个体幼儿园进行注册，并颁发“贵州省幼儿园办园许可证”。同年8月，《麻江县幼儿园（学前班）收费标准和使用管理的规定》出台，对一类、二类、三类、基本达办园条件和未达办园条件5种级别的城乡幼儿园和学前班收费作出明确规定。

2002年，幼儿园共7所，学前班增至132个，幼儿园教职工和学前班教师361人，在园（班）幼儿5018人，其中学前班4418人，幼儿入园（班）率21.2%。2003年，县教育局对全县幼儿园进行办学评估，2所达到“贵州省二类幼儿园”标准，1所达到“贵州省三类幼儿园”标准，其他达到基本办园条件标准。2005年底，全县有幼儿园7所，学前班103个，幼儿园教职工和学前班教师356人，在园（班）幼儿5045人，其中学前班4299人，幼儿入园（班）率30.5%。

1991年9月，县人民政府采取增加教育投入，加大宣传贯彻落实《义务教育法》和实行义务教育入学通知书和证书等措施，督促乡村干部和教师动员适龄儿童入学，当年全县适龄儿童入学率为95.6%。1992年为95.85%，1993年为96.1%。1994年，全县共有小学159所（点），教学班892个，适龄儿童入学率为97.7%。同年12月，通过省、州人民政府普及初等义务教育的评估验收。

1998年，县委、县政府将基本普及初等义务教育和基本扫除青壮年文盲（以下简称“两基”）列为当年全县要办的10件实事之一，从乡（镇）到村、到小学层层签订责任书，落实“三包”责任制（文卫股人员包片、校包村、教师包组）。同时加强义务教育工程的实施力度，新建小学“义教工程”10所；实施小学危房改造工程4所，国家扶贫教育工程1所，全县办学条件进一步改善。全县7～12周岁适龄儿童23578人（其中女11143人，少数民族18794人，三类残疾 237 人），入学 23152 人，入学率为 98.2%。1998 年 12 月，通过省、州人民政府“两基”复查评估验收，评定为基本合格。

2002 年，全县 7 ~ 12 周岁适龄儿童入学率 97.49%。小学布局调整力度加大，按照先易后难、分类推进、分步实施的原则，打破村、乡（镇）界线，实行联村、联乡办学。通过撤并调整，全县小学由 149 所（点）调整为 132 所（点），全县 7 ~ 12 周岁入学率为 99.12%。当年，小学年辍学率 0.58%，小学毕业生 3970 人，毕业年级学生全科合格率为 90.1%，毕业率为 98.98%。

2010 年，全县有普通小学 73 所，专任教师 998 人，在校学生 17972 人；幼儿园 14 所，幼儿教师 105 人，在园儿童 4277 人。全县小学适龄儿童入学率 99.63%，小学毕业生升学率为 100%。全县贫困小学寄宿制学生受助面达到 100%。2015 年，全县学前三年毛入园率由 2010 年的 44.3% 提升到 97.9%，提升 53.6 个百分点，高出 2014 年全国平均值 27.4 个百分点。全县寄宿制学校 24 所，农村小学生寄宿率 49.14%，初中生寄宿率 88.1%。建设标准化农村留守儿童之家 10 所，其中省级 1 所、州级 7 所。全县有留守儿童之家 24 所，所有寄宿制学校均有。

2012 年，全县幼儿园 76 所（含民办幼儿园），招生 5542 人，在园儿童 6165 人，离园儿童 2244 人，教职工 216 人，其中少数民族 149 人。小学 63 所，招生 2291 人，在校生 15063 人，毕业生 3024 人，教职工 1108 人，其中少数民族 959 人。2015 年，全县幼儿园 49 所（含民办幼儿园），其中镇区 15 所、乡村 34 所、民办 31 所，招生 5504 人，在校生 6007 人，毕业生 1936 人；幼儿园教职工 495 人，其中少数多民族 381 人，专任教师 308 人，镇区 278 人、乡村 217 人。小学 21 所，其中独立设置少数民族学校 1 所；招生 1685 人，在校生 10400 人，毕业生 2036 人；小学教职工 857 人，其中少数民族 742 人，专任教师 733 人；接入互联网学校 21 所。

2020 年，全县幼儿园 51 所，其中民办 4 所；幼儿园入园 2309 人，在园人数 6595 人，离园 2246 人；教职工 651 人，其中少数民族教师 557 人，专任教师 325 人。小学 22 所，招生 2212 人，在校生 12447 人，毕业生 1784 人；小学教职工 829 人，其中少数民族 722 人，专任教师 713 人，接入互联网学校 22 所。

（二）普通初中教育

1990 年全县有完中 1 所、初中 4 所；高中 13 个班，学生 644 人，其中女生168人；初中65个班，学生3368人，其中女生1243人；教职员工共256人，其中专任教师182人。1977—1990年，全县高、初中毕业生中考取大专的346人、中专447人、中师361人。

1991年，全县初中有5所，招生实行分片择优录取。当年初中招生1209人，全县参加中考1496人，其中，录取中专29人，中师45人，录取麻江中学高中部250人，职业中学50人，升学总人数占报考总人数的25.0%。

1995年，全县初中招生1370人，对边远少数民族村女生年龄放宽到16周岁。1998年9月，职高从小学毕业生中招生141人，开设职业初中班3个，招生97人，开设普通初中班2个。当年全县初中增至6所，共招生1838人，比1991年净增629人。

1999年，为全县在2003年实现“两基”（基本普及九年义务教育和基本扫除青壮年文盲）打基础，县扩大初中招生规模。当年全县有初中7所，小学附设初中3个，共招生2363人，比上年增加525人，比1991年增加1154人。

2001年，全县取消小学毕业升初中“择优录取”制度，小学毕业生通过毕业考试全部可以进入初中就读。2002年，县委、县政府成立县“两基”工作攻坚领导小组，出台《关于举全县之力打好“两基”攻坚战的决定》，要求初中入学率达95%以上，年辍学率控制在3%以下，17周岁人口接受初中教育完成率达80%以上。并从财政拨出专项经费，发动全县所有干部职工开展捐资助学活动，并制定“两基”攻坚奖惩规定，开展“两基”结对帮扶活动。

2003年，全县“两基”攻坚进入关键年。县成立“两基”攻坚办公室，发出《关于进一步做好适龄儿童少年完成义务教育的通知》，全县20多万人口人人上册，137所中小学校校建档。同时，加强基础设施建设，争取上级各类项目资金1073.35万元，财政投入979.60万元，社会各界捐资280万元，县教育局向银行贷款500万元，提前启动国家第二期义务教育工程。2000—2002年，全县教育总支出分别为1940.31、2672.38和3403.94万元，分别占当年财政总支出的34.85%、34.10%和36.36%。2002年，全县适龄少年12564人，初中阶段正常在校生11499人，初中阶段入学率91.98%。2003年10月28日至11月1日，省人民政府“两基”评估验收团通过抽查、巡查后，麻江县“两基”工作被评定为基本合格。同年12月19日，教育部发布《关于公布第十批基本普及九年义务教育、基本扫除青壮年文盲县（市、区）名单的决定》，麻江县“两基”通过国家认定。

2004年，县政府印发《麻江县基本普及九年义务教育和基本扫除青壮年文盲巩固提高三年发展规划》，进一步巩固“两基”工作成果。当年全县初中共招生4067人，教学班214个，比上年增加10个，实有在校生11993人，为麻江县历史上初中学生最多的一年。

2005年，全县4镇5乡均建成1所正规初级中学，全县有初级中学共10所，招新生3999人，教学班222个，在校生11873人。

（三）普通高中教育

1991年，全县有普通高中1所。当年招高中普通班204人，民族班50人，实际就读213人，在校生517人，参加高考164人，录取本科9人，其中重点院校1人，专科14人。

1999年各高校扩招，县内参加高考255人，录取本科77人，其中重点院校10人，专科68人，大专院校录取率56.86%，超过全省平均录取率，比1991年提高42.84%；重点院校录取率3.92%，比1991年增加5.43倍。2000年起，中等专业学校不再招收高中毕业生。2001年秋，高中开始实施新一轮课程方案，招生录取612人，实际就读614人，首次出现入学数超过计划招生数。同年参加高考277人，录取本科95人，其中重点院校8人，专科127人，大专院校录取率80.14%，是建校以来录取率最高的一年。

2003年9月后，麻江中学只设高中部。当年入学新生880人，在校生增至1981人。2005年，高中招生录取1700多人，就读麻江中学845人，就读第二中学综合高中214人，计1059人。是年参加高考889人，录取本科177人，其中重点院校21人，是历年录取重点院校人数最多的一年，录取专科239人。麻江中学获全州2005年度教学质量显著奖。

（四）中等师范与职业学校教育

1981年秋，正式称麻江县师范学校，学制改为3年，毕业生由县统一分配。1984年停止招生。同年，学校被评为省“五讲”“四美”“三热爱”先进集体。至1986年最后一期毕业生离校，先后培养11期毕业生，共452人，其中女生195人。

1985年，正式成立麻江县职业高中（简称职中），以停办的师范学校为职中校址。次年秋，与县水泥厂合办建材班，由县招生办录取初中毕业生112人，分2个班授课。1987年，与农牧局配合办水果蔬菜班1个班，招生45人，其中女生16人。1990年，职中设3个班，有学生106人。

2012年，有普通初中11所；招生3145人，其中少数民族2696人；在校生9773人，其中少数民族8367人；毕业生2429人，其中少数民族2126人；教职工1108人。有普通高中3所，分别为麻江中学、下司民族中学（开设有高中班）、县第二中学（开设有高中班）；招生1470人，其中少数民族1266人；在校生3842人，其中少数民族3287人；毕业生1032人，其中少数民族878人；普通初中、高中教职工862人，其中少数民族724人。2015年，有初级中学7所；招生2052人，在校生6036人，毕业生2276人；高级中学1所，招生1094人，在校生3644人，毕业生936人；中学教职工（初级中学、九年一贯制学校、职业初中、完全中学、高级中学、十二年一贯制学校）790人，其中少数民族662人，专任教师749人；接入互联网中学共8所。2020年，普通初中5所，招生1739人，在校生5302人，毕业生1592人，教育职工498人，其中少数民族426人，专任教师477人，接入互联网中学共5所；普通高中1所，招生878人，在校生2802人，毕业生1023人，教职工235人，其中少数民族人193人，专任教师230人；全部接入互联网；中等职业技术学习1所，招生144人，在校生476人，毕业生358人，教职工68人，专任教师68人，学校占地11587.1平方米。

三、成人教育

（一）农民教育与脱盲巩固

1980年恢复农民夜校。1982年7月，恢复农民夜校19所，设20个班，学员541人，部分小学教师兼任夜校教师。同年9月，全县农民夜校发展到103所，学员2654人。1984年9月，县政府作出《关于加强农民教育的决定》，把每年扫盲任务完成情况列入考核区、乡领导人的政绩之一。各乡制定《扫盲乡规民约》，全县自筹赞助扫盲经费1万多元。年底，全县入扫盲班学员6871人，脱盲1149人。1988年7月，州人民政府对麻江县扫盲教育进行验收，全县15 ~ 40周岁青壮年农民中的非文盲率为90.8%，基本无文盲乡（镇）占91.3%，达到国家《扫除文盲工作条例》规定的基本无文盲县标准，成为黔东南州第 7 个基本无文盲县。此后，农民教育以扫盲教育和农村实用技术培训为主，扫盲教育主要通过举办扫盲教育班进行，乡镇配备农教专干，教学任务由各村所在地小学教师利用农闲时间完成。1989 年，全县完成脱盲 2357 人，超额完成州下达的 900 人脱盲任务，获州教委表彰。

1990 年 3 月，县人民政府作出加强扫盲工作的决定，部署各乡（镇）对本地区、本单位状况进行普查，对文盲进行登记造册，建档立卡，有计划地限期脱盲，把扫盲和对农民进行科技培训工作列为各级领导任期目标责任制。当年全县完成 1890 人脱盲，超额完成州下达的 700 人的任务，获奖金 1190 元。

1991 年，乡镇村进一步完善农民文化技术学校建设。乡（镇）一般设有单独的教室、桌凳及配置相应的图书，村级农技校基本依托所在地村小学。当年全县完成扫盲任务 1371 人，受到州教委奖励。

1995 年，州下达麻江县扫盲任务 1000 人，实用农技培训 9000 人次，并补助扫盲专项经费 4500 元。年终验收脱盲 1385 人。

1998 年，全县乡镇建有农民文化技术学校 9 所，134 个行政村、居委会建有农民文化技术学校（教学点）122 个。同年 11 月，麻江县通过省人民政府基本扫除青壮年文盲的评估复查验收。年底调查统计，全县非文盲人数中，脱盲人员 5032 人，小学四年级文化程度 3696 人、五年级文化程度 2976 人、六年级文化程度 5751 人，初中文化程度 2089 人、高中以上文化程度 335 人。

2000—2002 年 3 年脱盲 2685 人，脱盲后巩固 2632 人，巩固率为 98.03%。至 2004 年，全县青壮年非文盲率为 99.76%。

2005 年，县委、县政府把对农民的实用技术培训作为农民教育的重点。当年下达扫盲任务数 300 人，实际完成 296 人，占任务数的 98.67%。扫盲经费投入 1.15 万元，其中州补助扫盲经费 3000 元，脱盲人均支出 38.85 元。是年全县有农民实用技术培训学校 124 所。组织农民工开展了餐饮技能、酒店管理、客房服务、安全规范、建筑施工技术、金属焊接切割作业、电工、焊工、车工、缝纫工、计算机、特种作业等培训。农业部门和乡镇村农技校开展农民实用技术培训 146 期，培训农民 12.48 万人（次）；组织科技“三下乡”活动 6 场（次），培训农民 3.12 万人（次）；科技宣传周活动 5 场（次），培训农民 2.15 万人（次）。

（二）函授教育

1983 年，筹建中央农业广播电视学校贵州省麻江县分校（简称农广校），招收学员 133 人。1985 年、1988 年、1989 年三次被评为州级农广校办学先进集体。1987 年评为省级农广校办学先选集体。1988 年 10 月，评为全国农业系统办学先进集体。至 1990 年共招生 6 届，学员 401 人，开设有农学、畜牧、农经、林学、果树、农产品贮藏与加工、农业技术推广等专业。

1985 年秋，麻江师范兼办中师函授，招收未获中师毕业证书的公、民办教师培训学习。1986 年，师范停办，成立中师函授广播工作站（简称中函站）。全县学员以区为单位分为 4 个教学班，聘请教师面授。20 世纪 90 年代初，全县小学教师中民办教师有 300 多人，多数未获得中等师范毕业证书，县中函站继续承担中师函授任务。1991—1996 年共开办 4 期，学员 279 人，通过全省统一命题组织毕业考试，获得中等师范毕业证 145 人。

中师函授开设语文、数学、史地、自然、心理学 5 门课程。各学科面授和辅导教师均聘请经验丰富的中学教师担任。学员除利用课余时间自学外，结合晚上收听电台播讲。每周日面授，寒暑假集中学习。学员必须参加全省成人中等专业学校招生统一考试，被录取后进入中函站注册，取得学籍。中函站根据就近入学的原则定点编班，组织教师巡回面授和辅导。学员三年学习期满，按规定修完全部课程，政治思想表现和各科成绩考试均合格后，发给中等师范函授毕业证书。

四、教师与教学管理

（一）教师培训与管理

1982—1987 年，县民族事务委员会利用暑假，从苗族聚居区选择小学教师到县参加苗文培训班学习，聘请两名苗文教师授课，教授苗文的读音、语法、拼音和书写等，每年开办一期，共培训 111 人。1984 年，拨款 2 万元选送部分在职教师、民办教师、高考落选学生共 30 人到贵州民族学院、贵州师范大学、贵阳师专等院校学习，结业回县安排充实教师队伍。1986 年，保送部分教师到省农学院、州教育学院、黔东南民族师专学校学习，以提高师资素质。1985—1990 年，有 100 多名教师加中师函授学习，多次组织教师到外县、外省参观学习。1987 年，全县中小学（公办）教师中有党员 122 人，占教师总数的 13.8%；

有团员 200 人，占 22.6%。1990 年，全县教师中有党员 143 人，占 13.7%；有团员 494 人，占 47.5%。全县召开的历届人民代表大会均有教师当选为代表、委员。在第九届、十届县人民代表大会上，中学教师盛明华和徐锡敏先后当选为副县长。先后有 3 名教师当选为州人民代表，2 人当选为省人民代表。在县政协中，教师当选为第一届委员的有 15 人，其中常务委员 1 人、副主席 1 人。教师当选为县政协第二届委员的有 17 人，其中常务委员 2 人、副主席 1 人。教师当选为州政协第三、四、六届委员的各 1 人，当选为省政协第六届委员的 2 人。

1990 年有中学教师 182 人，比 1980 年增 85.7%，小学教师 1399 人，比 1980 年增 12.5%，其中公办教师 825 人，比 1980 年增 1.8%。

1991 年，县人民政府安排大中专师范类毕业生 42 人到教育系统就业。1992 年，全县有正式教职工 1227 人，其中普通中学正式教职工 282 人，代课教师 23 人，临时工 47 人，专任教师 221 人，大专以上学历 171 人，占专任教师的 77.38%；职业高中教职工 16 人，中函站教职工 2 人；小学正式教职工 863 人，民办教师 327 人，代课教师 226 人，专任教师 1307 人。

1995 年，全县有正式在职教育干部、中小学教职工 1882 人，其中小学公办教师 903 人，民办教师 230（不含代课教师）。2000 年，全县共有教职工 1844 人，其中小学正式教职员工 1338 人，民办教师减至 36 人，代课教师 198 人，临时工 41 人。

2002 年，随着普及“两基”进程加快，初中教师大幅度增加，是年全县有正式教职工 1921 人。2005 年，全县有中小学正式教职工 2033 人，比 1992 年增长 65.69%。全县高中专任教师 178 人，学历合格率 81.4%；初中专任教师 620 人，学历合格率 95.4%，其中本科学历占专任教师比例达 17.74%；小学专任教师 1207 人，学历合格率 97.1%，其中大学专科以上学历占专任教师比例达 33.4%。

2010 年，全县有普通中学专任教师 833 人（初中专任教师本科学历占 69.61%），普通小学专任教师 998 人（专科学历以上占 77.96%），幼儿教师 105 人，职业学校专任教师 32 人。全年组织教师 2900 余人次参加培训，合格率达 97.5%，投入培训资金 36 万余元。

2015 年，全县有普通中学专任教师 749 人，普通小学专任教师 733 人，幼儿园专任教师 308 人，职业中学专任教师 62 人。全县教师集中培训 14374 人次，培训覆盖率达100%。

2018年，全县有在职教职工1753人，其中，普通高中216人、中职学校69人、初级中学547人、小学763人、幼儿园158人。新增省级教学名师2人，省级教育家培养对象1人，省级乡村名师2人，省级骨干教师2人。新增建设3个省级乡村名师工作室、2个州级名师工作室和1个州级名班主任工作室。

（二）教师待遇

1980年3月起，对担任50名学生以上班级的班主任，分中学、小学标准每月给予补贴。1985年1月起，教师除享受工龄补贴外，按教学年限规定每月享受教龄补贴。1987年10月起，对教师增发原工资10%的工资津贴。同年，3人被评为省先进教育工作者。1984—1987年，4人被评为省先进教育工作者和优秀教师。1989年，6人被评为省先进教育工作者、先进教师和优秀辅导员。

1985年9月10日第一个教师节，县委、县政府主持召开各界人士参加的庆祝大会，表彰先进教师100人。县教育局对从事教育工作30年以上的教育工作者发给荣誉证书和纪念品。

20世纪90年代后，各级党委、政府更加重视教育，社会尊师重教蔚然成风，教师地位得到提高。一批先进教师被发展为中共党员，或被推选为人大代表、政协委员，或被提拔到领导岗位，教育教学成绩突出的教师受到县、州、省和国家的表彰。1990年，拨发中学教职工工资30.93万元，人月均98元；公办小学教职工工资98.51万元，人月均95元。

2005年7月前，教师中党员的组织关系分属县直机关党委和各乡镇党委，教师党员数未作统计。同年7月教育局党委成立，下设10个总支委员会，39个支部，有正式党员541人，预备党员47人。2005年底，下设11个总支，40个支部，有正式党员576人，预备党员59人。

1991—2005年间，省、州、县人大代表、县政协委员中均有中小学各族教师被推荐当选。县政府每年教师节都要表彰一批先进教育工作者、优秀教师和先进教育集体。同时期，多位教师受到州、省部级以上表彰。

每年春节、教师节、重阳节期间，县委、人大、政府、政协领导及县教育局均对任过中小学校长的离退休老同志、优秀教师、困难教师等进行慰问。1996年县离退休教师协会成立后，每年教师节县政府、教育局都拨出专款给离退休教师，组织文艺活动或出外观光旅游。

2002 年，县司法局、教育局联合出台《关于维护教师合法权益的规定》，在教师的合法权益受到侵害时，司法部门提供法律服务，代理费实行减半收取或免交一切费用。2004 年，县委、政府决定为乡村教师在县城修建教师新村，在建房费上予以优惠。

1991 年至 1993 年 9 月，对已评聘职称的教师，职务工资起始档次适当调高定级。1993 年 10 月工资改革，教师工资提高，已评聘职称的教师，职务工资起始档次再次调整。同时，国家对教师实行优惠政策，职务工资实发提高 10%。以上标准执行至 1997 年 6 月。1997 年 7 月至 2001 年 10 月，教师工资标准五次提升，新参加工作的教师见习工资也相应作了较大调整。2000 年起，为保障中小学教师工资按时足额发放，采取编委办、人事局审核编制和人员工资，财政核拨，银行代发的办法。2005 年 7 月起增发“三费”“菜篮子补贴”“艰苦边远地区津贴”。

自 1993 年工资改革起，正式教师工资构成中，除职务工资外，加发生活津贴。活津贴按基础工资乘 3 除 7 的公式计发。教龄津贴按教师实际从教年限计发，班主任津贴以班级人数多少按月计发。2005 年 6 月起，开始计发教师岗位职务补贴，按评聘的职务高低确定月补贴标准。

1992 年 3 月，发给中小学民办教师每月粮价补助。1995 年 7 月，县政府决定提高民办教师和代课教师工资待遇，在原工资基础上，县财政再予补助，各乡（镇）从每年征收的农村教育费附加中予以补助。1998 年 6 月起，县政府决定增加代课教师工资，各乡（镇）视财力也相应给予增补。至 2003 年，未能转为公办教师的民办教师，由县财政全额拨款发放，较以往有所提高。

1995 年 6 月，对从事教学工作连续或累计达 30 年（含 30 年）以上或在乡镇（含乡镇）以下学校连续从教 25 年（含 25 年）以上，经申请获省政府颁发荣誉证书的教师，享受 100% 的退休金待遇，并从当年起每年 8 月至 9 月为集中办理荣誉证书时间。但因财力限制，麻江县只限获得 30 年荣誉证书者享受，25 年荣誉证书虽予以办理，但只作荣誉，不与经济待遇挂钩。

2019 年，全县评有省级教学名师 2 人、省级乡村教育家培养对象 2 人、省级乡村教学名师 7 人、省级骨干教师 9 人，州级教育名师 3 人、州级骨干教师

70人、州级骨干校长3人、州级名班主任2人、州级骨干班主任14人，县级名校长2人、名师6人、骨干教师60人，均落实了经济待遇。2020年完成对县级及以上名校长骨干校长、名教师骨干教师和名班主任骨干班主任2019—2020学年度考核工作，兑现岗位津贴66万元。

（三）教育教学管理

中小学实行分级办学、分级管理体制。县级教育行政主管部门在县政府的领导下，负责全县基础教育的具体工作，并接受上级教育行政主管部门的检查、指导和评估。

2003年3月，国务院办公厅转发教育部《关于幼儿教育改革与发展的指导意见的通知》，明确各类幼儿园的举办资格由县教育部门审批并颁发办园许可证。示范性幼儿园由省、地级教育部门组织评审认定。同年7月，县教育局对全县小学行政区划进行调整，实行划片区管理，将9个乡（镇）126所小学校划分为29个片区。划片区管理后，片区内的教师安排、财务工作、教学指导等均由片区中心学校统一管理。

2003年3月，县教育局印发了《麻江县义务教育阶段学校常规管理暂行规定》，制定了学校常规管理的内容和目标。明确坚持安全适用原则，对校园建设进行整体规划，搞好校园绿化、净化、美化，创建文明校园。以学生身心健康、体质增强为目标，培养学生体育运动能力和习惯。学校建立安全工作领导机构，每学期集中开展“中小学安全须知”专题教育活动。教育学生防火、防交通事故、防疾病、防溺水、防煤气、防中暑、防触电、防拥挤踩踏等。定期检查房舍、电路电器、运动器材等设备设施，及时消除安全隐患。对学生入学、注册、学籍、休学、转学等作出规定。

1991年春，全县中小学开始实行除寒暑假和双休日外的每日升国旗制度。中小学在教育教学活动中凸显爱国主义、集体主义等思想教育，以培养有理想、有知识、有道德、有纪律的青少年一代为目标。1991—1994年间，学生日常思想教育以《小学生守则》《中学生守则》及《小学生日常行为规范》《中学生日常行为规范》为主要内容。

1995年，《中学德育大纲》颁布，初中和高中德育教育除进行爱国主义、集体主义、理想、道德教育四项内容外，初中增加劳动教育、社会主义民主与遵纪守法教育、良好的个性心理教育四项内容，高中则增加马克思主义和社会主义教育、劳动和社会实践教育、社会主义民主观念和遵纪守法教育、良好的个性心理品质教育。同时各校根据自身实际制定学生操行评定实施细则，对学生的思想品德进行评价。

1997 年 11 月后，各中小学学生实行统一着装。1999 年开始，对学生的安全、禁毒教育逐步实现正常化，尤其是安全教育成为学校教育教学工作的重要组成部分。2000 年起，为加强对学生的法制教育，预防和减少青少年违法犯罪，县为各中学、乡（镇）中心学校及部分村小学配设法制副校长。2004 年 8 月，全县中小学贯彻实施《关于加强和改进未成年人思想道德建设的若干意见》，逐步建成学校、家庭、社会教育体系。2005 年末，在课堂教学中增加党风廉政教育内容。

1994 年实施普及初等义务教育，小学取消留级制度。2002 年春，全县义务教育阶段农村中小学校按规定的收费标准实行一次性收费。同年 7 月，县人民政府对城关和农村中小学（不含幼儿园）进行划定，对实行“一费制”后形成的农村中小学公用经费缺口问题，在转移支付资金中予以安排。2005 年，国家对贫困地区农村义务教育阶段减免力度加大，免除项目增加。

1994 年，随着“中国—联合国儿童基金会合作项目”的实施，全县女童入学率得到较大提高。1995 年 7 月，制定《麻江县一九九五—二〇〇〇年教育发展规划》，继续实行入复学通知书制度，组织乡村干部和教师动员辍学学生复学，对贫困家庭学生采取减免费用和帮扶的办法，入学率不断提高，辍学得到控制。

2001 年，小学毕业生升初中取消择优录取，全部升入初中就读。2005 年，县委、县政府相继制定《麻江县助学奖励暂行办法》和《麻江县助学奖励暂行办法实施细则》，对小学和初中贫困生的救助主要通过实施国家“两免一补”政策解决，对高中贫困的品学兼优学生每年救助 30 名，每名 1000 元；对本县籍的大学本科特困生救助 20 名，每名 3000 元。

县内中小学学制自 20 世纪 80 年代初期恢复小学六年制，中期恢复初、高中三年制以来，学制稳定不变，但有所改革。

1986—1990 年“七五”期间，全县普通高中毕业生 1350 人，职业高中毕业生 180 人，职业高中毕业生占普通高中毕业生的 10% 以上。

1991—1993年，县职业高中招收初中毕业生的各专业学制原则上为3年，招收高中毕业生的学制原则上为2年。但结合专业实际，学制有弹性变化。2002年后，职高各专业学制为3年，但形式有所变化。2005年，县职业高中与宁波市鄞州区西乡职业技术学校联合办学，实行“1+1+1”学制，即在县职业高中学习1年，到西乡职校半工半读1年，后实习1年。此举备受学生欢迎。

1992年7月，全县开始执行国家关于减轻小学生课业负担过重的规定，小学除毕业考试外，不再举行各种形式的统考。1995年4月，县教育局转发《关于全面贯彻教育方针、减轻中小学生过重课业负担的意见》。当年组织对中小学执行情况进行了督导检查，各校执行情况较好。同年9月，全县中小学开始实行每周40小时的新工作制，中小学生课业负担进一步减轻。

2002年秋季，全县乡（镇）政府所在地小学逐步开设英语课程，小学开设英语课程的起始年级一般为三年级（由于英语师资不足，2005年秋才在6个乡镇中心学校开设）。2005年，全县按新课标组织中小学教师进行新课改培训。同年秋，全县义务教育阶段学校均执行新课程。新课程对教学的评价主要以情感态度和价值观、过程与方法、知识和能力三个方面的得失为标准。新课标注重对学生能力的培养，考试的内容贴近学生生活，注重实际运用和解决实际问题的能力。

2019年，全年减免、资助学生费用3812.18万元；实施营养改善计划，受益学生40398人。

五、教育经费投入与学校建设

1981—1985年第六个五年计划时期，全县教育经费支出750.24万元，年均150.05万元，占财政支出的22.5%。1986—1990年第七个五年计划时期，教育经费支出1104.4万元，年均220.88万元，占财政支出的22.6%。其中1990年教育经费支出283.48万元，全县人均15.14元，占当年财政支出的24.5%；支付中小学教师工资128.9万元，占45.47%；民办小学补助费18.65万元，占6.58%，人民助学金1.42万元，占0.5%；其他开支134.51万元，占47.45%。当年基建款23.5万元。

1987年拨教育经费185.36万元，支付中小学教师工资82.62万元，占

44.57%；民办小学补助费11.61万元，占6.26%；人民助学金1.46万元，占0.79%，其他支出89.67万元，占48.38%。

1991年，全县财政投入教育经费310万元，比上年增长839%，其中人员工资支出277.1万元，公用经费32.9万元，生均经费10.22元。1993年，全县教育事业费支出394万元，比上年增长9.4%。

1995年，全县有57所中小学校开展勤工俭学活动，完成勤工俭学总产值9.6万元，比上年增加3.7万元；收益6.9万元，比上年增加2.7万元。学校勤工俭学收入，40%用于改善办学条件，60%用于学校福利，学校经费由此得到部分补充。

1997年，县对教育事业费预算实行包干制，全年教育事业费支出759万元，占当年财政支出的20.93%。

1999年，全县教育经费支出1226万元，比上年下降13.36%，占财政支出的23.31%。2000—2002年，县教育事业费支出分别占财政支出的26.1%、27.36%和30.57%，逐年有所增加。2005年，全县教育事业费支出4397万元，比上年增长44.26%，占财政支出的24.10%，比1991年下降2.1%，绝对数增加4087万元。

2005年，全县小学占地面积45.464万平方米，校舍建筑面积9.032万平方米，配备计算机269台，图书19875册，电子图书3309册；初中占地面积218632平方米，校舍建筑面积53007平方米，配备计算机549台，图书149144册，电子图书504册；高中占地面积115537平方米，校舍建筑面积29913平方米，配备计算机149台。2017年，建成县第一小学、龙山中心幼儿园新建项目工程和7所村级幼儿园改扩建工程并投入使用，县示范幼儿园、县第三小学等6所学校新（扩）建项目快速推进。

（一）地方教育经费投入

地方教育经费投入包括省、州、县、乡镇和群众及学校举债等方面投入。

1980—1990年建校舍28940平方米，占36.78%。1990年，全县有校舍86173平方米，比1949年的4429平方米增18.46倍。同年，全县校舍中属钢筋混凝土结构的31358平方米，占36.39%；砖木结构的45335平方米，占52.61%；木质等结构的9480平方米，占11.00%。有教学用房、教师宿舍、学生宿舍、厨房、厕所及其他用房。

1990年全县学校有水泥地面球场72个，其中灯光球场1个。各中学添置有标枪、铁饼、单杠、双杠等，麻中有跳高垫子、体操垫子、山羊和跳箱。全县中学各学科教具共有6000多件（幅）；有教学仪器800多件，价值6.28万元。在为各中学添置教学仪器的同时，也给中心小学配备部分教学仪器；全县小学共有各科教具7500多件（幅）。1984—1990年，为各中心小学配备教学仪器2400多件，价值7.11万元。

1992年9月，州教委下拨麻江县教学仪器专款1.29万元，县自筹1.06万元，分别为1所初中和1所小学按Ⅱ类标准进行了教学仪器配备。12月，州下拨中小学校舍配套建设经费中央专款5万元，县政府配套4.9万元，群众集资1.5万元，用于修建宣威中学教学楼。同月，州下拨发展资金投资教育事业经费1.5万元，用于改建杏山小学教工住宅厨房。1993年10月，下拨教育修缮、课桌凳专项补助费4.7万元，其中4万元用于麻江中学危房改造。11月，下拨中央专款16万元，4万元用于六堡女子学校新建教室，2万元用于良田小学修建教职工宿舍，10万元用于麻江中学实验楼建设，不足部分由地方财政或群众集资补助。

1994年7月，州下拨麻江县基本建设项目教育补助专款10万元，用于补助8所小学建设。10月，下拨中小学配套建设经费30万元，用于补助12所小学教室建设。12月，下拨不发达地区发展资金2万元，直接用于六堡女子学校建设。当年全县投入改善办学条件资金177万元，除上级下拨的经费外，县政府拨款17万元，农村教育费附加投入49.8万元，乡镇自筹和群众集资70.2万元，消除危房15栋，改造危房1148平方米，新建教室157个、办公室9间、教师宿舍15间，新修厕所56个，21所小学修建了校门和围墙，添置课桌凳4075双人套，办学条件得到了较大改善。

1995年，州下达全县中小学危房改造项目，省财政配套资金12万元，县乡财政及教育费附加和群众集资共21万元，用于改建中小学危房。当年实施教育基建工程共21个，总投入资金95.91万元，其中县政府拨款5万元，县教育局拨付41.73万元，县妇联拨付4.8万元，乡镇补助14.9万元，村校集资20.83万元，当年竣工投入使用17个。年末，县教育局制定《麻江县“九五”期间教育发展项目规划》，重点扩建原有初中和新建龙山、贤昌中学，配备教学仪器、音体器材、电化教育设施。

1996年元月，省教委将1994年和1995年“中国—联合国儿童基金会促进贫困地区女童教育项目”经费9.3万元拨付麻江县，除必要的活动经费外，主要用于项目学校添置课桌凳和图书。9月，州下达麻江县危房改造任务3000平方米，安排省补助资金18万元，县教育费附加23万元，财政拨款15万元，乡镇补充18万元，群众集资6万元，用于部分中小学教学楼、教师宿舍、学生宿舍建设。同年，获得国家扶贫工程专款21万元，谷硐镇补助1万元，乐埠、坪寨、谭家3个村集资2万元，用于修建乐埠小学教学楼。

1997年，县财政拨款68万元，修建麻江中学（老校区）教学楼1632平方米。11月，州下拨特殊教育补助费1000元，用于添置特教专用仪器设备。1998年9月，州下拨麻江县省级幼儿教育补助费4000元，列入当年教育事业费预算，专用于幼儿教师培训、教玩具设备及小型维修。是年后，学校的大项建设以国家各种项目资金的投入为主，地方自筹资金为辅。地方资金除解决个别教学设施紧缺学校的建设外，主要用于各种专项资金的配套款和学校附属设施的建设。其中2001年，县自筹122.82万元，分别修建下司中学和第二中学学生宿舍、蒋岗小学教学楼。

1999年，全县中学生达5422人，县内所有中学现有条件都不能满足学生在校住宿要求，多数学生投亲靠友或租住学校附近农户房屋，给学校管理带来了较大困难。县人民政府于7月批转县教育局《关于多形式、多渠道筹集资金兴建学生宿舍的实施意见》。2002年6月，县委、县人民政府决定麻江中学异地扩建，征地141亩，付征地费共272万元。2003年，县利用扶贫资金等共投入220万元，修建麻江中学教学楼3600平方米。2004年初，学校贷款38万元，配建了校门和水电房等设施；7月，贷款200万元修建操场23566平方米、硬化道路和场地等21388平方米。2005年，朱英龙捐资65万元，县用国债资金投入200万元，修建综合教学楼5400平方米，学校举债修建学生公寓共4栋，投入资金525万元。

2015年，多渠道筹措资金5801.87万元，新建标准化幼儿园1所、公办幼儿园4所。建设标准化农村留守儿童之家10所，其中省级1所、州级7所。

（二）国家专项教育经费投入

1998年，全县开始实施国家第一期义务教育工程。成立了以县长为组长的领导小组，在县教育局下设办公室。义教工程由县教育局具体组织实施。当年，共实施国家第一期义务教育工程10个（小学），专项资金416万元，新增建筑面积10112平方米。1999—2002年，全县共实施第一期义教工程20个，其中小学19个，中学（碧波中学）1个，投入专项资金931.57万元，新增建筑面积16492平方米；实施第二期义务教育工程8个，其中小学5个，中学3个，投入专项资金361.3万元，新增建筑面积8832平方米。2003年，实施第二期义教工程6个，全部为中学，投入专项资金482.9万元，新增建筑面积11930平方米。其中下司中学为扩建，搬迁农户19户，投入专项资金138.6万元，新建教学楼3300平方米。同年10月，麻江县通过省人民政府“两基”评估验收，义务教育工程随之结束。

国家在实施义务教育工程的同时实施“普九”教育工程。2002年，实施“普九”教育工程2个（小学），投入专项资金18.9万元，新增建筑面积450平方米。2003年，实施“普九”教育工程8个，其中小学5个，中学3个，投入专项资金313.5万元，新增建筑面积7462平方米。2004年，实施“普九”教育工程1个，投入专项资金15.6万元，新增建筑面积372平方米。此后，“普九”教育项目工程结束。

2003年，县内开始实施中小学危房专项改造工程。当年，全县实施国家危房专项改造工程5个，与外援资金共同实施1个。5个国家专项危房改造工程共投入资金187.32万元，改造危房面积4460平方米；与外援资金共同实施的工程项目共投入危改资金20.7万元（外援资金12万元），改造危房面积779平方米。2004年无危改项目。2005年获得8个危改项目工程，投入危改专项资金230.8万元，改造危房面积5498平方米。2005年后国家无危改项目工程。

2005年起，国家开始实施农村中学寄宿制工程。当年全县获得并实施农村中学寄宿制工程3个，其中坝芒中学投入专项资金209万元，新建教学楼4230平方米；碧波中学寄宿制工程投资66万元，新建学生宿舍1320平方米；第二中学投资60万元，新建学生宿舍1200平方米。

1999年，实施国家教育扶贫工程1个（乐坪初中），投入专项资金50万元，新建教学楼1263平方米；实施职业教育专项经费工程1个（职业中学教学楼），投入专项资金107万元，新建教学楼2510平方米。2000年，实施国家财政扶贫工程1个，投入专项资金12万元，新建宣威翁保小学教学楼350平方米。2001—2003年，共实施国家财政扶贫资金项目3个，投入专项资金39.24万元，用于修建景阳中学学生宿舍，建筑面积450平方米；新建宣威龙江教学点教学楼138平方米；新建杏山镇河山小学教学楼380平方米。同期实施国家国债资金项目1个，投入专项资金18万元，新建杏山中学学生宿舍320平方米。2004年，国家财政扶贫资金专项投入19万元，加上县自筹资金，将宣威镇原黄莺小学和岩头小学合并另址新建为岩莺小学。2005年，国家彩票公益金投入195万元，在县职业中学校内修建县青少年学生校外活动中心，建筑面积2200平方米；职业教育专项经费投入240万元，在职业中学校内新建职业教育培训中心大楼3578平方米。同年，争取到省财政资金10万元，县自筹16.5万元，新建下司小学教学楼630平方米。

2011年，全年投入资金206.5万元，完成41所学校食堂建设。全年学生资助管理争取资金940.95万元，受助学生12429名。引进民间资本共计1250万元加快发展学前教育。完成全县2010年9个“巩固提高工程”项目，共投资6569.55万元，新增建筑面积39428.28平方米；共投资424万元，完成2010年薄弱学校改造工程，新增建筑面积3540平方米；完成初中改造项目工程（坝芒中学），总投资177.26万元，建筑面积2004.4平方米。

2014年，全县启动实施麻江二中、杏山小学迁建和中小学、幼儿园宿舍、食堂、浴室、塑胶运动场等工程项目建设48个，其中，新建工程20个，续建工程28个，总投资27424.7万元。其中，投资2122万元，建成13所学校学生宿舍食堂20600平方米；投资1079万元，修建7所学校教师公共租赁住房264套8958平方米；投资269.46万元，修建教师周转宿舍64套2100平方米；投资157.5万元，修建7个学校学生浴室共1050平方米；投资1158万元，修建6所学校塑胶运动场39824平方米。

此时期，还有外援项目：浙江宁波雅戈尔集团捐助70万元修建麻江中学雅戈尔教学楼；宁波市向阳集团董事长毕金良捐资75万元修建杏山鄞县希望小学“毕金良教学楼”、捐资28.6万元增建的杏山鄞县希望小学教学楼；美国燃灯基金会捐助 17 万元（县自筹部分资金）修建瓮港、下司小漫、景阳茅草等小学教学楼；省青基会捐资新建五寨小学教学楼；贵阳麒龙房地产开发公司捐资 20 万元（县自筹 27.6 万元）新建麒龙希望小学；台湾籍宁波荣誉市民朱英龙捐资修建碧波小学、坝芒瓮河小学、谷硐甘塘小学、宣威笔架小学、麻江中学综合教学楼；宁波对口扶贫资金 21.2 万元修建宣威平定小学教学楼；香港近恒公司捐资 11.3 万元修建龙山干桥小学教学楼；台湾台塑集团捐资 37.4 万元新建的明德小学教学楼；香港沙井狮子会捐资 16 万元新建景阳乡茶山小学教学楼；宁波市扶贫资金资助 5 万元新建谷滨小学教学楼等。

2003 年，国家西部地区农村中小学现代远程教育试点工程在县内实施，由中央投资 60%，地方支付 40%。在地方支付的 40% 中，省出资 2/3，另 1/3 由州、县承担，其中州承担 40%、县承担 60%，县承担部分共支付匹配资金 36.82 万元。共建成农村中小学现代远程教育试点信息站点 133 个，其中建成教学点 23 个，配置彩色电视机、DVD 播放机、教学光盘等；建成卫星教学收视点（村以上完小）99 个，配置卫星接收系统（含卫星数字接收机和带 IP 数据卡计算机）、彩色电视机、DVD 播放机、教学光盘等；建成计算机教室（初级中学）11 个，配置卫星接收系统和计算机多媒体网络教室和多功能电子教室（含计算机、多媒体教室投影机、展台、扩音设备）。全县中小学配置了与教材相配套的教学光盘。加上各学校自筹资金添置部分，全县中小学共有计算机 933 台，投影仪 12 台，计算机教室 26 个，多功能电子教室 12 个，电视机 207 台，光碟播放机 133 台，成套音响 14 套。

第七章　坚持交通先行　推进路网建设

“要想富，先修路”。交通先行是助力民族地区精准脱贫，推动民族团结进步事业繁荣发展的重中之重。大力发展交通事业，改善出行基础设施，对于少数民族地区打破封闭状态，密切与经济发达地区政治、经济、文化的交流联系，加快改变落后面貌、保障和改善民生、促进区域经济社会发展有着重要作用。

新中国成立初期的1949年，县境公路仅有管理不善、质量较差的黔桂、谷（硐）下（司）、隆（昌）三（都）过境段，水路运输主要为县境清水江航道下司、宣威段，乡村各族群众基本是出行靠走路，运输靠肩挑马驮。新中国成立70多年来，麻江县各级党委、政府坚持把加强和改善基础设施建设作为推动区域发展的重点，加快推进以交通为重点的基础设施建设，建成较为完备的县域路网体系，助推民族地区经济社会不断快速发展。2000年12月，贵新高等级公路麻江段建成通车。2001年12月，全省第一条高速公路——凯（里）麻（江）高速公路建成通车，麻江进入高速时代，交通条件发生巨变。进入新世纪新时代，各级党委、政府坚持科学发展交通先行的发展理念，着力构建现代综合交通运输体系，将路网规划和建设与各族群众安全便捷出行相结合、与产业发展相结合、与脱贫攻坚和全面建成小康社会相结合，实现农村公路与产业发展的无缝连接。提前一年完成“组组通”公路三年大决战。2015年实现“村村通油路水泥路，村村通客运的目标”。2017年开通农村客运班线52条，实现建制村“100%通油路、100%通客运”。2018年实现30户以上自然村寨组组通硬化路，实现“30分钟周边、30分钟乡镇，20分钟镇到村，20分钟村到组”的“3322”综合交通发展目标，2019年被评为全省“四好农村路”示范县。“十三五”时期，凯都大道、都香高速和凯里环北高速（麻江段）建成通车，新增城市道路6.28公里，完成“组组通”公路388公里。交通网络日趋完善，交通运输保持平稳较快发展，有效推进民族地区脱贫攻坚、同步小康事业，有力推动了县域社会经济的全面发展，为2020年实现麻江各族人民与全国同步进入小康社会奠定了坚实基础。

第一节　交通建设的探索发展

新中国成立前，黔桂、谷（硐）下（司）、隆（昌）三（都）公路贯穿麻江县境，西达贵阳，南通都匀至广西南丹。清水江航道，上至都匀，下通沅江至洞庭湖，是民国时期的主要运输线。新中国成立后，县内始建过境铁路，公路建设得到大力发展。自1959年起，水路被铁路、公路取代，只作短途运输。黔桂铁路经境西南部，湘黔铁路横贯北缘，境内路段61.5公里，设有7个火车站。

一、航道、码头、渡口建设

1952年冬，政府拨款0.17万元，组织劳力334名，疏浚马尾河县境河段，排沙石380立方米。1955年10月至次年1月，省交通厅拨款0.16万元，下司航务管理站组织民工348名，对辖段河道进行掏漕，排除沙石200多立方米。1956年冬至次年2月，航务管理部门拨款0.18万元，对县境航道进行炸礁作业，投入民工298名，排除沙石240立方米。1957年，再次进行掏漕，投资0.15万元，民工318名，排除沙石200立方米，使2吨木船上至都匀，下通湖南洪江。

原在下司大街设水运码头，时称大码头。后又在小街设码头，时称小码头。1953年，贵州省交通厅内河航运管理局拨款0.14万元，整修下司小码头，用块石浆砌，长71米，面积约400平方米，有石阶梯20余级至小街货场，水陆联运比大码头便利。1959年起，随着铁路、公路运输发展，水路运量逐年下降。1976年，建设桃花水轮泵站，拦江筑起4米高的水泥浆砌石坝，大码头和小码头均被淹没。

20世纪50—80年代，境内建有渡口10个，其中车渡2个，人渡8个。

瓮城河车渡口位于隆（昌）三（都）公路33.5公里处，横跨河面60余米，原为古道渡口。1952年5月定为三等渡口，当年至1990年，由交通部门投资，经5次更换渡船。1952年投资2000元，制木质渡船1艘，载重12吨；1957年投资4000元，制木质渡船1艘，载重12吨；1980年进行维修，支出1500元。1987年，投资9.1万元，购置铁壳渡船1艘，载重30吨。1990年，有渡工5名，日平均过渡汽车59辆、拖拉机18辆、马车29辆。响水脚车渡口位于谷（硐）三（穗）公路54公里385米处，横跨河面100余米。民国三十六年（1947），系司（下司）榕（江）公路车渡。1958年，为沟通凯里经麻江至谷硐火车站的交通，置木质渡船1艘于此续设车渡。1959年，建成下司公路桥后，取代车渡。

新中国成立前，人渡以“挂公德”集资造船，以渡口田租作渡工报酬。新中国成立后，人民政府拨款造船，在人民公社时期，渡工报酬评记工分参加所在生产队分配；实行家庭联产承包责任制后，由渡口责任地收入支付。每个渡口置渡船1艘，渡工1名，实行五定管理（定渡口位置，定渡工素质，定渡人限额，定禁航水位、定安全规章）。1990年，对境内船舶治理整顿，对清水江流域县境8个渡口的渡船进行普查、造册登记；对渡工进行“安全第一，预防为主”的教育，每个渡口立有“渡口守则”石碑。

二、公路、桥梁建设

黔桂公路麻江段于1927年筹建，1934年6月竣工通车，路经县境大炉甄、两路口、大粮田、陆家桥、高枧、贤昌、大塘入都匀县境，全长25公里。1944年11月，为阻挡日军进犯，麻江县政府调民工将部分桥涵炸毁。日军撤退后，西南公路工务局组织民工修复，1945年1月通车。新中国成立前，因养护和管理不善，路基路面质量差，凹凸不平，行车艰难。

1950年冬至1951年春，独山专署拨大米3.5万公斤给麻江县作整修县境路段的开支，共完成备碎石1846立方米。1951年冬至1952年春，黔桂公路整修工程动工，独山专区设总队部，下设4个大队部，麻江大队部下设4个中队、1个石工组，民工1638人，负责县境路段26公里的整修工程，共完成备砂石3900立方米、整修路面1.86万平方米、整修路肩0.78万平方米、清理边沟2.6万米。系采取民工半建勤办法，共支出大米10.5万公斤。经过整修，初步改善路况，维持车辆畅通。1953—1974年，经养护段组织劳力多次维修改造，路基宽7.5米，路面宽6米，最大纵坡23%，平曲线最小半径36米。1975年铺筑沥青路面。1990年日均行车量1635辆。

谷（硐）三（穗）公路境内路段从谷硐起，经景阳、陆家桥、老洼冲、麻江城关、隆昌、下司、白午入凯里市境，长61公里。县境路段经三次分段施工建成。黔桂公路开工后，1928年，为沟通清水江马尾河段航道开展水陆联运，贵州省路政局派员勘测，1929年动工修建，由于战乱时停时建。1935年，陆（家桥）下（司）公路正式通车，长32公里。1946年，为支援黔桂铁路谷硐段建设，修筑陆家桥至谷硐公路，当年勉强通车，长20公里。1958年，为疏通黔东南州府凯里与黔桂铁路谷硐火车站的通道，麻江县成立民工建勤筑路指挥部，下设4个筑路大队，率民工800余人，整修谷硐至白午路段，重点对群雁坡的手爬岩、凉亭、大弯和谷滨坡进行降坡，裁弯取直。次年，谷硐至凯里通车，与凯里至三穗公路连接，始称谷三公路。1966年，省公路局拨款33.32万元，改造部分陡坡和急弯。1970年，省公路局拨款120万元对群雁坡路段进行改线，由省公路局工程五队按六级甲项标准施工，次年12月竣工通车，长4.5公里。1975年，省公路局拨款248万元，铺筑沥青路面。1984—1987年，省公路局拨款102万元，对老洼冲至花桥共17公里路段进行镶边。经多次维修改造，路基宽7.5米～8.5米，路面宽6米～7米，最大纵坡，21%，平曲线最小半径28米。1990年，纳入上海至昆明公路，属国道302线。当年日均行车量922辆。

隆（昌）三（都）公路县境路段从隆昌起，经龙山、宣威、瓮城河渡口进入丹寨县境，长33公里。1939年，国民政府交通部拨款10万元，省政府拨款5.59万元，共15.59万元（法币），当年破土动工，次年竣工通车。1944年11月，为阻挡日军进犯，省政府命令麻江、丹寨、三都3县保警队和国民党兵团，在公路上每隔20米挖深坑阻敌，日军撤退后，上述3县征调民工修复通车。后由于长期缺少养护，行车艰难。1951年6月，贵州省交通厅拨大米5万公斤，款2万余元，派工程师、技术员负责指导，组织麻江、丹寨、三都3县民工整修辖境路段。1953—1990年，贵州省公路局拨款40余万元进行维修，保持路况良好。路基宽4米～7米，路面系泥结碎石结构，宽3米，最大纵坡24%，平曲线最小半径9米。1990年日均行车量77辆。

谷（硐）大（镇宁县大山哨）公路县境路段从谷硐倒马坎起，经大冲、坝芒、瓮城、水头、大开田入贵定县境，长 24 公里。1967 年 10 月，省拨款 64.86 万元修建此段公路，黔东南州设“6711”工程指挥部，抽调麻江、凯里、丹寨 3 县民工修筑。以县委单位设工程团，工程团率民工 1795 名施工。1968 年又增加民工 3500 名，干部 31 名，施工进度加快。1969 年竣工通车。路基宽 7.5 米，路面宽 6 米，最大纵坡 12%，平曲线最小半径 45 米。1990 年，纳入上海至昆明公路 320 线。当年日均行车量 339 辆。

大（粮田）麻（麻江城关）公路，从黔桂公路大粮田起，经江水桥至麻江城关与谷三公路相接，长 4 公里。1934 年，麻江县政府向省要求修建，1939 年动工，次年竣工通车。1952 年进行整修铺砂，1969 年，省公路局拨款 17.5 万元作改善道路和改建江水桥之用。经对路基、路面、边坡整修，支付款 12.5 万元。1975 年铺沥青路面。1989 年，省公路局拨款 10 万元、县水泥厂拨款 3 万元，共 13 万元，对路段进行改道，1990 年 10 月竣工通车，日均行车量 537 辆。

麻（江）白（秧坪）公路，从县城起，经新村、中堡、碧波、筛子坝至白秧坪火车站，长 11.6 公里。1945 年修成毛坯。1962 年整修县城至碧波 7 公里通汽车，并列入群养。1970 年，为支援湘黔铁路白秧坪段施工，继续整修城关至白秧坪路面通汽车。路基宽 4 米 ~ 6 米，路面宽 3 米，最大纵坡 12%，平曲线最小半径 14 米。1972 年，经州交通局批准，将群养里程延伸至白秧坪火车站。1990 年，成都铁路局拨款 15.3 万元，黔东南州交通局拨款 0.2 万元，共 15.5 万元，新建麻白公路与白秧坪火车站道口交叉处的立交桥，系成都铁路局昆明设计院设计，铁路二分局一处青年队施工，次年 6 月 1 日竣工。

下（司）宣（威）公路自谷三公路下司起，经沙飘、周家桥、淑里、上梭、界牌、姚家寨、双江、赏改、打铁寨、翁保、茶园脚，至宣威与隆三公路相接，长 22.7 公里。1960 年，湘黔铁路开工时，修建下司至翁保折向咸宁公路，作铁路施工便道。11 月铁路停建后，利用作乡村道。1985 年 10 月，国家以粮棉布折款 81 万元补助扩建，当年 10 月动工。1987 年 10 月竣工通车，路基宽 7.5 米，路面宽 3.5 米，最大纵坡 9%，平曲线最小半径 15 米。经省、州公路主管部门验收，符合 4 级公路标准，并被评为全州同期同类工程第 5 名，获双排座汽车 1 辆奖励。

司（下司）榕（江）公路从下司起，经白午、钉耙山、石猛、大中入舟溪境，县境路段长17公路。1947年动工，当年通汽车至大中。后由于行政区划变更，此段公路下司至白午纳入谷三公路，白午至钉耙山改作工厂、油库专用线。

1956—1990年，全县修筑乡村公路78条，总长341.2公里。其中1956—1959年，群众义务修筑18条，97.2公里，占总长度的28.5%，1960—1969年，民办公助修筑2条，8.6公里，占2.5%；1970—1979年，开展山水林田路综合治理，修43条，183.7公里，占53.8%。1980—1990年，为开发边远山区经济，县人民政府和有关单位提供物资、农民投资劳力修筑15条，51.7公里，占15.2%。这些路路基宽4米～5米，其中泥结碎石路面43.4公里，占12.7%；泥土路面297.8公里，占87.3%。

1958—1990年，全县修筑专用公路20条，82公里。系专用部门投资修筑和养护，路况良好，晴雨通车。

1990年末，县境公路桥55座，长1312起米，其中新中国成立前修建17座，长338.5延米，占总长度的25.8%；新中国成立后建38座，长973.5延米，占74.2%。陆家桥位于黔桂公路145公里处。始建于清代，原为古道桥。1933年，贵州省路政局拨银元7000元，将桥面加宽至6米通汽车。1940年夏天被洪水冲毁，省继续拨银元2000元修复，当年通车。1944年11月，为阻挡日军进犯，将桥炸毁，日军撤退后，西南公路工务局组织抢修队架设木桥通车。1954年，省公路局拨款5万元改为石台钢架木面桥。1975年，省公路局又拨款22.6万元，在上游40米处新建双曲拱桥，次年4月竣工通车。此外，还有1969年省公路局拨款6万元新建的花桥（双曲拱桥），1959年省公路局拨款13万元修建通车、1968年再次拨款38万元修建的下司大桥（双曲拱），1986年国家补助折款5万元修建的界牌桥（石拱桥）等。

三、铁路建设

黔桂铁路县境路段于1946年动工，次年4月停工。1956年续建，1959年2月竣工通车。县境路段长34.5公里，有钢筋混凝土桥梁2座，石拱桥2座，隧道10座。从西往南设有乐坪、大昌、谷硐、乐埠、翁通5个车站。其中谷硐车站位于谷硐镇谷朦南侧，距县城27公里。设5股道，总长5540米。1959—1973年，停靠直快列车。1974年湘黔铁路通车后，只停靠普客列车。

湘黔铁路县境路段于1970年动工修筑，1972年10月13日竣工通车，1987年通电气机车，长27公里。有钢筋混凝土桥梁19座，栓焊钢梁桥1座，隧道12座，其中新牌隧道长2818.71米，箭杆桥墩高64米，麻喇桥长633米。从北往东设有水山坡、白秧坪2个车站。水山坡车站位于又诗乡西侧，距县城13公里。设4股道，总长2790米。客运站台240米，面积960平方米。白秧坪车站位于碧波乡新牌村桐木寨旁，距县城11.6公里。设5股道，总长3050米。客运站台长240米，面积960平方米。

第二节　推进运输业发展

一、航道运输

新中国成立前，境内下司码头是清水江上游水陆联运重镇，年吞吐量1万余吨。抗日战争时期，日军进犯湖南，航运日渐萧条。1951年，下司船业公会有个体船民138名，木船58艘。1952年3月，改称船业运输站。同年11月，贵州省交通厅内河航运管理局在下司成立航务管理站，将航运纳入国家计划，实行统一货源、统一运价、统一结算，并负责查处航运事故。1953年，有从事航运的个体木船213艘，完成货运量1845吨，客运量3739人次，木排流放量5605立方米。1956年，完成对个体船业的社会主义改造，成立安全运输生产合作社，有木船82艘，当年完成货运量2469吨，客运量2494人次，木排流放量4667立方米。1958年，安全运输生产合作社过渡为地方国营企业，称麻江县运输营水上运输连，有木船172艘，当年完成货运量10926吨，客运量1046人次。1959年，航运缺少货源，下司航务管理站改为航务管理组，水上运输连并入凯里县航运大队。1961年6月，执行调整方针，将航运大队转为集体性质的运输社，有木船95艘，属具26套以及木房、炊具等物资。1966年，因货运量锐减，船工转入以农为主，兼营短途运输。1976年，撤销下司航务管理组。1990年4月，州交通局和麻江县人民政府拨款对县境内以农为主兼营短途运输的246名船工和240艘木船进行治理整顿，规定航运安全受凯里港航监督站管理及所在地政府领导。

二、公路运输

客运发展。1954—1982年，境内公路客运一直是麻江汽车站独家经营。1954年客运量900人次。1955年运量1000人次，比1954年增长11.1%。1966年运量40.9万人次，比1955年增长408倍。1976年运量11.8万人次，比1966年下降71.2%。1978年运量11.1万人次，比1976年下降5.9%。1980年运量15.6万人次，比1978年增长40.5%。1983年，县汽车队购置大型客车1辆，并设客运售票站办理客运业务，当年全县运量26.8万人次，比1980年增长71.8% %。1987年，个体户购大型客车1辆投入客运，采取定点售票和随车售票方法，便利旅客，当年全县运量55.8万人次，比1983年增长1.08倍。1990年，建有客运线路8条，每日从县城发往贵阳、凯里、都匀、谷硐、宣威5个点，场日增加水山坡、白秧坪2个点，运行371公里，共15个班次，过境客车在县城停靠26班次。当年全县运量67.6万人次，比1987年增长21.1%，比1954年增长750.1倍。

货运发展。通过公路运输的物资，新中国成立前，主要有食盐、布匹，百货和农副土特产品等。新中国成立后，有粮食、食盐、布匹、百货、矿石、水泥、木材、化肥、农药、烤烟、油菜籽、五金、基建土石方等。主要线路系各区、乡往返于谷硐、白秧坪、水山坡火车站和县城往返于各区、乡、工厂、矿山。1951年运量0.8万吨，1955年运量1.2万吨，1966年运量23.5万吨，1976年运量3.6万吨，1978年运量3.3万吨，1980年运量6.40万吨，1985年运量9.0万吨。1990年运量9.32万吨，比1985年增长3.56%，比1951年增长10.65倍。

民国时期，县境无专门管理公路运输的机构。新中国成立后，相继建立公路运输管理所1个，汽车站2个。

1951年3月，始建群众运输管理站。执行统一货源、统一运价、统一运力的政策，专管私营马车、驮马、人力板车运输业务。1953年4月，与国管联运公司都匀业务所麻江联运站合并办公。1954年6月，两站分开办公，群众运输管理站负责办理畜力车、人力板车运输业务。1957年改隶州交通局。1964年5月，更名为交通运输管理站，下辖谷硐、下司管理站。1980年1月，更名为黔东南州交通局麻江交通运输管理总站，当年业务收入0.77万元。1981年1月，第三次下放县管理，当年业务收入1.29万元，比1980年增长67.5%。1988年8月，更名为麻江县公路运输管理所，下辖谷硐和下司公路运输管理站，当年业务收入3.3万元，比1981年增长1.56倍。1990年业务收入4.37元，比1988年增长32.4%，比1980年增长4.68倍。

1953年4月，国营联运公司都匀业务所在麻江设联运站。9月，改称贵州省交通厅运输局麻江汽车站，直隶都匀业务所。1956年，改隶凯里运输公司。1961年，附设食宿站，当年营运收入9.15万元。1963年下设下司售票站。1976年管运收入13.86万元。1980年，下设宣威代办站。1985年营运收入20.67万元。1990年营运收入37.10万元，比1985年增长79.49%。

1959年，建立谷硐汽车中心站，隶凯里运输公司，附设食宿站、加油站，承办黔东南州与黔桂铁路谷硐火车站相衔接的客、货运输业务。当年客运量6.7万人，货运量3.5万吨。1966年客运34.2万人，货运20.0万吨，比1959年分别增长4.1倍和4.7倍。1974年客运54.4万人，货运17.0万吨。当年，湘黔铁路通车，运输业务转至凯里火车站办理，撤销谷硐汽车中心站。

新中国成立前境内公路运输工具主要是畜力车，汽车极少。新中国成立后，沿用畜力车、汽车，新增拖拉机。1947年，县内从事短途运输的畜力车48辆。新中国成立后，从事短途运输的畜力车发展很快。1951年发展到99辆，比1947年增长1.06倍，以运煤、运粮为主。1958年，开展技术革断，有双套马车8辆，单套马车363辆，牛车307辆，共678辆，比1951年增长5.85倍，组成运输营1个，运输连4个。1960年，因自然灾害严重影响，畜力车仅有173辆。1975年，开展山水田林路综合治理，畜力车增至328辆。1980年，开发矿产资源，为适应短途运矿需要，马车增至348辆。1990年，全县马车共614辆，比1980年增长76.4%，比1951年增长5.2倍，从事肥料、粮食、食盐、燃料运输和集运矿石等。

1934年，由下司至陆家桥公路与黔桂公路接通后，下司一些私营企业和商业大户先后购置货运汽车10辆，从事食盐、烤烟、桐油等运输。其中6辆于1948年卖出县外，4辆于新中国成立初期开往贵阳、遵义参加汽车联营企业。1952年，县办电厂购置货车1辆。1964年，省卫生厅配给麻江县医院救护车1辆。1965年，全县有汽车3辆，其中景阳公社新置货车1辆。1970年12

月，县汽车队成立，有货车2辆，当年全县汽车共计9辆。1973年，全县有汽车14辆，其中货车11辆，小客车2辆，特种车1辆。1976年，全县有汽车25辆，其中货车19辆，小客车4辆，特种车2辆（吊车、救护车）。1978年，乐坪、四龙、下司3个公社，供销、物资、粮食部门以及重晶石厂、风管厂等先后购置汽车，全县共46辆。1980年，汽车增至61辆，其中货车50辆，小客车9辆，特种车2辆。1982年，县成立工交车队，有汽车8辆，以集运矿石为主，当年全县有汽车92辆。1985年，全县有汽车151辆，其中货车128辆，大客车3辆，小客车12辆，特种车8辆。1988年，全县有汽车200辆，其中个体户有汽车49辆（客车3辆）；8月，联营车队成立。1990年，全县有汽车共187辆，比1978年增长3.06倍。

1958年，贵州省农业厅拨给中型拖拉机2辆，是县内有拖拉机之始，主要用于谷硐五里班农场耕地。1968年，州拨给白午、杏山2个公社中型拖拉机2辆，小型拖拉机2辆，共4辆，既耕地又从事短途运输。1976年，全县有中拖26辆，小拖63辆，共89辆，其中从事短途运输58辆。1978年，全县有中拖30辆，小拖54辆，共84辆，比1976年有所下降，其中从事短途运输36辆。1980年，全县有中拖39辆，小拖48辆，共87辆，其中从事短途运输80辆。1983年，私人开始购置小拖从事社会运输，全县有小拖93辆，中拖45辆，共138辆，全部投入社会运输。1990年，全县有中拖35辆，小拖214辆，共249辆，其中从事社会运输239辆。

三、铁路运输

客运发展。1959年，黔桂铁路县境乐坪、谷硐、乐埠3个车站开办客运业务，当年运量6.07万人次。1965年运量3.93万人次，比1959年下降35.3%，1968年运量4.53万人次，比1965年增长15.27%。1971年，增加大昌、翁通2个车站开办客运业务，当年运量17.44万人次，比1968年增长2.85倍。1975年，湘黔铁路县境白秧坪、水山坡2个车站开办客运业务，当年2条铁路县境7个车站共完成客运量10.46万人次，比1971年有所下降。1978年完成客运量10.64万人次，1980年完成客运量12.12万人次，1985年完成客运量17.54万人次，1990年完成客运量11.02万人次。

货运发展。麻江县通过铁路运出的物资，主要有烟煤、重晶石、磷矿石、铁矿石、木材、水泥、烤烟、粮食和其他农副土特产品等，运入物资主要有化肥、食盐、纺织品、五金、百货、家用电器等。1959 年，黔桂铁路县境乐坪、谷硐、乐埠 3 个车站开办货运业务，当年完成发运量 8.96 万吨。1965 年发运量 3.82 万吨，1968 年发运量 7.87 万吨。1971 年，增加大昌车站开办货运业务，当年 4 个站发运量 8.62 万吨。1975 年，湘黔铁路县境水山坡、白秧坪 2 个车站开办货运业务，当年 6 个车站共完成发运量 5.33 万吨。1978 年发运量 6.69 万吨。1979 年，增加翁通车站开办货运业务，当年除乐坪站无发运量外，其余 6 个站发运量 3.68 万吨。1980 年发运量 4.31 万吨。1985 年，谷硐站承担福泉县部分磷矿转运，当年除乐坪、大昌、乐埠、翁通 4 个站无发运量外，其余 3 个站发运量 15.59 万吨。1990 年，大昌、翁通 2 个站无发运量，乐坪、谷硐、乐埠、白秧坪、水山坡 5 个站发运量 25.56 万吨。

第三节 道路养护与安全管理

一、公路、铁路养护

1934 年，县境设两路口、高枧 2 个道班，属马场坪公路养护段管理，负责黔桂公路县境路段 25 公里养护。1941 年，设马场坝、宣威 2 个道班，负责陆三公路县境路段 51 公里养护。1950 年，黔桂公路县境路段沿用原养护管理体制。1951 年 7 月，陆三公路县境路段改隶马场坪公路养护段。1953 年，实行民工建勤养护公路，设土桥河、滥坝、两岔口、仙鹅、龙山、咸宁 6 个群养小组，使用锄头、撮箕、打耙，负责养护陆三公路县境路段 50 公里。此外，设江水桥群养小组，负责养护大麻公路 4 公里。设花桥、马场 2 个群养小组，负责养护隆昌至下司公路 13 公里。1954 年，陆三公路县境路段 50 公里和隆昌至下司公路 13 公里实行道群共养，每公里配备道工、民工。1956 年，隆昌至下司公路 13 公里、陆家桥至谷硐公路 20 公里，实行群众养护。1957 年调整养护线路，陆三公路县境路段 53 公里，陆谷公路 20 公里，大麻公路 4 公里，隆昌至下司公路 13 公里，共4条90公里，列为群众养护，采用常年固定“代表工”的形式，从沿途19个高级农业合作社中，抽调社员124名，编为2个队，13个小组进行养护。

1958年7月，麻江县公路养护工区成立。当年“代表工”多数转为道班正式工人。1961年12月，县养护工区改称麻江公路养护分驻所。次年，更名为麻江县公路养护段，下辖两路口、高枧2个道班，使用锄、镐、马车、牛车、铁铲等工具，负责养护黔桂公路县境路段25公里；设谷滨、马场坝2个道班，负责养护谷三公路县境路段63公里；设仙鹅、龙山、宣威3个道班，负责养护陆三公路县境路段33.5公里；大麻公路4公里，由马场坝道班负责养护。当年道班养护公路共4条，125.5公里，经费10.28万元，每公里平均819元。1968年，养护段改称麻江公路养护段革委会。次年，增设大昌、水头2个道班，负责养护谷大公路县境路段24公里，当年道养公路5条，149.5公里，经费35.22万元，每公里平均2356元。1975年，麻江公路养护段革委会下辖两路口、大粮田、陆家桥、贤昌4个道班，负责养护黔桂公路县境路段25公里，辖翁义、下司、花桥、隆昌、马场坝、谷滨、小谷硐7个道班，负责养护谷三公路县境路段63公里；辖仙鹅、龙山、宣威3个道班，负责养护隆三公路县境路段33.5公里；辖大昌、水头2个道班，负责养护谷大公路县境路段24公里；大麻公路4公里，由大粮田、马场坝2个道班各负责养护2公里。当年道养公路5条，149.5公里，经费144.17万元，每公里平均9643元。1979年12月，恢复麻江公路养护段名称，下辖道班16个，工人134名，养护公路5条，149.5公里，经费42.2万元，每公里平均2823元。当年开始评定好路率，全县道养公路好路率达32.3%。1980年，增设机修班1个，境内道班17个（含机修班），养护公路5条，149.5公里，经费55.07万元，每公里平均3684元。1982年，有汽车1辆，碎石机2台。1984年6月，更名为贵州省麻江公路养护段，当年养路设备增加，汽车增至3辆，压路机增至6台，碎石机增至5台。1990年，养护段下辖两路口、大粮田、陆家桥、贤昌道班，负责养护路柱公路县境路段25公里；辖下司、花桥、隆昌、马场坝、谷滨、小谷硐、大昌、水头道班，负责养护国道320线（系谷三、谷大线统纳入国道320线）县境路段83公里，谷硐至倒马坎4公里由小谷硐道班养护；辖仙鹅、龙山、宣威道班，负责养护隆昌至台辰（丹寨县台辰桥）公路（系隆三线改称）县境路段33.5公里；瓮城河渡口班工人5名，负责管理渡口和撑渡车辆；机修班工人 5 名，负责机械设备的修理；大麻公路 4 公里，由大粮田道班、马场坝道班各负责养护 2 公里。当年共有道班 17 个（含渡口班和机修班）、工人 115 名，养护公路 5 条，149.5 公里，经费 144.4 万元，每公里平均 9659 元，比 1979 年增长 2.42 倍；好路率 75.7%，比 1979 年增长 1.34 倍。主要设备有：汽车 13 辆、拖拉机 11 台、压路机 9 台、洒水车 1 辆、洒油车 1 辆、碎石机 8 台、拌和机 1 台、三轮摩托车 1 辆、手推胶轮车 36 辆。

1961 年，黔东南州交通局拨款 1200 元整修麻江至碧波公路，县群众运输管理站派干部组织实施后通车。1962 年 1 月，州交通局批准麻江至碧波 7 公里公路实行季节养护，经费 1200 元。1963 年，省公路局批准麻江至碧波公路为群养乙级路，年公里固定补贴 100 元。1964 年，州交通局一次性拨款 9707 元整修群养公路，其中麻江至碧波公路 1207 元，宣威至笔架 8500 元。当年，县交通局专设 1 名干部管理群养公路。1965 年，州交通局对麻江至碧波公路投资 2.05 万元，其中固定补贴 700 元，中小修工程费、水毁抢修费等专项经费 1.98 万元。1972 年，群养公路 1 条，7 公里，管理人员 1 名，固定补贴 700 元，专项经费 1.25 万元，共 1.32 万元。当年 12 月，州交通局批准宣威至笔架公路 7 公里、下司至马田公路 11 公里、碧波至新牌公路 7 公里共 3 条 25 公里公路为群养乙级路，年公里固定补贴 100 元。1973 年 7 月，成立麻江群养公路养护工区，有管理人员 3 名。当年，州交通局批准麻江至新牌 14 公里公路为群养甲级路，年公里固定补贴 600 元。1978 年，群养公路 3 条、32 公里，固定补贴 0.46 万元，中小修工程和水毁抢修工程、备料、设备等专项经费 1.71 万元，共 2.17 万元。1980 年，重新丈量群养公路里程，原养护的 3 条公路里程，调整为 29.6 公里。固定补贴 4600 元，专项经费 1.86 万元，共 2.32 万元。1985 年，对群养公路开始评定好路率，3 条公路综合好路率为 35%。1988 年，增加下司至宣威 22.7 公里公路为群养，年公里固定补 1450 元。当年，全县群养公路 4 条，51.5 公里，固定补贴 2.25 万元，专项经费 2.92 万，共 5.17 万元，好路率 63.1%。1990 年，群养公路 4 条，51.5 公里，设碧波道班，负责养护麻白公路；共和道班负责养护下宣公路。宣笔公路和下马公路，采取季节养护。养路工具有锄、镐、铲、手推胶轮车、拖拉机等。当年固定补贴 2.56 万元，专项经费 5.52 万元，共 8.08 万元，好路率 65.32%。

黔桂铁路县境路段养护。1959 年 2 月，设谷硐、大昌、乐坪 3 个养路工区，隶谷硐养路领工区；设乐埠养路工区，隶清太坡养路领工区。有工人 80 名，负责养护县境路段。养路工具有齿条压机、拨道器、起道器、工型弯轨器、单轨车、万能道尺等 30 多种和联络用的电话机。1973 年，增加吊轨车、拉轨车、方枕器等工具。1980 年 7 月，养路领工区、养路工区改隶都匀工务段。1981 年，养路经费 17.76 万元，铁路优良率 80%。1986 年，增加液压起道机、液压拨道器、拉轨器等工具，养路经费 52.17 万元，铁路优良率 89%。1990 年，养路经费 125.14 万元，铁路优良率 97%。

湘黔铁路县境路段养护。1975 年 1 月，设白秧坪、水山坡养路工区，直属白秧坪养路领工区；设白秧坪桥隧工区，直属小龙洞桥隧领工区。4 个单位共 78 名养路职工，负责养护县境路段。马田、小龙洞养路工区，小龙洞路基工区负责养护的路段中部分跨入麻江县境。养路工具有拉轨器、铁滑车、起道机、拨道器、方枕器、弯轨器等 40 多种。当年养路经费 17.66 万元，铁路优良率 26.17%。1978 年养路经费 22.45 万元，铁路优良率 74.17%。1980 年，白秧坪桥隧工区改属马场坪桥隧领工区。当年养路经费 26.01 万元，铁路优良率 100%。1984 年，白秧坪养路领工区迁驻马场坪，改称马场坪养路领工区。白秧坪、水山坡养路工区直隶马场坪养路领工区。1985 年，投入养路经费 51.27 万元，铁路优良率达到 100%。1988 年，设白秧坪桥隧领工区。1989 年，养路单位配备对讲机。1990 年，境内白秧坪桥隧领工区、桥隧工区、养路工区，水山坡养路工区 4 个单位，共投入养路经费 88.1 万元，铁路优良率达到 100%。

二、安全管理

从民国时期的 1934 年开始，设有警工负责境内公路交通安全工作，直属公路局长途护路警工总队。新中国成立后，1953 年 1 月，设隆昌车辆查验所，有职工 2 名，负责检查登记过往机动车辆，出售缴讫证和处理交通事故等工作，直属马场坪公路交通管理站。1955 年，撤销查验所，当年至 1962 年，境内公路交通安全工作由马场坪公路交通管理站、麻江县交通科（局）共同负责。1963 年 6 月，成立麻江交通管理站。1968 年，撤销交通管理站，境内公路交通安全工作由凯里车辆监理所负责。1970 年 12 月，恢复麻江交通管理站，直隶凯里车辆监理所。1974 年 5 月，更名为麻江车辆监理站，负责宣传公路交通安全法规，维护公路交通秩序，检审机动车辆，教育考核机动车驾驶员，查处公路交通事故。1987 年 1 月，监理体制改革，麻江车辆监理站改隶麻江县公安局，称交警队。1990 年，县交警队有干警 8 名。

1976 年，县农机局下设农机管理站，配合麻江车辆监理站管理拖拉机的安会工作。1985 年 3 月，设麻江县农机安全监理站，负责管理拖拉机安全工作。1984 年，县交通安全委员会成立，负责协调交通局、公安局、农机局、车辆监理站等部门的关系，维护交通秩序。

第四节　加大投入力度，交通快速发展

1990 年，县境有 105 条公路，里程 604.5 公里，是民国时期 110 公里的 5.5 倍，全县 27 个区、乡（镇）和 89% 的村通汽车。

2000 年 12 月，贵新高等级公路麻江段（26 公里）建成通车。2001 年 12 月，全省第一条高速公路——凯（里）麻（江）高速公路建成通车，全长 50.92 公里。2002 年 10 月，株（洲）六（盘水）铁路复线（与湘黔铁路并行）麻江县境段竣工通车。2005 年，县内先后建成台（辰）下（司）、麻（江）兴（隆）两条跨县公路，完成 21 条通村公路建设，新增通村公路 197 公里，实现 92% 的村通公路，县境公路达到 74 条 844.92 公里，形成国道、县道、乡道和村道相通的公路网络，极大地改善了交通条件。至 2019 年底，麻江县境内共有公路 157 条 1168.047 公里。湘（长沙）黔（贵阳）铁路、黔（贵阳）桂（林）铁路、株（洲）六（盘水）铁路复线横贯县境，320、210 国道和贵（阳）新（寨）高等级公路与凯（里）麻（江）高速公路在县城交会。县内铁路、公路纵横交错，构成了四通八达的交通网络，使麻江成为贵州乃至大西南南下东进的交通咽喉要塞。

一、公路、桥梁建设

凯（里）麻（江）高速公路，1999 年 11 月动工修建，2001 年 12 月竣工通车，是贵州省第一条高速公路，全长 50.92 公里，沥青混凝土路面，起于凯里市

三棵树，讫于贵新高等级公路麻江县羊昌坡。麻江县境段起于下司镇小瓮郎，长27.92公里，设有麻江、下司两个收费站。

贵阳至新寨高等级公路，1998年4月开工建设，2000年12月竣工通车。是重（庆）湛（江）线中的一段，是西南三省一市南下出海的主要通道。麻江县境段长26公里，汽车荷载为公路Ⅰ级，羊昌坡处设出口接凯麻高速公路。

包头至南宁公路（国道210线），麻江境内25公里，三级公路，沥青路面，原为甘新线（甘巴哨至新寨），2002年变更线路名为国道210线。1996—2004年该路段进行公路大中修，共投资1025万元。2003—2004年创建部级文明样板路通过交通部的验收。

上海至瑞丽公路（国道320线），麻江境内35公里，三级公路，沥青路面，原国道320线。麻江境内为白午至大开田，共计75公里。1996—2005年对该路进行大中修，共计投资1190万元。2001年创建部级文明样板路通过交通部的验收。

麻江至兴仁公路（省道309线），县境段47公里，沥青路面，三级公路。原为国道320线，2002年变更为省道309线。2000年前，小谷硐至大开田为泥结碎石路面，2000年和2001年对该路段进行公路改建，铺设沥青路面，共投资1210万元。

麻江至兴隆公路（县道），全长20.22公里，麻江境段长14.81公里，为三级、四级公路。麻江境段的路面采用沥青表面处治路面，福泉境段的路面为采用沥青上拌下贯式路面。麻江境段于2002年5月开工，2003年7月竣工。工程总投资950万元（县政府匹配200万元）。

台辰至下司公路（县道），三级公路，路基宽度为7.5米，沥青路面。麻江县境段长30公里。1999年12月开工，2001年10月竣工。总投资为1980万元。

小谷硐至谷硐公路（乡道），共4.1公里，沥青路面，三级公路，路面宽度7米。2003年该路段进行大修，共投资102万元。

宣威至瑯琊公路（乡道），起于宣威镇光明村，讫于宣威镇瑯琊村，共15.2公里，泥结碎石路面，四级公路。1991年建设，1997年验收。

蒲席塘至贤昌公路（通村公路），为泥结碎石路面。起于宣威镇蒲席塘村，讫于贤昌村，是县道890线和国道210线的连接线，全长28公里。2000年5月开工，

2002年3月竣工，投入澳大利亚援助资金304万元，省扶贫资金40万元。该公路由麻江县交通局组织施工，路基主要由公路沿线群众开挖，适当补助部分工资。

2003年3月，麻江县“村村通公路”项目正式启动。至2005年底，共修建通村公路21条190公里。公路等级为省标。修路资金由交通部核拨，2003—2004年3万元/公里，2005年4万元/公里。群众投工投劳参与修建的公路4条：基东至岩头公路、甲棚至瓮袍公路、笔架至水兴公路、宣威至甲树公路。其中笔架至水兴公路，水兴村群众不仅投工投劳参与修建路基，而且还无偿提供公路所占土地。2005年底，县境共有公路74条844.9公里，其中高速公路1条27.92公里，高等级公路1条26公里，三级公路4条129.93公里，四级公路3条34.1公里。

凯麻高速公路桥位于凯麻高速公路麻江县境内，共有大、中、小桥梁23座4581.29延米，其中长200延米以上的桥梁8座，高30米以上的桥梁6座。夹岩河大桥长723米，为凯麻高速公路最长的桥；野鸡岩Ⅱ号大桥净高75米，为凯麻高速公路最高的桥。麻江县境段的桥梁分别由贵州建工集团总公司、贵州省公路公司、中铁十九局承建。

贵新高等级公路麻江县境内共有大、中、小桥梁27座（立交桥12座）2045.8延米，其中长100延米以上的桥梁9座，高30米以上的桥梁5座。所有桥梁均由中国路桥集团公司修建。两路口Ⅴ号桥长192.8延米、高45米，是贵新高等级公路麻江县境内最长和最高的桥梁。

除高速（高等级）公路桥外，1991—2005年，县境内共修建公路桥28座943.2延米，主要桥梁有瓮城河大桥、螺丝桥（蒲贤公路磨子坳）、新庄桥、腊白桥、三岔河桥等。

2010年，县境共有公路132条，其中，过境高速公路1条27.92公里，过境高等级公路1条26公里，国道2条63.6公里，省道1条45.2公里，县道5条103公里，乡道4条34.7公里，通村油路3条11公里，通村公路（砂石路面）115条897.9公里。当年新建成通村公路8条79.8公里，开通客运里程100公里。

2018年，县境过境高速公路（凯麻高速）1条8公里；过境高等级公路（贵新公路）1条26公里；国道2条67.6公里，省道3条184.1公里，县道7条182.976公里；乡道18条201.178公里；三级公路1条14.821公里；四级公路

73 条 560.804 公里；等外级公路 84 条 206.263 公里（县道、乡道和村道与四级公路有重合），全县农村公路桥梁共 125 座延 3430.34 米。全县农村公路管养护里程 781.888 公里，其中县道 7 条 182.976 公里、乡道 18 条 201.178 公里、村道 124 条 397.734 公里。全县农村公路通车里程 1166 公里，实现 100% 村村通水泥路和通客运的目标。

二、交通运输与安全管理

全县公路、水路的行业管理和运输组织管理由县交通局负责，承担对运输行业进行指导监督，负责全县公路建设与县乡公路养护、管理，组织重点交通工程建设的实施等。

1991—2001 年，全县交通管理部门办公设施和施工设备不断得到改善和增添。2005 年有公路工程设计软件、光学经纬仪 1 台、测距仪 1 台及振动式压路机、装载机、推土机等，价值 110.5 万元。自 2002 年起，县交通管理部门具备三级公路和中小桥梁的测量、设计能力，具备各个等级公路、桥梁工程的施工能力和资质。1991—2005 年，共修建公路 31 条 244 公里，桥梁 116 座 2925 延米。

麻江县公路运输管理所隶属黔东南州运管处，负责对全县道路客货运输业、运输服务业、搬运装卸业、汽车（摩托车）维修业等五大行业进行监督管理。1991 年征收运输管理费 18025 元，征收道路发展基金 24671 元。稽查车辆案件 462 件，其中警告 137 件，罚款 325 件，罚款金额共计 16250 元。

2005 年征收运输管理费 562152 元，征收道路发展基金 821010 元。稽查车辆案件 562 件，警告 104 件，罚款 543 件，罚款金额共计 246780 元。

1991—2003 年，县境内的渡口和船舶由黔东南州港航监督处凯里港监所管理。2000 年 5 月，为配合港监所管理，设置麻江县交通局水上交通安全检查站，2003 年 5 月撤销，成立麻江县地方海事处，负责管理县域内的水上交通安全工作及水上交通事故的调查处理等。

1991—1994 年，全县设渡口 10 个。其中，车渡 1 个、人渡 9 个，分别为宣威镇的罗伊、卡乌、枫香、翁东、龙江和下司镇的龙里、湾塘、和平、同兴等。1994 年 10 月瓮城河大桥建成，撤销瓮城河汽车渡口。

2003 年，开展运输船舶检查 61 艘次，纠正 61 艘次。2004 年，检查 141 艘次，纠正61艘次，在整治中解除动力装置3艘。2005年，检查船舶111艘次，纠正违章111艘次。1991—2005年共检查渡口134道次，渡船134艘次，纠正违章19起。

2010年，全县道路经营户589户，货运经营户446户，机动车维修经营户37户，持证从业人员877人。全县货物运输车446辆，客运车152辆，旅游船12艘，渡口5道，渡口船舶5艘。全年旅客运量531万人次（其中公路旅客运量446万人次，水路旅客运量85万人次），客运周转量11973万人公里；公路货运量122吨，公路货运周转量10246万吨公里。

2015年，全县拥有旅客运输班线47条，其中市际班线9条、县际班线10条、县内班线28条，全县有客运企业2家，客运车辆182辆，其中旅游包车8辆；货运车辆951辆；出租汽车企业1家，出租汽车30辆；全县拥有三类以上维修企业40家；拥有三类机动车驾培机构1家。新成立公共汽车公司1家（凯里公共汽车总公司麻江分公司）并开通运营，县城公交线路2条，公共汽车12辆。全年公路客运量1684万人，旅客周转量97486万人公里，同比增长26%和29%；货物运输584.6万吨，货物周转量46553万吨公里，同比增长38%和39%。全县辖区水域（清水江水域）共有船舶总数209艘，其中人力渡船2艘，乡镇自用船舶207艘，客运量7.4万人，旅客周转量44.04万人公里。

2018年，全县拥有二级客运站1个，四级客运站6个，农村客运招呼站138个，旅客运输班线51条，其中市际班线8条、县际班线10条、县内班线33条。全县有客运企业2家。全县有城市公交4条线路，公交车24辆，其中新能源高级电动公交车12辆。全年公路客运量675万人，旅客周转量39971万人/公里，比上年增长4%和4.1%；货物运输量699万吨，货物周转量63803万吨/公里，比上年增长41%和38%。全县辖区水域（清水江水域）共有船舶总数315艘，其中人力渡船2艘，乡镇自用船舶313艘。

三、路政管理与公路养护

麻江公路管理段路政股（路政中队）负责麻江县境内国道、省道的路政管理和路政执法。主要开展规范公路沿线非公路宣传标语、广告，取缔违章建筑，清理路障，清理占（利）用公路用地，收取占（利）用公路赔（补）偿费，侦察、勘察公路损害案件，帮助公路遇到困难车辆、驾驶员等工作。1999—2005年，检测超限运输车辆20253辆，收取超限运输公路赔（补）偿费1014万元。

麻江公路养护段隶属贵州省凯里公路养护总段。1998年更名为麻江公路管理段，隶属贵州凯里公路管理局。麻江公路管理段下设道班，道班名称以所在地命名。1991—1995年有道班23个。经过建、并、撤后，到2000年底止，麻江公路管理段所辖道班有下司、隆昌、马场坝、陆家桥、谷硐、大昌、龙山、宣威等8个道班。

1991—1996年好路率为67%～70%；1997—2001年好路率为71%～87%；2002—2005年好路率为90%～92.1%。

麻江县县乡公路养护工区隶属黔东南州公路处，1997年7月更名为县乡公路管理所。1991—2005年县乡公路管理所管养的公路有：麻江至兴隆14.8公里、宣威至下司22.93公里、下司至马田10.68公里、宣威至琅琊15.20公里、下司至铜鼓4.50公里。

麻江征费稽查所是贵州省交通厅派驻麻江县事业单位，主要职责是按照《贵州省公路养路费征收使用管理条例》，向拥有汽车、摩托车等车辆的单位和个人依法征收专项事业费。1991年1月，贵州省交通厅麻江养路费征收站更名为贵州省交通厅麻江征费稽查站。1994年1月，麻江征费稽查站变更为贵州省交通厅麻江征费稽查所。1991—2005年，共征收汽车养路费1831.18万元，征收拖拉机养路费104.25万元。连续15年超额完成养路费征收任务。

四、坚持交通先行，推进路网建设

进入新时代，特别是党的十八大以后，县委、县政府坚持科学发展，加快推进以交通为重点的基础设施建设，助推民族地区经济社会不断加速发展。

坚持科学发展、交通先行的发展理念，助推乡村振兴。将路网规划和建设与广大人民群众安全便捷出行相结合、与产业发展相结合、与脱贫攻坚和全面建成小康社会相结合，实现农村公路与产业发展的无缝连接。通过提前一年完成“组组通”公路三年大决战，2018年底实现了30户以上自然村寨组组通硬化路，实现了“30分钟周边，30分钟乡镇，20分钟镇到村，20分钟村到组”的“3322”综合交通发展目标，为麻江县与全州、全省同步建成小康社会奠定坚实基础。

坚持脱贫攻坚为引领，充分调动群众积极性，让有限的资金发挥最大的效益。在交通项目安排上，优先考虑边远地区、经济相对落后和较为偏远的行政村行路难的问题，逐步实施通村油路（水泥路）建设，切实解决当地交通条件落后的面貌，改善生存环境，提升经济落后村落广大群众的生活幸福指数。2011—2015 年实施通村沥青水泥路工程 67 个项目，共计 604.6 公里，占全县农村公路的 57.0%，到 2015 年全面实现“村村通油路水泥路，村村通客运”的目标，69 个建制村（居）全部开通客运班车，建制村客运通达率在全州率先达到 100%。

坚持政府主导与群众意愿相结合，切实做到急群众之所急，想群众之所想。在组组通公路建设过程中，坚持做到“三个坚持”“四制”要求，实施好全县交通运输行业重点工程项目。2017 年开展农村组组通公路三年大决战以来，全县建成“组组通”公路 222.131 公里，汇集 7 个乡镇街道 100 多个村组，解决了 37293 人出行问题，其中有 12023 人为贫困户人口。

坚持“从严管理、质量第一”的管理原则，切实建立和完善质量保障体系，最大限度地发挥资金效益。针对各乡镇（街道）的地质构成状况，根据各乡镇经济发展水平、地理条件和客货运输需求，尽量利用老路，对特殊路段进行特殊处理，做到既能满足经济发展需求，又能最大限度节约建设资金。提高“组组通”通路服务能力，“组组通”建设采用等外技术标准，排水、安保设施、各类标志标牌齐全、完整。

整合资金，全面推进农村公路基础设施建设，推动县域各项产业发展。坚持多方整合资金，全力加快全县通村油路（水泥路）建设，采取“发改交通建主干”，其他资金投入通组连接线、产业道路、林耕道路配套建设等方式，全力推进“村村通”“组组通”建设。通过农村公路基础设施建设评估验收，2019 年被省交通运输厅、省农业农村厅、省扶贫办评为全省“四好农村路”示范县。

2015 年，县境内共有公路 227 条 1390.585 公里。其中，过境高速公路（凯麻高速）1 条 27.92 公里；过境高等级公路（贵新公路）1 条 26 公里；三级公路 1 条 10.3 公里；四级公路共 63 条 515.552 公里；县道 3 条 65.291 公里；乡道 2 条 19.737 公里；村道（等外级公路）156 条 725.785 公里（县道、乡道和村道与四级公路有重合）。当年全县新修通村公路 10 条 59.4 公里。

至 2019 年底，县境内共有公路 157 条 1168.047 公里。其中，过境高速公路1条8公里；过境高等级公路1条26公里；国道2条67.6公里，省道1条56.873公里，县道7条182.976公里；乡道18条201.178公里；三级公路1条14.821公里；四级公路73条560.804公里。全县农村公路桥梁共125座3430.34米。全县农村公路管养护里程781.888公里，其中县道7条182.976公里、乡道18条201.178公里、村道124条397.734公里。全县有城市公交4条线路，公交车25辆，其中新能源高级电动公交车辆12辆。全年公路客运量298万人，旅客周转量25737万人公里；货物运输386万吨，货物周转量40765万吨公里。

第八章　建设生态文明　守护绿水青山

“生态兴则文明兴，生态衰则文明衰。”生态文明建设是关系中华民族永续发展的千年大计，是推动民族地区高质量发展的关键举措，也是民族地区绿色高质量发展的重要体现。良好的生态环境是人与自然和谐发展的根本基础，蓝天白云、绿水青山才是民族区域可持续发展的长远资本。

新中国成立初期至“文化大革命”时期，麻江县生态环境保护工作经历了曲折发展的过程。进入新世纪新时代，特别党的十八大后，按照“守底线，走新路，奔小康”的总要求，各级党委、政府聚力推进“大生态”战略实施，全县上下坚持守住“生态红线”，进一步强化“绿水青山就是金山银山”理念，明晰“百姓富、生态美”的奋进目标，统一绿色发展思路，自觉践行创新、协调、绿色、开放、共享五大新发展理念，推进绿色+系列工程，聚焦防治污染，加快生态文明建设步伐。2017年，国家住建部将麻江县列为全国农村第一批农村生活垃圾分类和资源化利用示范县，贵州省住建厅将麻江县列为全省整体推进农村生活垃圾污水治理示范单元。2018年，结合县情实际，制定并实施《麻江县全面加强生态环境保护坚决打好污染防治攻坚战实施方案（2018—2020年）》。2019年末，全县森林覆盖率59.83%，环境空气质量综合指数（AQI）为2.35，优良率达到98.3%。县城和乡镇集中式饮用水水源地水质达标率100%，地表水监测断面水质优良比100%。2020年，全年环境空气质量综合指数（AQI）为2.02，优良天数比为98.3%。麻江县获批为国家第一批森林康养基地。县域生态文明制度体系基本建成，国土空间开发保护格局不断优化，生态环境质量持续巩固提升，打造“绿水青山就是金山银山”实践创新取得明显成效，探索走出了一条民族地区经济发展与生态改善双赢的可持续发展之路。

第一节　加强环境保护

一、自然环境资源

（一）地质地貌

麻江县境内地质构造分褶皱构造和断裂构造，褶皱构造在县境内地质区域均为燕山期产物。全境处于云贵高原向湘桂丘陵过渡的斜坡地带，地势西高东低、南高北低。全县地貌由东到西大致呈逐级抬升的4个高程，分为西南中山峡谷、西部中山峰丛沟谷、中部低中山河谷、东南部低山河谷4个地貌类型区。西南中山峡谷区为坝芒大开田、水头和谷硐镇翁牛一带，总面积约53平方公里，海拔一般在1400米以上，最高1862米，最低921米，坡度均在40°以上，峰丛层叠、河谷密布、河流深切、山势陡峭。农地分布于狭窄河谷两岸或两旁陡坡、斜坡面上。大部分海拔在1300米左右，最高1684米，最低885米。由于山高坡陡、岩性疏松，水土流失严重。因东西、南北两向断裂密集交错，地形被切割，峰丛层叠、沟谷深窄，溶泉、溶洞较多，槽谷多呈南北展布，山多耕地少，多坡田和冲沟田，地表缺水，地下水较丰富。中部低中山河谷在杏山镇、碧波乡和宣威镇基东、安鹅、瓮偿、瓮城、岩头、黄莺、琅琊村及龙山乡复兴村、下司镇瓮港村一带，面积约637平方公里。海拔多在1000～1200米，最高1357.6米，最低675米。由于地质结构挤压、切割，东南部山形呈脊状，山体庞大，南北走向。水系成网络状，水力资源丰富。西北部山体不高，呈岗状丘陵，其余多为起伏锥峰、宽缓谷地、河谷阶地和坝田。东南部低山河谷区在下司镇（除瓮港外）、宣威镇（除基东、安鹅、瓮偿、瓮城、岩头、黄莺、琅琊村外）和龙山乡（除复兴村外），面积约305平方公里，海拔600～1000米，最高1269.3米，最低576米。由于北东向与北西向两组扭裂断层频繁交错，剥夷面发育，地表夷平强烈，多低矮山丘、缓坡平台和宽缓谷地，连绵成片。河流、溪沟切割密度较大，河谷遍布、耕地连片、土层深厚，水源较丰富。

2019年，县内地下蕴藏有金属矿和非金属矿共19种。主要矿藏有重晶石、煤、铅锌矿、铁矿、磷矿、硅石、石灰石、白云岩、页岩、陶瓷土、砖瓦黏土、硫铁矿、大理石、方解石、萤石及汞等。

（二）土地土壤

1990 年 10 月开始，全县对土地资源开展调查，至 1993 年 5 月结束。共完成 9 个乡（镇）129 个村，1225.95 平方公里的土地利用现状调查。全县共有土地 1838921.5 亩。

2002—2005 年，为达到耕地总量动态平衡，全县共开发耕地及可视同耕地的园地 7808.9 亩，基本实现占补平衡。2005 年 11 月，进行土地利用变更调查。全县土地总面积不变，为 1838921.5 亩。

2019 年，全县土地总面积 143.51 万亩。其中，农用地 134.62 万亩，占土地总面积的 93.81%。在农用地中，耕地 31.33 万亩，占 23.27%；园地 1.08 万亩，占 0.8%；林地 84.93 万亩，占 63.13%；牧草地 11.31 万亩，占 8.41%；其他农用地 5.30 万亩，占 3.94%。建设用地 4.62 万亩，占土地总面积的 3.22%。

1983—1985 年，县内进行第二次土壤普查，全县土壤面积为 174.136 万亩，占土地总面积的 97.1%。2019 年，全县土壤面积 135.92 万亩，占土地总面积的 94.71%。其中，自然土 101.08 万亩，旱作土 12.95 万亩，水稻土 21.89 万亩。分为山地黄棕壤、黄壤、石灰土、紫色土、潮土、水稻土等 38 个土属 91 个土种。

低山河谷阶地土壤组合分布在清水江马尾河段和支流龙山河、羊昌河以及鱼洞河流域的河坝、龙山、共和、卡乌、沙飘、清江、隆堡、德新、又诗、大堡等地。河岸两侧坝田肥沃。低山丘陵土壤组合分布于宣威、笔架、龙山、卡乌、铜鼓、白午、下司等地。低山、低中山宽谷、岩溶盆地土壤组合分布于干溪、岩下、柿花、五寨、滥坝、小堡、景阳高寨、小谷硐、谷硐、乐埠谭家坝、乐坪坝等地。低中山山地峡谷土壤组合分布于县境西南部。山势陡、沟谷深，侵蚀冲刷严重，地貌起伏差异大。有峰丛连绵、纵横交错的坝芒“三槽”、乐埠翁牛等地。

（三）水资源及野生森林动植物

县内共有河流 228 条，总长 712.9 公里，流域总面积 1201.4 平方公里。其中流域面积大于 20 平方公里的一、二级河流有 11 条，全长 238.24 公里，分属清水江马尾河段和鱼梁江支流。马尾河系清水江干流，鱼梁江属重安江上源支流。

在县境中部和西、北部分布有雨源性河流、溪流118条，流域总面积578平方公里。其中流域面积在20平方公里以上的有麻哈江（江水河）、响水河、景阳河、小堡河等4条。

县内河流主要靠降水补给。年平均径流深658毫米。1965—2004年40年间，平均地表水径流总量为8.261亿立方米。县内谷硐、杏山、下司、宣威地区的多数乡，属纯碳酸盐岩岩溶水区，含有浅埋地下水。按地下水径流模数计算，全县地下水年径流总量为1.89亿立方米。其中，马尾河段流域为1.11亿立方米，鱼梁江支流流域为0.78亿立方米。

2019年底，县境内野生动物总计有467种，野生森林植物总计有932种。

二、环境监测

环境监测主要为水环境、大气环境、声环境质量监测。

2001年前未作地表水监测记录。2005年4月，监测平桥、江水桥、龙口3个断面22个污染因子，平桥段水质符合《地表水环境质量标准》二类；江水桥、龙口段有害物质COD浓度值为18.82毫克/升，超过标准0.25倍，水质符合三类。1999年11月，经国家城市供水水质监测网贵阳监测站监测，县城马龙洞饮用水源符合《国家生活饮用水资源标准》中一级标准。2020年，县城集中式饮用水水源地和乡镇、农村千人以上集中式饮用水源地16个水质稳定保持三类水质以上。

1999—2005年，州环境监测站每年一次对县城空气质量进行监测，监测因子二氧化硫、氮氧化物、总悬浮颗粒。2005年4月，连续监测3天，环境空气质量为二级。

1998年，设42个区域环境噪声监测点，白天监测均值为58分贝。8个点超过Ⅲ类标准限值，3个点超过Ⅳ类标准限值。2005年，设90个监测点，白天42.2 ~ 65.4分贝，11个点超过Ⅱ类标准限值，超标率12.2%，1个点超过Ⅲ类标准限值，总体为Ⅲ类；夜间为41.2 ~ 58.4分贝，21个点超过Ⅱ类标准限值，超标率为23.3%，7个点超过Ⅲ类限值，超标率为7.8%。1998年，设10个交通噪声监测点，噪声值为60 ~ 77分贝，有7个点超过国家标准限值，超标率为70%。2005年，设12个监测点，车辆流量为263辆/小时，噪声值为

58.0 ~ 70.3 分贝，2 个点超过标准，超标率为 16.7%，轻度污染。2020 年，县城区域噪声监测点昼夜噪声均达到《声环境质量标准》Ⅱ类标准，交通噪声监测点昼夜噪声均达《声环境质量标准》4a 类标准，达标率为 100%。

三、环境治理

（一）环境治理概况

新中国成立前，县城环境卫生由警察局兼管，广大村寨、山水河流无专门环保管理部门。新中国成立后，从 1952 年开始，县城配备环境卫生工人。1957 年，县城环境卫生改由县防疫站负责。1981 年，成立城关环境卫生管理站，配备清洁工及拖拉机。1985 年 11 月，城关环境卫生管理站配备清洁工、驾驶员、会计、出纳等共 11 人，自卸汽车、拖拉机各 1 辆。1987 年，县爱国卫生运动委员会将全城划为 22 个片区，每逢节假日，职工和居民进行突击性清扫。1989 年 7 月，环境卫生管理站改隶县城乡建设环境保护局。1990 年，城关环境卫生管理站有职工 10 名，自卸汽车、手扶拖拉机各 1 辆，每日清扫街道 1 次。当年，日平均运出垃圾 16 吨。

改革开放特别是 80 年代后，环保工作逐步正常开展。在各乡镇、各部门配合下，县环保管理部门组织开展了河水保护、饮用水保护、工业废水、废气、废渣、噪音治理工作。

1983 年，县抽调 76 名卫生人员，对县境 1927 个自然村的 1936 处饮用水源作简易化验，无污染 401 处，占 20.71%，有污染 1535 处，占 79.29%；地面水源 377 处，无污染 105 处，占 27.85%，有污染 272 处，占 72.15%。

1983—1984 年，环境管理部门在清水江马尾河段麻江县境段及羊昌河等支流，选择 37 个点取样化验结果，水质优良、良好 26 个点，占 70.27%；含汞超过国家标准 11 个点，占 29.73%，其中笔架乡岔河点超标 20 倍，蒲席塘点超标 12 倍，贤昌乡桥边点超标 10.4 倍。

1984 年 11 月，县人民政府发出通告，禁止在白水河（麻哈江源头之一）两岸倒垃圾，违者罚款。当年，全县改良水井 227 口，凡作为饮水用的水井，由所在村寨定期洗刷清洁。

1990 年，按照国家环保局的部署，对境内 139 个砖瓦厂排放的气体进行了测试，含二氧化硫 368 吨，氟化物 7.5 吨，烟尘 26 吨，粉尘 37.35 吨。对 70 个小煤窑排放的污水进行测算，流入沟渠的占 71.43%，渗透地下的占 28.57%。

1987 年，境内生产、生活用煤量约 6.8 万吨，燃烧后的煤渣约 4.8 万吨，其中城关生产生活用煤 1 万吨，燃烧后的煤渣约 0.7 万吨。县内煤渣处理，或作改良土壤，或作铺路材料，变害为利。垃圾处理，或作肥料，或固定地点堆积。

县内治理废气污染，采取在工厂、房舍周围栽种槐树、垂柳、梧桐、柏杨、桃树、李树、无花果、女贞、冬青等能吸附、净化有害气体的植物，实行自然净化。对于新建工厂实行治理废气与设计、施工、投产同步进行。

境内机动车噪音、火车发出的噪音波及面广，危害较大，特别对居住在铁路两侧的居民影响很大。1990 年，过境汽车日均 3510 辆，黔桂公路大粮田点噪音达 120 分贝，国道 320 线麻江县城点达 100 分贝。噪音治理由公路交通管理部门广设标志牌，行车经过城镇、村庄，限定时速、限鸣高音喇叭，夜间行车不准鸣喇叭。政府发动群众在街道、公路两侧广种树木，对减轻噪音具有一定成效。

2017 年以来，共投入资金 2700 万元推进农村垃圾无害化处理工程，率先在全州实现了农村垃圾“村收集、乡转运、县处理”。2019 年，在全县 405 个自然寨实施农村人居环境整治，建成农村卫生厕所 1.73 万个、农村厨房 1.7 万个、农村污水处理系统 47 处，安装路灯 26910 盏，建成综合停车场 405 个，硬化串户路 180 余公里，村寨绿化美化 20 余公顷。全年农村危房改造 169 户，小康房建设 150 户。

（二）污染防治

1. 水污染防治

县境内水环境污染主要是工业污染源和城镇生活污水，其次是采煤矿井废水。污染除来自县境自身外，部分污染源来自都匀市，其工业废水、采煤废水、城市生活废水沿江而下，造成县境内的清水江马尾河段直接或间接受到污染。

采取的防治措施主要有：一是明确清水江和县内其他河流为重点流域保护。制订应急预案。发挥人大代表、政协委员议案提案和群众监督的作用，一经发现江河流域水体污染，环保部门立即组织查找污染源头，采取紧急措施。二是执行“环境影响评价”和治理污染设施与主体工程同时设计、同时施工、同时投入使用的“三同时”制度。凡在县域内新建、改建、扩建项目，必须把好建设项目选址关，特别是在水环境比较敏感的地区杜绝新建对水环境有影响的工业企业。对新建项目，必须进行环境影响评价，充分听取专家意见，扩大公众参与，执行审批前公示制度。三是加大环境保护执法力度。对有污水排放的企业，环保监管部门要求其必须进行治理，对不治理或者治理不达标的企业和煤矿责令停产或限期整改。四是加强县城生活污水综合整治。2004—2005 年，向上争取资金 120 万元，修建从县城杨柳井至白水桥的污水截流沟，初步改善了生活污水排放状况。2020 年，全面启动县城供水、排水、污水管网改造工程，城镇生活污水处理率为 79.3%。

2. 大气污染防治

县内的大气污染来源主要分为三类，一是工业污染源，即化工、冶炼、非金属矿物制品业等行业所排放的烟尘、粉尘、二氧化硫及无机物或有机物所造成的大气污染；二是生活污染源，即居民、机关和服务行业因餐饮、取暖等生活需要，燃烧矿物燃料所排放烟气造成的低空大气污染；三是交通污染源，即汽车尾气排放的一氧化碳、氮氧化物等造成的大气污染。经监测，县城大气环境质量中，二氧化硫、二氧化氮、总悬浮物微粒等均优于国家二级标准。

实施的防治举措主要包括：一是城镇空气大气污染防治。从单纯的防治转向加强城镇环境建设，从点源治理转向区域综合治理。在县城开展创建省级文明卫生县城活动，加强烟尘控制区环境管理，先后将产生烟尘源和污染源的酿酒厂、榨油厂、家具厂等企业搬迁，重新选址建设；关闭不符合条件的浴室，指导一些浴室采用水沫除尘器降低污染，并在乡村大力发展沼气和推广改厕、改灶工作。二是企业空气污染治理措施。1999 年以来，全县通过招商引资新建的 18 户工业企业以及 4 户制砖厂基本都依法进行了环境影响评价。但部分企业在建设时采用的一些治理工艺不符合环保要求，或随意上一些简陋的治理设施，治理效果极差，甚至有一些企业根本不上治理设施。针对这些存在的问题，县环保部门加大管理力度，严格执行国家产业政策，严格行业准入，严控高耗能、高污染行业产能。组织企业到外地考察学习污染治理工艺，采用正负压反吸风布袋收尘系统进行烟尘治理，取得一定的效果。

3. 噪声污染防治

噪声污染主要是城镇建筑施工噪声、工矿企业生产机械噪声、房屋装潢装修切割钢材及地板砖噪声、娱乐场所噪声、市场高音喇叭招揽顾客噪声、机动车辆高音喇叭声、红白喜事鞭炮声等。针对噪声污染源采取的相应防治措施主要有：一是加强建筑施工工地噪声管理，每个建筑工程在开工建设前，必须办理环境保护审批手续，核发临时排污许可证，明确规定施工作业时间，禁止夜间施工作业。二是将新、改、扩建项目的噪声污染与防治列入环境影响评价，并要求做到"三同时"，对达不到噪声污染防治要求的项目，坚决不予审批。三是对装修、装潢及供材门市切割噪声加强监管，禁止夜间作业。四是取缔无证露天歌舞场所。对室内歌舞厅加强监管和控制，随时对噪声进行监测，发现超标扰民，立即责令停止营业进行整改。五是结合文明创建活动开展专项整治。1997 年后，每年中高考期间，县环保局联合相关部门以文件、通告等形式警示各噪声污染点，限制噪声源，开展噪声影响高考专项整治。从 2003 年创建省级文明卫生县城活动开始，对场天集市高音喇叭噪声、机动车辆高音喇叭声、市民红白喜事鞭炮声等进行监控，在县城汽车站和主要街道设置禁鸣高音喇叭标志。

4. 固体废物与危险废物污染防治

固体废物主要产生于工业企业、重点建设项目（铁路、公路）、矿山及洗矿等。县内工业固体废物主要有电解锰厂、碳酸钡厂和硅锰合金冶炼企业所产生的废渣，以及洗矿带来的淤泥等废弃物。2004 年 7 月洪水暴涨，碳酸钡厂废水顺河污染数公里，经州环境监测站取水样化验，硫化物超标 100 多倍。县环保局督促该厂在渣场下方修建废水处理池，废水污染得到一定减缓。2001 年，县内景阳、谷硐等地出现利用水洗重晶石碎矿的洗矿点多达 16 家。洗矿点废水污泥未经处理直排河中，严重污染下游河水，引起沿河两岸群众强烈反应并投诉。县环保部门和乡政府组织调查后，对设在河两岸的洗矿点全部予以取缔。对废水污泥未经处理直接排入河道的重晶石洗矿点，也一律予以取缔。

四、环保规划与管理

2005 年实施建设老蛇冲自然保护区规划，面积占全县土地面积的 1%；实施下司风景名胜区建设，占全县土地面积的 0.8%；加大造林、护林力度，使全县森林覆盖率达 50% 以上；治理水土流失 1.45 万公顷；清水江县域各河段水质保持和达到Ⅱ类标准；县城区域噪声按功能区达到标准；县城空气质量达到二级标准；县城区饮用水源水质达一级标准；全县二氧化硫、烟尘（粉尘）、化学需氧量、氨氮、工业固体废物排放总量控制在下达的指标内，工业固体废物综合利用率达 80% 以上。2015 年，全县森林覆盖率达 52% 以上，治理水土流失面积 3.1 万公顷，治理石漠化面积 0.06 万公顷。

开展烟尘控制区、噪声达标区规划。明确“十五”末期烟尘控制区烟尘排放达标率要求达 80% 以上，取缔以原煤为燃料的经营性饮食业大灶、营业灶、茶炉。2010 年前实现用燃气炉或电热炉，污染源排放达标率为 90%。

把在建城区规划为 3 个片区，Ⅱ类噪声达标区域面积 2.06 平方公里，其余划为Ⅲ类区域。

实行县长环境保护目标责任制。从 1998 年始，县长马仁华与州长刘晓凯签订了第一届《县市长环境保护目标责任书（1998—2002 年）》。1999 年后，每年召开全县环境保护工作会，县长与全县 5 乡 4 镇和建设（环保局与建设局合署办公）、经贸等 8 个部门主要负责人签订三级环境保护目标责任书，分管副县长及各乡镇、环保等 17 个部门和企业签订责任书，将环境保护工作纳入议事日程，列为政绩考核内容。2003 年 4 月，州人民政府组织对全州县市长环境保护目标五年执行情况进行届终考核，通过抽查企业排污情况、县城基础设施建设、绿化美化、污染治理、垃圾处理等 5 项指标，县域环境保护目标执行情况得到充分肯定。同年 9 月，授予麻江县人民政府二等奖。

1999 年前，县内原有的工业企业在立项、选址时已把环境影响评价和治理污染措施纳入制度化、规范化管理。2000 年后兴办企业增多，对新、老企业一律采取污染源排放总量控制管理。1998—2002 年，全县污染物排放控制在州下达的 12 种污染物排放计划之内。2003 年后，县环保部门根据州下达的控制计划，将 6 种污染源排放指标以文件形式安排到排污单位，严格管理，禁止突破排放计划，并全面实行排污许可证制度。2002—2003 年，须通过污染治理、排污设施验收、污染物排放要达到国家规定的排放标准，方给予工业企业核发排放污染物许可证。2010 年，全县环境污染治理投资 373.5 万元，增长 16.72%；城区垃圾处理站 9 个，县城区建成面积 3.7 平方公里，建成道路全长 14 公里，规划区绿化率是县城区建成面积的30%，县城绿化覆盖面积是1.11平方公里。

2020年底，完成“十三五”下达的4项主要污染物减排任务，氮氧化物减少124.18吨，二氧化硫减少71.61吨，化学需氧量减少230.44吨，氨氮减少60.87吨。

第二节　实施森林管护

一、森林资源与自然保护区概况

1991年，全县林业生产用地105万亩，非林业用地75.217万亩，有林地63.59万亩，疏林地6.11万亩，灌木林地15.08万亩，未成林造林地4.08万亩，苗圃地74.4亩；林地总面积78.7万亩；森林活立木积蓄量85.28万立方米。森林覆盖率43.7%。1999年，实施国家天然林资源保护、退耕还林等工程，森林覆盖率达到47.95%。1999年与1991年相比，林地增长4.6%，活立林蓄积量增长0.03%，森林覆盖率增长0.89%。2005年，据全国森林资源调查工作结果统计，县域森林面积94.38万亩，森林活立木蓄积量179.2万立方米，森林覆盖率达到51.59%。

老蛇冲自然保护区是清水江的主要发源地区，是黔东南州西部和黔中地区生态保护较为完整的原始次生林林区。保护区内生物资源丰富多样。1992年，县人民政府批准建立大开田自然保护区，面积11395亩。2000年，在原保护区基础上扩建“麻江县老蛇冲自然保护区”，总计面积增为130470亩。2003年4月升级为州级自然保护区。2005年经省林业厅组织专家论证，批准建立“麻江仙人桥省级森林公园”。2010年，全县有自然保护区1个，面积13万亩。2015年全县森林覆盖率为52.1%，2019年末达到59.83%。

二、森林管护与防火

森林资源管护由县绿化委员会和县森林防火指挥部负责，县林业局具体组织实施。2005年，县林业局有营林事业人员64人，行政执法人员26人。全县9

个乡（镇）设林业工作站。

1988年，从县到乡、村建立护林防火组织159个，成员1530人。明确护林员1238人，其中，专职43人，兼职1195人。1999年，实施天然林资源保护工程，在工程实施的村建立护林小组，聘请126名专职护林员。2003年，全县森林资源管理采取专职护林形式，实行县、乡、村、组（小组）多层次管理，建立森林管护组织11个，聘请护林员151名，并签订护林管护合同。各乡、村聘请社会护林人员889人。2005年，成立麻江县林业综合行政执法试点工作小组，组建麻江县林业综合执法队，分两个中队23人，实行划片包干、定职定责、有奖有惩的管理原则。1988—2005年，县内护林设施主要有：瞭望台、无线电中转台、电台、防火线、护林专用工棚、防火林带、护林宣传碑、标语碑以及其他有关器具等。

有序推进麻江县1989—1992年马尾松采种基地工作方案、麻江县森林经营方案（1994—2003年）、天然林资源保护工程设计规划（1999—2010年）、中美合作森林健康项目麻江县示范区规划设计（2003—2005）等规划实施，对县内森林资源的有效保护和森林资源的合理开发利用起到重要作用。

1988—1990年，全县封山育林22.88万亩，完成23个乡镇封山育林的绿化工作，修建大型封山育林宣传碑牌89块。1991年，封山育林进入系统工程管理，对封育万亩以上森林乡镇、千亩以上村组的新封地段，做到“六个有”，即有规划设计图和设计说明书、有专人管护、有管护合同、有乡（村）规民约、有封山育林标志、有检查验收和兑现标准。对于确有成效、达到标准的，由林业部门给予奖励性补助每亩0.10元，连续5年兑现；对未达到标准的，除不给予补助外，还要追究村组长责任。

1999年，麻江县被国家列为“天然林资源保护工程封山育林示范县”。

2004—2005年，封山育林纳入退耕还林工程中人工促进封山育林工程。两年共完成封山育林面积24914.4亩。

2004年8月，国家林业局授予麻江县“全国封山育林先进单位”。

1991—1992年，对全县乡、镇、村46个林场进行定权和定界工作，清理落实总面积19697亩，经县公证处公证，由县政府颁发了山林证。2001年，清理采石、采矿、采砂场25处，限期停采19处，使乱开滥采而侵占林地行为得到一定的遏制。2002年，林地管理纳入资源林政管理工作的主要范畴。

2005年后，实行联合管理的形式有：县级之间、乡镇之间、国有单位与村组集体之间联合管理，县林业公安与交警、刑警、治安大队之间联合管理，国家、集体与个人之间联合管理以及其他方式的联合管理等6种形式。管理办法主要有：召开座谈会，交流管理方法，寻求共同点，联防管理边界森林树木；交换案情线索，共同打击破坏森林树木犯罪行为；签订联防管理协议和联防护林公约等。成立了林业行政执法队，打击破坏森林行为，对县境内木材及其产品运输车辆进行检查，以防止盗砍、盗运行为发生。

1988年11月，县森林防火指挥部制定全县森林防火预案。次月，县政府发布执行。1994年发生火警4起，参加扑火人员232人，损失林地62亩，损失率为0.08‰。2002年，为加强森林防火工作，县林业局拨出专款，组建森林火灾专业扑救队伍，建立森林防火器械室。当年发生森林火灾火警15起，出动扑火车辆57辆次，扑火人员609人次；侦破处理火灾案件7起，逮捕1人，行政处罚7人，责令种树4万株。

2005年，县森林防火指挥部办公室单独建制，并成立10支共320人的森林防火民兵应急分队。当年发生山林火灾10起，通过开展“森林火灾破案攻坚战”，破案9起，逮捕1人，行政处罚8人；森林火灾受灾率0.17‰。

三、病虫害防治与改灶节柴

1988年8月，县内开展森林病虫害普查和产地检疫普查工作，对各乡镇和相关林场进行普查。共采集标本272号，调查38个树种。1991年6月，成立县森林病虫害防治检疫站，配备兼职检疫员11人。1996年5月，制定了“九五”期间《麻江县森林病虫害防治目标管理责任制》，是年，州检疫验收小组到麻江检查，达到省、州规定标准。

2003年7月，对全县9个乡镇及国有林场的13.58万亩林地进行普查，基本摸清麻江当时林业有害生物的危害状况和发生情况。2004年1月，县政府调整充实县松材线虫病和拟松材线虫病预防领导小组，并于2月召开有关单位负责人会议，与9个乡（镇）及县相关单位签订防治除治工作目标责任书；县林业局与9个乡镇林业站也签订工作责任书。2005年2月，县政府成立麻江县林业有害生物灾害应急指挥部。在各地森林病虫害防治中，实施应急预案，大部分采用砍除病株、烧毁、深埋处理和化学防治等方法，效果较好。

1989 年 4 月，麻江县开始进行改灶节柴节能工作。同年 11 月，县委、县人民政府召开全县林业工作会议，将"改灶节柴"列为第 4 项大任务，并规定"以推广节柴灶为主"。当年，全县完成改建灶 1775 户。1995 年前，全县农户都用上节柴灶（含机关居民户）。以木柴为主要燃料的厂矿、企事业单位和农村"三窑""四坊"一律改烧柴为烧煤、烧草或其他燃料。

1993 年 11 月，全国省柴节煤试点县贵州验收组到麻江进行改建灶验收。经检测，认定麻江县各项指标达到部颁标准，验收合格，上报国家农业部审批。

1994 年，在改建灶的同时开辟和利用农村新能源。先后在杏山和下司镇村组进行农用沼气建设和利用示范。完成曲流布料式农用沼气池 7 口，试点获得成功，深受群众欢迎。

1995 年，全县 9 个乡镇 16 个村共建"三结合"新型沼气池 35 口，每口 8 立方米，每天可产气 2.5 立方米。一年一户可节省照明、燃料费 250 元以上，节省劳动力 40 个以上。1999 年，全县推广沼液浸种种植水稻 2500 亩，种植玉米 2000 亩，种植蔬菜 200 亩，作添加剂喂猪 300 头，效果良好，推广试验取得初步成功，获州政府科技进步四等奖。2003—2005 年，龙山乡复兴村完成 8 ~ 10 立方米新型农用"三结合"沼气池 76 口，使用方便快速，取得较好的经济和社会效益。

四、森林健康经营示范项目建设

2002 年，中美合作森林健康经营示范项目在县内龙山乡复兴村实施，每年由中央投资 100 万元进行各方面项目建设。建设时间为 2002—2007 年，项目总面积 49688 亩。

示范区基础设施建设项目有：①道路维修工程。总长度 13 公里，新建桥梁 1 座，2002 年全面维修，2003 年底全部完成。②农用沼气池示范建设工程。2003 年完成 8 立方米曲流布料式沼气池 40 口（户）。2004 年，按照沼气池、厕所、畜厩为一体的原则，用国际 GB/T4750-2002 户用沼气池标准，完成规格 8 立方米的分离气浮罩沼气池 30 口（户）。③小气象站建设工程。2003 年建成设备基本齐全的小型气象站1座，建立径流场6个，设置固定样地16个。④护岸林建设与河道治理工程。河段3000米栽植垂柳或金丝柳。调整部分河流走向，清理河床，在适当位置进行宽度和深度开挖，为鱼类和水生物栖息提供良好环境。工程于2004年开始启动，逐年实施完工。⑤护林设施建设工程。2005年底建成高12米，水、电、路配套齐全的护林站（即瞭望台）一座；建成项目建设示意图标志1座，项目区标志1座，大型宣传标志碑5座，小型标志碑牌50块，古大珍稀树木标志碑66块，以及其他有关附属设施。

“十三五”时期，生态保护修复全面加强。乌卡坪获批全省大健康医药产业示范基地，蓝梦谷获批首批国家森林康养基地。

第三节　开展植树造林

1990年，县人民政府出台麻江县1990—1992年荒山绿化造林总体规划、麻江县1.5万亩油桐基地林基本建设可行性报告（1991—1993）。随后又出台了麻江县退耕还林工程规划设计（2002—2005年）、凯麻高速公路绿化长廊建设（麻江段）规划设计（2004—2005年）等多个规划。这些规划的实施，有效地推动了全县植树造林工作的开展。至2005年，全县完成造林总面积609472.9亩，其中，经济林11870.3亩，生态林447345.1亩，果品林50257.5亩；完成封山育林765177.9亩，其中，一般封山育林424980.5亩，工程封山育林340197.4亩；完成四旁植树412.49万株、义务植树602.68万株。“十三五”时期五年间，完成造林面积11.14万亩，比“十二五”期末增长10.17%；森林覆盖率60.26%，较“十二五”期末增加10.17个百分点。

一、采种育苗

麻江县是贵州省马尾松的重点产区。县内重点采收的树种有马尾松、柏木、侧柏、油桐、银杏、枫香、光皮桦、栾树、喜树、杉木、樟木、麻栎、白栎、板栗、红豆杉、红花木莲、梓木、泡桐等。1988年，部、省、州三级联合投资，在麻江建设马尾松母树林采种基地2990亩。1994年6月，经部、省、州组织验收，母树林大量结实，可以采收。1988—1998年，全县共采集马尾松净种57083公斤，除自用外，还远销广西百色和省内各县。1991—1993年，共收购油桐种子25040公斤，满足了营造油桐基地林的需要。

根据州、县计划，县林业局结合各乡镇造林用苗之需，将育苗任务分解下达至各乡镇，由乡镇林业站委托有林木育苗经验的农户育苗，县林业局统一调配育苗种子，并负责技术指导。生产苗木除本乡镇造林绿化使用外，其余由县调配使用或外销。这种育苗方式延续至1995年。1990年4月，县林业局在坝芒乡大开田村牛丫山组建立育苗基地163.8亩。1990—1994年育成苗木1998万株，占全县育苗量的60%。至2005年，先后在杏山、碧波、下司、龙山、宣威等地建立过大面积育苗基地，生产出香樟、香椿等大量规格苗木。

2003年4月，投资60多万元在杏山镇长兴村建立的总面积253.7亩的麻江县天保工程种苗圃基地竣工投入使用，苗圃提灌、排给水、供电、温室钢架大棚、公路、住房、围篱等设施俱全。同年，大苗培育面积70亩，有白花木莲、柏木、桂花、香樟、紫薇、紫荆等约60万株；同时培育蓝浆果、黑树莓等果苗，总产苗木百余万株。

1988—2005年，育苗品种有马尾松、杉木、银杏、桂花、黑树莓、蓝浆果、楠竹、猕猴桃等50多种。至2005年，累计产苗16951.6万株。

二、植树造林

1988—1990年，全县共计完成造林164455.7亩，其中1988—1989年营造速生丰产用材林2950.9亩。1991年，造林、育苗用种2.9万公斤，造林苗木2000多万株。同年3月，全国绿化委员会、林业部、人事部授予麻江县“全国造林绿化先进单位”荣誉称号。当年，全县完成造林43827亩，占州下达任务的109%。同年10月，州委、州人民政府授予麻江县“1991年度造林绿化达标单位”荣誉称号。1992年，全县造林55082.8亩，超额35.9个百分点完成州下达的计划任务。同年11月，州委、州政府授予麻江县造林绿化三等奖。1994年，完成人工造林38754亩。同年11月，州委、州政府授予麻江县“造林灭荒先进单位”荣誉称号。省绿化委员会将麻江列为“造林绿化百佳县”之一上报国家林业部。1995年3月，全国绿化委员会授予麻江县“全国造林绿化百佳县”荣誉称号；授予杏山镇河山村“全国造林绿化千佳村”荣誉称号；林业局局长叶朝先荣获“全国绿化奖章”。1996年，人工造林任务于3月底全面结束，上报完成造林10019.1亩，占州任务66.8%。1997年1月，省人民政府授予麻江县“提前完成造林十年规划指标先进单位”荣誉称号。当年完成造林6534.9亩，占州下达任务4700亩的139.0%，完成补植造林2141.2亩。

2000年，全县完成造林29367.4亩，其中工程造林26725.7亩，社会造林2641.7亩。2001—2002年，共完成造林64381.1亩。2003年，全县共完成造林55125亩，其中“天保”工程以植代播造林5010亩。同年，省造林核查组对麻江退耕还林和封山育林进行实绩核查，各项指标达到国家标准。2005年，完成造林7474亩，其中退耕还林1800亩，森林健康项目造林675亩。

1988—1991年，直播造林树种主要是油桐，4年共直播造林19916亩。1993—1994年，完成油桐直播造林36587亩。2002年冬至2003年春，从云南省引进萌发率很强的灌木树种车桑子，在县内白云质砂石山和石灰岩山地较集中的村寨进行高密度小块状整地直播造林，完成面积7000亩，经2005年检测，基本收到固沙保土效能。

1992年9月，160亩银杏栽培示范基地在县林科所实施，历时3个月，耗资7万元建成。定植8000株全国评定的银杏优良品种“海洋王”（大佛手），成活率98%，长势优良。1994年，在7个乡镇中的18个村、40个村民组、37个联合体（或林场）、305户退耕地营造银杏基地林1520亩。到1997年止，全县营造银杏基地林3849亩。1998—2001年，从四川省苍溪县引入苍溪雪梨在宣威镇、碧波乡等地种植，总面积873亩。1999年，引入金秋梨在县内推广种植，至2003年，共种植12281亩。2000年，成功引种第三代优质灌木果品蓝浆果。2002年，在宣威镇光明村建成国内最大的蓝浆果基地100亩。2004年，引进新型果品黑莓，当年栽培600亩，翌年部分结实；2005年，栽种面积2440亩。1999—2005年，全县年均营造果品林6000亩以上。2005年底，全县建成基地林300亩。

1999年9月，黔东南州委、州政府决定在贵新高等级公路麻江段、凯麻高速公路和320国道沿线村，建设凯麻高新农业产业带。至2001年9月，在全县

4个乡镇公路沿线的30个村建成标准较高的果品生产基地15709.4亩。2005年，部分果树大量结实，开始取得经济效益。

1988年以后，农民开始用坡耕地植树造林。1992年，全县退耕造林面积达21072亩。2001年，全县8个乡镇共退耕还林1.5万亩，其中造生态林12368.7亩，经济林2631.3亩。2005年，全县退耕地造林1800亩，进行工程复查面积141980.5亩；发放退耕还林林权证16584份。从2002年开始到2005年止，全县兑现给退耕还林农户粮食15541500斤，补助费103.61万元，补助种苗费259.025万元。1988—2005年，全县共计完成退耕还林面积98916.4亩，其中社会退耕还林47111.4亩，完成国家退耕工程51805亩。

1988—2005年，县委、县政府、县绿化委员会多次组织机关干部、职工开展义务植树造林活动。1988年，全县完成四旁植树40.17万株，义务植树66.61万株，参加植树人数达92407人次。1995年2月，县绿化委员会召开城关地区"美化环境、共建文明城镇"动员大会。机关单位和学校积极响应，先后有50个县属机关部门建成园林式单位。1996年3月，县属机关单位、学校3000余人，在碧波乡境和县机关周围开展义务植树造林活动，共植树7万余株，造林320多亩。2005年底，县境内主要公路、铁路应绿化319.52公里，已达标绿化里程223.52公里，绿化率达69.96%。

党的十八大以来，"三农"政策深入人心，各项林业生产建设得到长足发展。至2019年，全县共完成退耕还林81190亩，先后投入近2亿元资金，完成了石漠化治理、低效林改造、坡耕地造林、植被恢复等方面新造人工林（不含蓝莓）27986.6亩，全县新增有林地面积20.04万亩。森林覆盖率提高了近10个百分点，水土流失面积514.64平方公里减少到453.8平方公里。先后投入5.76亿元资金，推进"四在农家，美丽乡村"建设。2020年底，麻江县贤昌镇入选全省107个森林乡镇之一。全县国土绿化水平大幅提高，林区人民安居乐业，产业效益惠及千家万户。

第四节 利用森林资源

一、木材生产

县内商品原木的主要树种为马尾松、杉木。产品有原木、原条、坑木、小经原木（即小经材）、小棒以及棺材、纤维板材等。1988—1998 年，全县木材生产按州、县计划，严格采伐、生产、收购、销售和加工。1999—2003 年，中央实施天然林保护工程，严禁采伐天然林，限制采伐人工林。县严格执行中央法令，未组织木材生产。2004 年，中央解除禁伐令，执行限制性采伐，木材生产实行招标拍卖制，定点、定量、定时、定人完成。州、县派出监理人员，按设计执行，严格执行采伐后的检查验收、更新管理制度。

县内木材采伐的方式，多以择伐为主，即将林分中的头木、不必保留的母树、折损木或过密树木砍除。部分低产林改造，则采用全伐。在中幼林区中，进行抚育间伐。原始的斧、锯、柴刀，仍是采伐的主要工具。

2005 年，县林工商公司改制，国有森工企业不复存在，木材生产、销售、加工渠道改变，经营者通过竞拍，直接生产、销售木材。

据统计，禁伐前 13 年（1988—2000 年）共生产木材 52940.1 立方米，年均生产 4072.3 立方米。禁伐后的 2004、2005 两年，共生产木材 5557.7 立方米，年均生产 2778.9 立方米，在总生产量中，国营林场生产木材 5813.9 立方米。

1994 年，县境内出现以木材加工为业的木制家具厂、板枋解制厂（点）等个体经营者和小型加工企业。2000 年，对县境内的木材经营加工单位（个人）进行清理。全县有木材经营加工户 60 家，其中国营 3 家，私营（个体）57 家。经年审，报停 1 家，停业改行 11 家，继续经营 48 家。2005 年底，全县有木材经营加工企业（含个人）36 家。

县内大径竹种有楠竹、金竹、毛环竹、慈竹和料慈竹，民间用于建筑及编制农具、用具。小径竹种全县各地均有分布，民间主要是用于编制农具、用具、饮具等。灌木竹种生长于高海拔地区，民间用于制作扫帚等。至 2005 年止，县内没有批量生产过竹材。在民间，根据市场需求和自身生产、生活需要，自产自用或用于市场销售，但批量极小。据不完全统计，全县年编制的晒席箩筐、包箩、提篮、簸箕、筛子、竹扫帚、撮箕、鸡鸭箩、粪筐等竹制品 25 万 ~ 28 万件，产值 80 万元以上。

二、林副特产品生产

县内林副特产品主要有 10 个大类约 50 种。

油桐籽有三年桐、对年桐。对年桐籽粒比三年桐籽粒稍小而圆，出油率 55% ~ 58%。油桐籽年均产量 20 万 ~ 25 万公斤。油茶籽年均产量 0.2 万 ~ 0.5 万公斤。

全县各地均产茶叶。县内茶叶年产量在 1.5 万 ~ 2.0 万公斤。

1998 年前，县内果品基地面积共 16356 亩，占全县经济林面积的 35%，果品总产量约 275.3 万公斤。1999—2005 年，县内果品基地规模迅速扩大，7 年共发展基地 42257.5 亩，2005 年果品总产量约 4853.6 万公斤（含草莓、西瓜），产值 21501.4 万元。

香料类花椒有红椒、青椒栽培种和岩椒野生种 2 类。真菌类有 4 种：竹荪、松茸、香菇、其他野生食用菌。森林蔬菜类有 5 种：蕨菜、薇菜、香椿、竹笋、蕺菜。药材类有 15 种：杜仲、黄柏、金银花、黄精、天冬、百合、天麻等。

化工原料类有 2 种：松脂、松花粉。1994 年 5 月，县人民政府召开松脂采割会，号召各乡、镇支持广西邕宁县松脂厂到县投资开发。1996 年 3 月，麻江县林化厂成立，以松脂系列产品的加工和销售为主，年生产量达 11 万公斤。2005 年初，湖南客商赵某在碧波乡建立麻江县松香厂，年产量 8 万公斤。同年，浙江客商何某投资 200 万元在国有林场陆家桥工区建麻江县林化厂，年产量 18 万公斤。2005 年，全县松脂产量 35 万 ~ 40 万公斤，主要以马尾松树采割为主。松花粉为马尾松花粉，每亩松林可采花粉 35 公斤，年产量 1400 万 ~ 1500 万公斤。

三、开发“两果一花”

2004 年 11 月，成立麻江县特色产业办公室，负责规划、组织协调“两果一花”产业发展工作。

2004年10月，县人民政府研究决定，每年拨出不低于20万元人民币建立果、花发展基金，并制订《麻江县蓝浆果、黑树莓、金银花生产基地建设规划》。2004—2005年，县政府安排100万元发展资金，用于“两果一花”产业开发。其中，金银花苗木补助费42万元，黑树莓苗木补助费40万元，蓝浆果苗木费5万元；技术培训费3万元，奖励基金3万元，工作经费4万元。2005年1月，县政府将“两果一花”产业重点安排在下司、宣威、龙山3个乡镇发展。

2000年3月，在宣威镇光明村建蓝浆果栽培示范园10亩，2002年扩大栽培90亩，2003年扩大100亩，3次累计建成高标准栽培示范园200亩，总投资70万元。2005年，在宣威镇翁保村完成蓝浆果商品生产基地建设100亩。

2004年5月，在长兴村建成20亩蓝浆果育苗基地。2003年攻克蓝浆果育苗技术难关，培育无性繁殖苗2000株。2004年，在苗圃内成功培育蓝浆果壮苗7个品种近3万株。当年，省下拨50万元资金，建立150亩蓝浆果快繁苗圃基地。2005年培育出标准蓝浆果苗15万株。

2003年7月、2004年7月，县委、县政府先后举办了首届、第二届“中国·贵州·麻江蓝浆果产业发展研讨会”。2004年11月，蓝浆果在贵州省名特优农产品展销会上获“名牌农产品”称号。2005年6月7日，《贵州日报》头版以“贵州蓝浆果育苗技术获得突破”为题进行报道；7月12日，中央电视台农业频道《每日农经》栏目以“掀起蓝莓的面纱”为题，对麻江蓝浆果进行专题报道。同年12月，贵州省科技厅组织专家对蓝浆果项目进行成果鉴定，认定该成果已达到国内领先水平。

2004—2005年，先后有重庆金桫椤雨天果木开发有限责任公司、香港百花公司、贵州北极熊生态农业有限公司、贵州正康中药材科技开发有限责任公司、贵州瑞蓝果业科技发展有限公司和浙江商人等到麻江开发蓝莓产业。

2004年，全县种植黑树莓600亩，2005种植2450亩，分布于5个乡镇的9个村628户。其中碧波乡又诗村384户种植面积达1500亩，成为贵州省首个黑树莓基地村。黑树莓的开发采用“公司+基地+农户”模式。2005年，贵州北极熊公司与种植户全部兑现产品回收合同，总产鲜果1000公斤，公司收购1000公斤，农民每户收入1800元。

2003年初，贵州正康中药材科技开发有限责任公司到麻江考察，是年3、4

月，在宣威镇改江村、翁保村建立金银花种植示范园150亩，当年开花取得效益。2005年发展种植3017亩，分布于全县9个乡镇的45个村1161户农户，正康中药材公司签订收购协议1161份。当年总产金银花（鲜花）3吨，公司回收3吨，协议兑现率100%，种植户总收入12.2万元。2005年，该公司在下司建成金银花加工企业，生产盒装“正康”牌金银花茶，年产量3500公斤。

四、实施生态战略，发展林下产业

进入新时期新时代，特别是2012年党的十八大以后，县委、县政府以建设生态文明示范县为目标，深入实施大生态战略行动，坚决贯彻落实推动长江经济带发展“共抓大保护，不搞大开发”要求和建设贵州国家生态文明试验区部署，统筹山水林田湖草系统治理，促进经济社会发展全面绿色转型，建设人与自然和谐共生的现代化。加强生态保护修护，不断筑牢生态安全屏障。强化国土空间规划和用途管控，积极推进国家公园申报建设，强化山地和地下空间开发利用，推进绿色生态廊道建设，实施生物多样性保护重大工程，科学推进综合治理，大力实施国土绿化行动，对易地扶贫搬迁地、历史遗留矿山实施生态修复，推进小水电绿色改造，加快完善生态文明绩效评价考核和责任追究制度。全面推进污染治理，不断提升绿水青山颜值。全县上下深入打好污染防治攻坚战，推进蓝天、碧水、净土三大行动，推进跨区域污染防治、环境监管和应急处置联动，守好生态环境底线，抓好大气污染防治，抓好水体污染防治，抓好土壤污染防治。加快发展绿色经济，不断释放生态优势红利。深入实施绿色制造专项行动，大力发展矿泉水、纯净水等水产业，探索建立生态产品价值实现机制。大力发展绿色金融，完善林权不动产登记制度，加快构建废旧物资循环利用体系。多措并举推进全域绿色发展，谱写了民族地区生态文明建设的新篇章。

全县各级党委、政府及职能部门，因地制宜，大力发展林业和林下产业，维系绿色生态，建设生态文明，助推脱贫攻坚工作，促使贫困地区和林区贫困群体、个体快速脱贫致富，取得了显著成效。

退耕还林封山，惠及千家万户。党的“三农”政策深入人心，各项林业生产建设得到了长足发展，不断促进脱贫攻坚工作。据统计，自2014年以来，全县共完成退耕还林81190亩，涉及23985户69092人，共发放补助资金1167.27万元。投入近2亿元资金，完成了石漠化治理、低效林改造、坡耕地造林、植被恢复等，新造人工林（不含蓝莓）27986.6亩，完成森林抚育23038.5亩，完成石漠化综合治理和植被恢复封山育林37933.4亩，完成产业建设3275亩。上述工程的实施，做到了工程面积100%落实到地块，工程质量100%实现达标，补助资金100%兑现到农户，从而使全县新增有林地面积20.04万亩。森林覆盖率提高了近10个百分点，水土流失面积由514.64平方公里减少到目前的453.8平方公里，土壤侵蚀模数从153吨/平方公里年减少到150吨/平方公里年。有发展林业专业大户187户，发展林业种植产业化龙头企业5个，建成优质水果、干鲜杂果、木本药材、特种速生林等特色基地近20万亩。国土绿化水平大幅提高，林区人民安居乐业，产业效益惠及千家万户。广大群众唱出了新的赞美山歌，“山山绿树叶轻扬，坡坡蓝莓果飘香；条条溪河淌清泉，处处黄花释芬芳。村村美丽如画图，寨寨欢歌笑声扬；家家林果大发展，人人脱贫奔小康。”

绿化美化净土，建设文明村寨。脏、乱、差是长期以来林区农村贫穷落后的具体体现。2014年以来，在不断推进的脱贫攻坚工作中，县人民政府围绕“四在农家·美丽乡村”建设，先后投入了5.76亿元资金，在全县30户以上的715个自然村寨和63个行政村所在地，进行了“环境净化、路灯亮化、村寨绿化、道路硬化、庭院美化”工程建设，使村民幸福指数得到了快速提升。动员和引导群众在村寨内道路两旁、公共闲散地和村寨周围，房前屋后、河旁井边等地，修建花坛篱道达25万平方米，植树、栽花375万余株；组织群众在临近村寨的河道、溪流、水库、山塘周围和荒地山植树5.36万株；结合发展农业，在本辖地内营造果木林总计3031亩，其中板栗100亩，草莓56亩，柑橘55亩，葡萄970亩，李子550亩，蓝莓1300亩。林业管理部门不负使命，先后投资近500万元，在宣威乌羊麻、卡乌药谷江村、龙江村、卡乌村、龙山复兴村、乌卡坪高效农业园、改江村、蓝梦谷景区、城江社区、群英社区、新兴社区、谷硐景阳大坪、万家冲、看牛坡、乐埠养殖示范小区和黄泥村、干塘村、翁牛村、坝芒大开田村、坝河村、翁址村、猫头村、杏山街道小堡村、靓冲村、青山村、大粮田村以及林业居民小区等地区（点），共种植草坪850余平方米，周边环境造林绿化1500多亩，栽植胸径4 ~ 30厘米的银杏、桂花、樱花、山桃、杨树、柚子、白花木莲大树9513株，红叶石楠、四季桂、八角金盘、月季、杜鹃、小叶女贞花卉、绿化小苗 144.5 万株，同时新建、维修花圃 5000 余平方米、围栏千余米等设施，不断夯实“四在农家”美丽乡村建设基础。龙山复兴村、宣威乌羊麻、坝芒大开田、杏山街道小堡村、金竹街道六堡村、谷硐瓮牛村等地，成为麻江县新农村建设的典型村寨。

划定生态公益林，加大生态保护力度。为切实保护好现有森林资源，使之得以休养生息，实现山川秀美、生态和谐、经济社会可持续发展的目标，认真践行“绿色青山就是金山银山”的理念，以森林环境和林地资源为依托，实施不破坏森林生态系统和森林资源也能使山区群众“不砍树能致富”的生态保护模式，助推脱贫攻坚。经林农签字认可，按照有关政策，2014 年以来，根据全县生态状况和规定，区划界定公益林，实行生态补偿制度，同时聘用生态护林员，严加保护管理。据统计，2014—2019 年，全县公益林划定总面积 312.38 万亩（次），兑现林农资金 4098.78 万元，年涉及农户 10906 户，其中贫困户 6891 户，累计划定公益林面积 40.6 万亩，累计拨发受益资金 553.5 万元，户均增收 800 元，人均增收 200 元。从 2016 年 9 月开始，在建档立卡贫困人口中聘请生态护林员。2016 年聘用 170 名，2017 年聘用 490 名，2018 年聘用 700 名，2019 年聘用 700 名。总计拨付生态护林员管护补助资金达 2060 万元，涉及建党立卡贫困户 700 户 2812 人，户均增收 1 万元，人均增收 2500 元。

发展林下经济，巩固致富渠道。充分发挥森林资源优势、人文优势和森林生态优势，发展林下种植业、养殖业、森林旅游业、餐饮服务业等。按照“政府引导、部门配合、市场主导、林农自主经营”的发展格局，促进农村农民、林区林农快速脱贫，稳定经济收入，以达到长期致富奔小康的目的。县域林下经济发展已形成条件较为完善的林下养殖和林下种植两大类型。据统计，截至 2020 年 9 月止，全县林下养鸡出栏 81.22 万羽（其中蛋鸡 0.4 万羽）总产值 7309.8 万元，覆盖农户 504 户，其中贫困户 370 户 1112 人；林下养蜂 13799 箱，产值 1759.8 万元，覆盖农村 999 户，其中贫困户 767 户 2301 人；林下种植天门冬、黄精、灵芝、白芨、仙茅、白部、黄连、太子参、天麻、灵芝、博落回等中药材 20602 亩，产值 7475.5 万元，覆盖农户 8750 户，其中贫困户 4574 户 16009 人。全县林下经济发展，助推脱贫攻坚工作，做到了发展用地有保障、资金筹集有保障，严格执行督导制度，严格实行调度制度。2020 年 6 月起，全县又集中开工 4 批

33个林下经济建设示范点，其中林下种植示范点22个，林下养鸡示范点4个，林下养蜂示范点7个。全县稳步推进林下产业发展步伐，大力推进林下中药材种植，林禽、林蜂养殖，抓紧实施“百千万”工程（即每个村建设百亩示范基地1个，每个乡镇建设千亩示范基地1个，全县发展万亩以上示范基地），逐步完善以“兰梦谷”为中心的万亩林下经济基地建设，加大产销对接。加大老蛇冲自然保护区、仙人桥森林公园、兰梦谷景区保护力度，稳步推进“四在农家·美丽乡村”建设工程，不断推进森林生态旅游事业大发展，稳定农村和林区长期脱贫致富，助力农户走上可持续发展的小康之路。2016年，麻江县被评为国家农村一二三产业融合发展试点示范县。2020年，蓝梦谷蓝莓森林康养基地入选“中国森林康养基地”。

2019年末，全县森林覆盖率59.83%。环境空气质量综合指数（AQI）为2.35，有效监测天数358天，优良天数352天，轻度污染5天，中度污染1天，优良率98.3%。县城空气质量各项系数均达《环境空气质量标准》（GB3095-2012）二级标准要求。

结 语

“中华民族一家亲，同心共筑中国梦”，这是中华儿女的共同心愿，也是各族人民的共同目标。实践充分证明，只有坚持维护祖国统一、加强民族团结，铸牢中华民族共同体意识，促进各民族像石榴籽一样紧紧抱在一起，才能维护和谐稳定，实现繁荣进步。习近平总书记在中央民族工作会议上发表重要讲话，强调以铸牢中华民族共同体意识为主线 推动新时代党的民族工作高质量发展，为新时代民族工作指明了方向、提供了遵循。麻江县部署组织各级党委政府、各族党员干部群众深入学习贯彻重要讲话精神，全县上下紧紧围绕“共同团结奋斗、共同繁荣发展”工作主题，立足县情，结合实际，不断巩固和发展平等、团结、互助、和谐的社会主义民族关系，创新开展民族工作，进一步铸牢中华民族共同体意识，构筑中华民族共有精神家园，促进各民族交往交流交融，扎实推进民族团结进步示范县建设，各项事业取得了辉煌成就，综合实力大幅提升，人民群众物质文化生活不断改善，呈现出欣欣向荣的山乡巨变崭新局面。麻江实现山乡巨变的实践及所获成就是党的中国特色社会主义思想成功实践的缩影。深入思考党中国特色社会主义思想的区域实践规律，深刻认识 70 多年历史演进的内在逻辑，有助于进一步把握大势、明晰方向，坚定“四个自信”，谱写好新时代中国特色社会主义事业的新篇章。

第一，加强党的领导，高度重视民族工作是根本保证。坚持中国共产党的领导是民族工作成功的根本保证。“民族问题无小事”“民族工作关乎大局”，做好民族工作关键在党、关键在人。2014 年 9 月 28 日，习近平总书记在中央民族工作会议上强调：“只要我们牢牢坚持中国共产党的领导，就没有任何人任何政治势力可以挑拨我们的民族关系，我们的民族团结统一在政治上就有充分保障。”各级党委、政府历来高度重视民族工作，专题研究规划举措，民族事务管理部门注重加强理论政策宣传教育，为有效推进民族工作提供了重要保障。强化大局意识，加强党的领导，充分重视、深刻认识民族工作的长期性、复杂性、重要性、特殊性，深入系统学习习近平总书记关于民族工作的重要论述，自觉用新思想武装头脑、指导实践、推动工作，坚持党的基本民族理论政策和基本制度不动摇、不折腾，保持战略定力，坚持底线思维，一步一个脚印稳步迈进，这是各个历史时期特别是新时代做好民族工作的根本保证。

第二，维护民族团结，加快经济社会发展是坚实基础。民族团结是发展进步的基石，发展是解决民族地区各种问题的总钥匙。“民族团结是我国各族人民的生命线”，“做好民族工作，最关键的是搞好民族团结，最管用的是争取人心”，这是以习近平总书记为核心的党中央开展民族工作的思路遵循。团结就是力量，团结才能前进。在新型民族关系中，平等是基石，团结是主线，互助是保障，和谐是本质。国家统一、民族团结，则政通人和、百业兴旺；国家分裂、民族纷争，则丧权辱国、人民遭殃。没有平等、团结、互助、和谐的民族关系，就没有改革发展和和谐稳定的良好局面。加快民族自治地方经济社会发展，着力改善民生，让各族群众共享改革发展成果，是不断推进民族区域自治制度完善发展的重要基础。对于发展相对滞后的贫困地区，少数民族群众勤劳致富奔小康的素质能力仍然相对局限，加大开发力度、加速发展才是改变现状的当务之急。关键在立足实际，坚持实事求是，认真吸取经验教训，践行“创新、协调、绿色、开放、共享”五大发展理念，扎实推进民族团结进步创建活动示范建设，守初心担使命，把实现好、维护好、发展好少数民族群众利益为工作出发点和落脚点，才能为实现百姓富生态美的宏伟目标夯牢坚实基础。

第三，坚持改革开放、创新发展是强大动力。历史证明，没有改革开放，就没有麻江县的今天，就没有全县各族人民的幸福生活。民族地区要强化党的民族政策、改革开放政策引领，坚持优化发展环境，大力推进各个领域的改革，增强内生发展动力，激发自身发展活力。重点要结合西部地区实际，认真贯彻落实习近平总书记对贵州的重要指示精神，牢记并践行“守住发展和生态两条底线，培植后发优势，奋力后发赶超，走出一条有别于东部、不同于西部其他省份的发展新路”。在坚持解放思想、改革创新的伟大实践中，大力弘扬“团结奋进、拼搏创新、苦干实干、后发赶超”新时代贵州精神，弘扬“敢闯新路、敢于突破、敢于胜利”的黔东南精神，创新发展理念，坚持干字当头，担当作为，苦干实干，为决战脱贫攻坚、决胜同步小康、推动经济社会新跨越聚集强大动力。

第四，坚持依法治理，全面落实民族区域自治制度是重要保障。全面依法治国是中国特色社会主义的本质要求和重要保障，坚持依法治理民族事务是做好民族工作的重要保障。70多年来，在各级党委、政府的领导下，麻江各级各部门配合协作，在贯彻民族区域自治法、《黔东南苗族侗族自治州自治条例》《民族文化村寨保护条例》等，推进民族法制建设等方面做了大量工作，积极推动民族工作领域的严格执法、公正司法和全民守法，各族干部群众法治意识不断增强，各族群众的合法权益得到了切实保障，依法治理民族事务的水平不断提升。新时代的民族事务治理，要坚持立法先行，加强民族工作法律法规建设，充分发挥立法对民族团结的引领和保障作用。只有树立对法律的信仰，各族群众自觉按法律办事，民族团结才有保障，民族关系才会牢固。

第五，加强少数民族干部培养，重视人才队伍建设是重要抓手。“人才是第一资源”，少数民族干部和人才队伍的发展壮大，是民族地区发展稳定的重要基础。要持之以恒地抓少数民族干部的培养发展，努力培养大批优秀少数民族干部，培养经济社会发展急需的经营管理人才、专业技术人才、技能人才。坚持扩大数量、提高素质、充分信任、放手使用，按比例配备充实，使之为地区全面建设发展、维护社会稳定、构建和谐社会发挥重要作用。

总之，尽管麻江民族工作已取得卓著成绩，全县各个领域发生了翻天覆地的变化，但由于诸多原因，与发达地区相比还有很多差距，发展不平衡、不充分问题客观存在，仍有诸多亟待解决的现实问题。70多年民族工作的重大事件、重要活动，记述了跨世纪发展的演进路径和曲折历程，其在麻江区域的实践及所获成就，充分证明了中国共产党民族政策的优越性经验启示弥足珍贵，无疑可为贯彻新发展理念、构建新发展格局、探究有效推进地方民族工作提供重要参考借鉴。

大事年表

1932 年

11 月 18 日　中共党员李光庭、王毅、喻雷等进入麻江县境开展革命活动，这是党的民族政策在麻江县境实践的初始。

1935—1948 年

中共贵州省工委军事领导小组组长、凯里小组负责人李光庭在麻江组织领导地下党员及进步人士开展革命活动。这一时期，中共党员刘茂隆、熊蕴竹、余稚翔，麻江籍党员黄玉如、黄璧、胡骑等在麻江各地开展革命活动，向苗、汉、畲、布依、仫佬、瑶等各族人民宣传党的进步主张。

1949 年

11 月 14 日　中国人民解放军第二野战军第五兵团十七军五十一师一五一团解放麻江，五十一师教导大队奉命开展接管建政工作。

11 月 18 日　中共麻江县委成立，隶属中共独山地委领导。

11 月 23 日　麻江县人民政府成立，隶属独山专区（1952 年改为都匀专区），民族事务工作由县政府秘书室兼办。麻江县经济社会发展进入历史新纪元。

1950 年

2 月底　中共麻江县委召开扩大会议，部署坚决贯彻执行党中央关于“军事打击、政治瓦解、发动群众”三结合的方针，深入乡村发动各族群众，大力协助驻军开展清剿工作。

1951 年至 1952 年

全县实行土地改革，对农村各少数民族中的老雇工、贫苦农民单身汉，实行一人分两份或两人分三份土地的照顾。

1954 年

8 月　麻江县民族工作委员会成立，由县长杨凯任主任委员，8 名委员中有苗族 3 人、布依族 1 人、木佬 1 人、绕家 1 人、汉族 2 人。

1956 年

6 月　坝芒布依族乡、和平布依族乡建立。

7 月　黔东南苗族侗族自治州建立，麻江县由都匀专区划归黔东南州。麻江县各族人民进入共同发展、共同繁荣的民族区域自治新时期。

同年　麻江县人民政府选派苗族老师参加全州首次苗族文字师资培训，他们毕业回县后随即开办全县培训班，学员结业回村后，在 30 多个苗族村寨开办苗文夜校，推行苗文。

1957 年

同年　中共麻江县委、县人民委员会决定，对民族节日、集会娱乐活动以及一些民族习俗生活用品实行照顾。

同年　在少数民族聚居的河坝、共和、铜鼓等学校开始推行“双语”（汉语、民族语言）教学。

同年　全县少数民族干部发展到 225 名，占干部总数的 35.38%。

同年　在整风和反右派斗争中，各地在批判地方民族主义时，犯了扩大化错误，挫伤少数民族干部工作积极性，给民族工作带来了消极影响。

1958 年

12 月 29 日　撤销麻江、丹寨、炉山、雷山 4 县建制，合建凯里县。

同年　实行政社合一的人民公社体制后，坝芒、和平 2 个布依族乡自然消失。

1961 年

8 月 18 日　恢复原麻江县建制。全县设杏山、谷硐、宣威、龙泉、兴仁 5 区 21 公社 182 个生产大队 1649 个生产队。

1966—1976 年

“文化大革命”时期，极“左”思潮泛滥，民族工作陷于停顿。

1978—1980 年

成立县落实政策领导小组及办公室，加快开展落实干部和知识分子政策工作。纠正过去因“左”的影响而采取的不切实际的做法，对系列冤、假、错案进行平反昭雪，有力调动了各族干部群众的工作积极性，促进了县域经济社会快速稳步发展。

1979 年

恢复麻江县民族工作委员会。

1980 年

9 月　成立麻江县民族事务委员会。

同年　麻江县少数民族干部增加到 895 名，占干部总数的 45.2%。

1983 年

全县 30 多期苗文夜校开展正常教学工作，有 1000 多名学员参加学习。

1984 年

7 月　经省人民政府批复，撤销坝芒公社，以原坝芒公社的行政区域为坝芒布依族乡的区域。

8 月 20 日　坝芒全乡人民庆祝民族乡建立。1992 年根据建并撤工作需要，将原坝芒布依族乡、乐坪乡合并为坝芒布依族乡。

同年　全县举办苗文师资培训班，先后培训教师180人（次）。

1985年

成立县民族语文推行领导小组，决定继续巩固全县苗文扫盲教学成果，并在苗族地区公、民办小学内试办汉语文、苗语文双语学习班。

1986年

据统计，至1986年（1958年始），经黔东南州人民政府先后决定，中国人民银行州中心支行共6次拨给麻江县少数民族专用白银共59250克，用于加工各式银饰，交县民族贸易公司专柜供应。

1987年

经省人民政府批准，建立新场布依族乡。同年7月16日，全乡人民庆祝民族乡建立。1992年根据建并撤工作需要，将贤昌、新场两个乡合并为贤昌布依族乡。

1988年

7月　经省人民政府批准，新场乡改建为新场布依族乡。

同年　隆昌乡陆堡村为解决畲族女儿童入学难问题，创办陆堡女子小学，次年9月开学。这是贵州省唯一的少数民族女子小学。

1990年

麻江县民族事务委员会更名为麻江县民族宗教事务局。

全县少数民族人口为142380人，占总人口186866人的76.2%。全县少数民族干部增加到1583人，占在册干部总数的63.9%。

1991年

麻江县城设卫星地面接收站。次年12月，麻江有线电视站建立。电视节目开始走进麻江，各族人民文化生活有了质的变化。

1991 年冬至 1992 年春

开展建镇并乡撤区工作。报省人民政府批准，将麻江县 4 区 1 镇 22 个乡镇撤并建为 4 镇 5 乡，即杏山镇、谷硐镇、宣威镇、下司镇、坝芒布依族乡、景阳布依族乡、贤昌布依族乡、龙山乡、碧波乡。

1991—2005 年

全县森林覆盖率达 51.59%，获“全国造林绿化百佳县”称号，被国家列为“天然林资源保护工程封山育林示范县”，被评为“全国林业生态建设先进县”。

1992 年

1 月　经省人民政府批准，景阳乡改建为景阳布依族乡。2013 年根据建并撤工作需要，景阳布依族乡和谷硐镇合并为谷硐镇。

3 月　撤销杏山、下司、宣威、谷硐 4 个行政区，将 16 个乡、3 个民族乡、3 个镇、1 个区级镇合并组建为杏山镇、下司镇、宣威镇、谷硐镇和碧波乡、龙山乡及贤昌布依族乡、景阳布依族乡、坝芒布依族乡 9 个科级乡镇。

10 月 30 日　经省人民政府批复同意，将麻江县绕家人认定为瑶族。

同年　经省人民政府批准，在麻江县下司镇修建贵州省第一个少数民族体育综合设施——下司少数民族体育村。

1993 年

2 月 11 日　经省人民政府批复同意，将麻江县木佬人认定为仫佬族。

1996 年

6 月 13 日　经省人民政府批复同意，将麻江县东家人认定为畲族。

2001 年

12 月 30 日　全省第一条高速公路——凯（里）麻（江）高速公路建成通车，麻江县交通建设步入新台阶。

2005 年

5 月　麻江县被国务院授予“全国民族团结进步模范集体”荣誉称号。

2006 年

5 月　麻江县男子龙舟队代表贵州省参加第三届全国少数民族传统体育运动会龙舟竞速比赛，勇夺男子 1000 米直道竞速项目金牌。这是贵州省体育代表队在体育大会上夺得的首枚金牌，是贵州省在集体项目比赛中金牌零的突破。

2007 年

11 月　麻江和镇远男女龙舟队代表贵州组队参加在广州举行的第八届全国少数民族传统体育运动会龙舟比赛，勇夺 9 枚金牌、3 枚银牌，突破了省历史记录。

2010 年

麻江县男女龙舟队在全省第七届少数民族运动会上夺得 16 个龙舟赛项目的所有金牌。组织参加省级以上比赛 3 次，共获金牌 16 枚、银牌 3 枚、铜牌 2 枚。

2011 年

麻江县男女龙舟队代表贵州省参加第九届全国少数民族传统体育运动会，获 12 金牌。全年参加省级以上比赛 5 次，共获金牌 15 枚、银牌 14 枚、铜牌 1 枚。

2011—2015 年

中共麻江县委、县人民政府先后制定出台《麻江县民族团结进步创建活动实施方案（2011—2015）》《麻江县推进较少民族村寨脱贫攻坚工作方案》《加快民族乡经济社会发展的实施意见》，部署全面深入开展创建工作，推动铸牢中华民族共同体意识，巩固和发展平等、团结、互助、和谐的社会主义民族关系。

2013年

5月　经省人民政府批复，撤销麻江县碧波乡、龙山乡、贤昌布依族乡，分别设置碧波镇、龙山镇和贤昌镇，所辖行政区域不变；撤销麻江县景阳布依族乡，与谷硐镇合并设立新的谷硐镇。

2014年

9月　麻江县下司镇、碧波镇行政区域划归凯里市管辖。

同年　国家民委发布《关于命名首批中国少数民族特色村寨的通知》，麻江县龙山镇复兴村、杏山镇六堡村被命名为首批"中国少数民族特色村寨"。

同年　麻江县隆昌小学赵华甫老师被评为"全国民族团结进步模范个人"，翁保、六堡、复兴、盂江等4个村获得"全省民族团结进步示范村寨"荣誉称号，麻江县武警中队被评为"全省民族团结进步先进集体"。

2015年

8月　麻江县被中共贵州省委宣传部、省委统战部、省民宗委命名为"第四批全省民族团结进步活动示范县"。

2016年

12月　麻江县被国家民委命名为"第四批全国民族团结进步创建活动示范单位"。

同年　麻江县被国家发改委、财政部、农业部等7部委批准为"创建全国农村一二三产业融合发展示范县"。

2019年

4月　贵州省人民政府宣布麻江县等全省18个贫困县（市、区）退出贫困县系列。

5月　中共麻江县委、县人民政府制定《关于巩固提升全国民族团结进步示范县铸牢中华民族共同体意识的意见》，部署推进巩固提升工作，全县民族团结进步事业进入新的发展阶段。

同年末　全县森林覆盖率59.83%，环境空气质量综合指数（AQI）为2.35，优良率达到98.3%。县境内建有公路157条1168.047公里，其中：过境高速公路1条8公里；过境高等级公路1条26公里；国道2条67.6公里，省道1条56.873公里，县道7条182.976公里；乡道18条201.178公里。

同年末　麻江县地区生产总值完成40.94亿元，比上年同期增长7.3%；人均地区生产总值为32898元，增长6.8%。全县建档立卡15392户59592名农村贫困人口全部脱贫。全县总人口169929人，有苗族、布依族、畲族、仫佬族、瑶族等31个少数民族。城镇常住居民人均可支配收入31614元，增长8.6%；农村常住居民人均可支配入9847元，增长10.8%。

2020年

麻江全县各族贫困人口实现脱贫，彻底撕掉千百年来的绝对贫困标签。共减少贫困人口59566人，贫困发生率由“十二五”期末17.51%减少到“十三五”期末的0%。地区生产总值从“十二五”期末的26.53亿元增加到“十三五”期末的43.99亿元，年均增长7.4%。全县各族人民群众物质文化生活条件不断改善，呈现出民族团结进步事业欣欣向荣的崭新局面。

参考文献

[1] 中共中央党史研究室 . 中国共产党简史 . 北京：中共党史出版社，2001.

[2] 中共中央党史研究室 . 中国共产党新时期简史 . 北京：中共党史出版社，2009.

[3] 中共贵州省委党史研究室 . 中国共产党民族工作的伟大实践：贵州卷 . 北京：中共党史出版社，2014.

[4] 中共黔东南州委党史研究室，黔东南州人大常委会民委，黔东南州民宗委 . 党的民族政策在的黔东南的实践 . 贵阳：贵州民族出版社，2006.

[5] 麻江县地方史志办公室 . 中国共产党麻江县历史：1919—2005. 北京：中共党史出版社，2009.

[6] 贵州麻江县志编纂委员会 . 麻江县志：1156—1990. 贵阳：贵州人民出版社，1992.

[7] 麻江县地方志编纂委员会 . 麻江县志：1991—2005. 郑州：中州古籍出版社，2009.

[8] 中共麻江县委党史研究室 . 麻江解放与剿匪 . 黔新出 [99] 内资准字第 395 号，1999.

[9] 中共麻江县委党史研究室 . 各年度《中共麻江县委执政纪要》.

[10] 麻江县年鉴编纂委员会 . 各年度《麻江年鉴》. 贵阳：贵州人民出版社 .

[11] 麻江县统计局 . 各年度《麻江县国民经济和社会发展统计公报》.

后 记

为庆祝中国共产党建党100周年，总结党在黔东南地区实践民族政策、开展民族工作取得的成就及经验，以进一步铸牢中华民族共同体意识，促进民族团结进步事业繁荣发展，凯里学院设立了“光辉照耀苗乡侗寨：中国共产党民族政策在黔东南的实践”专项课题，经初审、专家组评审、校领导审批，按照总论和涵盖黔东南苗族侗族自治州16个县市的要求，共设置了17项课题。2020年11月19日，院办下发通知〔院科通（2020）35号〕，部署加快组织推进实施，扎实开展研究工作，以确保课题顺利完成。为协调麻江县各部门配合开展资料征集及文稿审核等相关工作，成立了“麻江篇”课题组。应凯里学院邀请，我作为“麻江篇”课题负责人，承担执笔编写任务。课题组成员还有：金显弟、欧光洪、鲍登家、王晓霞、冯万武、李显林、刘国华。书稿完成后，凯里学院组织专家组对课题及书稿进行了结题评审，课题组又对书稿进行了进一步加工。

在本课题研究及书稿编写过程中，得到凯里学院、州委党史研究室、州民族宗教事务委员会、州统计局有关领导、专家的指导和帮助，得到麻江县委、县政府的重视和关心。州委党研室将其列为庆祝建党100周年的重要工作来部署落实推进。麻江县委、县政府分管领导就该项工作作出批示，部署由县政府办公室牵头组织协助开展资料征集工作。县党史、地方志部门提供了新中国成立前后各历史时期史料、文献、图片等相关资料；县委办公室、县政府办公室、县委组织部、县委统战部、县民宗局、县扶贫办、县教育局、县文旅局、县发改局、县交通局、县环保局、县林业局、县统计局、县农业农村局等提供了相关资料及图片。县政府办及党史、民宗、文旅、教育、统计、林业、交通、环保、自然资源等部门对征求意见稿进行了重点审核，提出了宝贵的修改意见建议。县委督察室张旭东、县民宗局王晓霞、县农业农林局李华礼、县交通局杨福军等提供了图片，政府办公室王光武协调各部门提供了相关资料，县统计局刘国华对相关数据进行了审核充实。总之，得到了州县广大民族、党史工作专家学者和相关部门的大力支持，在此一并致谢。

由于内容涉及方面多，时间跨度较大，资料有限，个别数据统计口径不一，个别原始数据不准确，编研时间仓促，再加课题组人员水平有限，错漏等不足之处在所难免，敬请广大读者批评指正。

编著者

2022 年 3 月 22 日